결정의 원칙

DECISIONS

결정의 원칙

운명을 바꾼 역사 속 18가지 위대한 승부수

로버트 딜렌슈나이더 지음 | 이수경 옮김

ℹNFLUENTIAL
인 플 루 엔 셜

이 책에 대한 찬사

"비즈니스계에서 로버트 딜렌슈나이더만큼 현명한 조언자는 없다.
이 지적인 책은 우리가 삶의 결정들 앞에서 더 정확한 판단력을 갖게,
그 결정이 놓인 상황과 맥락을 더 명료하게 바라볼 수 있게 도와준다."

― **빌 에모트**Bill Emmott,
전《이코노미스트》편집장, 국제전략연구소 컨설턴트

"딜렌슈나이더의 책은 리더가 되는 길에 대한 영감을 준다.
그는 뛰어난 스토리텔러다. 넘기는 페이지마다
지적 자극으로 가득하다."

― **더글러스 브링클리**Douglas Brinkley,
라이스대학 역사학과 교수, CNN 대통령 역사 해설가

"전 세계 리더들이 힘겨운 도전과제들과 마주하고 있는 지금,
딜렌슈나이더가 리더십에 관해 평생 쌓은 통찰력이 녹아 있는 이 책은
그 어느 때보다도 필요하다."

― **필립 힐데브란트**Philipp M. Hildebrand,
세계 최대 자산운용사 블랙록BlackRock 부회장

"역사 속 위대한 리더들과 지성들이 어떤 선택을 했는지는
우리 모두 이미 알고 있다. 딜렘슈나이더는 바로 그 결정이 내려진
과정을 들여다볼 값진 기회를 제공한다."

— 제프리 마니셴Jeffrey R. Manishen,
로스앤맥브라이드Ross & McBride 로펌 대표 변호사

"힘든 결정을 내렸던 역사적 인물들의 사례를 소개하는 이 책은
지금 우리에게 참으로 시의적절하고 의미 깊다. 이 책을 읽는 시간은
숙고와 사색을 위한 오아시스와도 같다."

— 엘리자베스 콜리Elizabeth Corley,
전 알리안츠 자산운용Allianz Global Investors 회장

"역사를 바꾼 23명의 위대한 인물들이 전해주는 지혜로
당신 인생의 결정들을 업그레이드하라."

— 메멧 오즈Mehmet Oz,
전 세계 베스트셀러 《내몸 사용설명서》 공저자, 에미상 수상자

"여기 소개된 인물들의 이야기를 읽기로 결심한다면
그것은 오늘 당신이 내리는 최고의 결정이 될 것이다.
놀라운 통찰력을 가진 딜렌슈나이더는
우리가 매일 내리는 크고 작은 결정을 새로운 관점으로 보게 한다."

— 하비 맥케이Harvey Mackay,
뉴욕타임스 베스트셀러《상어와 함께 수영하되 잡아먹히지 않고 살아남는 법》저자

"이 책 덕분에 결정과 문제 해결이 쉬워졌다.
이제는 그런 상황이 반갑다!"

— 어니 애나스토스Ernie Anastos,
WNYW-TV의 에미상 수상 뉴스 앵커

"존 F. 케네디에서 이그나즈 제멜바이스에 이르기까지
다양한 인물의 잘 알려지지 않은 이야기에 담긴
유용한 조언을 전해준다. 재미와 실속을 겸비한 책."

— 페이 빈센트Fay Vincent,
전 MLB 협회장

차례

PART I

정치의 소용돌이 속에서

PART
II

정의를 위하여

PART III

역사를 바꾼 작은 양심

PART IV

비즈니스 판도를 바꾼 결정

위대한 발견과 발명의 순간

막막한 인생을 돌파하는
위대한 결정의 비밀

― 스티브 포브스(포브스미디어 회장)

우리는 하루에도 수없이 많은 결정을 내린다. 그 대부분은 일상적이고 평범한 것이다. 그러나 중요한 결정을 내려야 하는 순간도 많다. 프레젠테이션을 준비할 때, 누군가를 채용하거나 해고할 때, 예산을 세울 때, 주요 지출 항목을 정할 때, 창업할 때, 청혼을 결심하거나 받아들일 때, 의사가 최선의 수술 방법을 결정할 때, 과학계나 의료계 종사자가 어떤 실험을 할지 선택할 때, 진로를 정하거나 직업을 바꿀 때, 옳은 일을 위해 신체적 위험을 감수해야 할때 등 수없이 많다.

코앞으로 다가온 중요한 결정 앞에서 가장 현명한 선택을 내리는 방법은 무엇일까? 이 책이 보여주듯 훌륭한 결정은 과학이 아니라 일종의 예술이다. 충분히 심사숙고할 시간이 없거나 불충분한 정보만으로 결단을 내려야 할 때도 있다. 때로는 선택지들조차 명확하지 않다. 어떤 리더들은 본능적 직감을 따른다고 말한다. 그러나 저자 로버트 딜렌슈나이더가 보여주듯 '직감'도 오랜 경험과 학습이 쌓여 만들어지는 것이다. 직감은 무無에서 나오지 않는다.

훌륭한 의사결정을 내리려면 훈련이 필요하다. 얼핏 모순돼 보이는 여러 정보를 날카롭게 비교해 검토할 줄 아는 능력도 필요하다. 타인의 조언을 기꺼이 받아들일 줄 알아야 하고(자신의 오만함을 모르는 이들만이 스스로 완벽히 안다고 믿는다), 경우에 따라서는 상대방이 동참한다는 기분을 느끼게 하기 위해 조언을 요청하는 일도 필요하다. 설령 그의 조언을 받아들이지 않는다 할지라도 말이다.

특정한 행동이 가져올 결과를 가늠하는 일은 결코 쉽지 않다. 결과를 예측하기 불가능할 때도 많다. 이 책에 소개된 구텐베르크와 루터의 경우처럼 말이다. 그리고 물론 (조지 부시 전 미국 대통령의 표현을 빌리자면) '결정권자'가 자기 행동의 중요성을 충분히 인지하고 있는 경우도 있다. 내전을 촉발하는 행동임을 알면서도 루비콘 강을 건너기로 마음먹은 카이사르가 대표적이다.

그 어떤 문제나 상황과 관련해서든 결정에 관한 조언과 팁에는 끝이 없다. 딜렌슈나이더는 오랜 세월 개인과 조직에 효과적인 커뮤니케이션과 위기관리에 대한 조언을 제공하면서 전략 분야의 믿음직한 '해결사'로 전설적인 평판을 쌓아온 인물이다. 이 책이 값진 이유는 그런 그가 설명이 지루하거나 추상적으로 흐르지 않도록 설득력 있게 주제를 전달하는 스토리텔링의 힘을 유감없이 보여주기 때문이다.

저자는 세상에 의미심장한 영향을 미친 다양한 분야의 인물(대개는 유명하지만 다소 생소한 이름도 있다)이 내린 중요한 결정을 보여준다. 그들의 생애를 간략하게 소개하면서 해당 결정을 내린 배경과 전후 상황을 설명한다. 나치에 의해 다른 수용소로 이송되기 직전 아버지와 자신의 운명을 결정해야 했던 엘리 위젤의 이야기는 참으로 가슴이 아프다. 또 마리 퀴리처럼 사랑하는 이를 잃고 병과 싸우면서도 용기와 강인함을 잃지 않은 사례들도 소개한다.

우리는 가족이 주는 스트레스로 힘겨워한 인물도 보게 된다. 마르틴 루터의 완고한 아버지는 아들이 변호사가 되어 집안의 광산업에 도움이 되기를 원했다. 하지만 젊은 루터는 성직자의 길이 자신의 소명이라고 느꼈다. 훗날 유럽뿐 아니라 사실상 전 세계에 엄청난 변화를 일으키게 될 이 젊은이는 아버지와의 갈등을 정면으로 마주하기 싫어서 수도원에 들어가버렸다. 그리고 정식 사제가 된 후에야 아버지에게 자신이 택한 길을 알렸다!

우리는 아무것도 없는 진공 상태에서 결정을 내리지 않는다. 우리에게는 모종의 동기가 있다. 때로는 어떤 고귀한 동기가, 때로는 평범해 보이는 동기가 작용한다. 구텐베르크는 큰돈을 벌고 싶었다. 그가 살던 시대에 책은 몇 개월씩 필사해서 힘들게 만드는 물건이었다. 하지만 지식의 대량 보급이 필요한 시장은 분명히 존재했고, 구텐베르크는 그 시장을 붙잡고 싶었다. 그는 30년간의 수많은 실험과 시도 끝에 가동 활자를 이용하는 인쇄기를 발명하고 가장 적합한 종이도 개발했다. 그럼에도 자신이 인류사를 뒤바꿀 대량 전달 도구를 발명했다는 사실조차 몰랐다! 하지만 오랜 고생 끝에 결실을 거둘 즈음 그에게 돈을 빌려준 파렴치한 동업자에게 인쇄 사업을 빼앗기고 말았다. 훗날 그 빚쟁이를 기억하는 이는 아무도 없지만 구텐베르크와 그의 성경은 역사에 길이 남게 된다는 사실을 구텐베르크가 알았더라면 조금이나마 위로가 되지 않았을까.

전략 컨설팅 분야에 오랫동안 몸담으며 수많은 리더를 가까이서 관찰했을 뿐 아니라 역사에도 남다른 관심이 있는 딜렌슈나이더는 단단한 짜임새와 설득력을 갖춘 책을 쓰는 능력이 탁월하다. 이는 실용적 팁을 제공하는 시중의 흔한 서적들에서는 찾아보기 힘든 미덕이다. 여기 소개된 인물들의 이야기는 각 장 말미에 정리된 교훈을 한층 빛나게 만들기에 충분하다.

이 책의 진가는 그들이 결정을 내린 과정을 아주 가까이서 볼 수 있다는 점에 있다. 물론 시대와 주변 환경은 전부 다르다. 인물이 처한 상황도 제각각이다. 그러나 당신의 삶에서 마주하는 중요한 결정이 어떤 종류인가에 따라 틀림없이 책의 페이지 어딘가에서 유용한 도움과 영감을 얻을 수 있을 것이다. 마크 트웨인이 말하지 않았던가. "역사는 똑같이 반복되지는 않지만 라임을 갖고 있다"라고.

우리에게도 저마다
건너야 할 루비콘 강이 있다

이 책은 당신의 삶을 더 낫게 변화시키기 위해서 쓴 책이다.

인생은 크고 작은 수많은 결정의 연속이다. 지금 당신이 내리는 결정은 당신의 앞날에 매우 큰 영향을 미친다. 결정 능력이 향상되면 삶의 질이 달라진다. 바로 그래서 이 책을 쓴 것이다. 결정이라는 행위를 새로운 관점으로 바라보게 하기 위해서 말이다.

나는 세상을 변화시킨 결정의 주인공 23명의 이야기를 소개할 것이다. 이야기의 배경은 기원전 218년부터 현재에 이르기까지 다양한 시대에 걸쳐 있다. 그들이 결정을 내린 과정을 현실의 렌즈로 들여다보면서 우리 삶에 적용할 수 있는 교훈을 찾아볼 것이다.

당신에게도 낯설지 않은 이름들일 것이다. 내가 이들을 선택한 것은 첫째 널리 알려진 인물이기 때문이고, 둘째 이들의 결정에서 분명히 배울 점이 있기 때문이다.

십중팔구 당신은 그 결정들이 가져온 결과를 이미 알고 있을 것이다. 이 책의 목적은 그 결과를 다시금 상기시키고 그 결정이 내려진 전후 상황과 맥락을 보여주는 것이다. 그들의 태도와 통찰력에서 배워 더 생산적이고 멋진 인생으로 나아가길 바란다. 인생이 좀 더 즐거워질 수도 있다.

많은 사람이 뭔가를 선택하고 결정하는 일을 싫어한다. 결정을 마주해야 한다는 사실을 두려워한다. 때로는 결정의 상황을 아예 회피하기도 한다. 그런 태도는 인생에 아무런 도움이 안 된다. 이 인물들의 이야기를 읽고 거기에 담긴 교훈을 당신 것으로 만들어 실천한다면 결정의 과정을 즐길 수 있게 될 것이다.

내가 소개하는 인물들은 모두 결정의 순간에 철저히 혼자였다. 당신도 마찬가지다. 결국엔 혼자서 결정해야 한다. 취직 문제든, 지출 계획이든, 삶의 방향을 좌우할 다른 선택들도 마찬가지다.

살면서 하는 많은 결정은 쉽고 간단하다. 하지만 그렇지 않은 것도 있다. 어떤 선택은 인생을 180도 바꿔놓는다. 올바른 결정을 내리는 일은 당신 삶에 말할 수 없이 중요하다.

노란 숲속에 난 두 갈래 길
안타깝게도 그 두 길을 모두 갈 수는 없기에

—로버트 프로스트Robert Frost

이 시의 화자처럼 나도 결정을 주제로 책을 집필하기 시작할 때 나만의 노란 숲속에 서 있었다. 책을 어떤 식으로 써야 할까?

나는 지금껏 살아오면서 훌륭한 결정, 더 나은 결정, 또는 최선의 결정을 내리는 능력이 얼마나 중요한지 뼈저리게 느꼈다. 개인적 삶에서든, 직업적 삶에서든 마찬가지다. 그리고 그 과정에서 얻은 깨달음과 용기를 사람들에게 나눠주고 싶었다. 사람들의 인생을 더 낫게 변화시키고 그 주변 이들도 변화하도록 돕고 싶었다. 간단한 목표지만 책의 방향을 어떻게 잡아야 할지 고민했다.

나는 역사에 관심이 많고, 역사에서 무언가를 배우려고 늘 노력한다. 역사는 시간의 흐름 속에서 다른 모습으로 반복된다. 역사는 우리에게 많은 것을 가르쳐주므로(그리고 역사를 만들어가는 것은 우리와 같은 인간들이므로) 나는 세상을 바꾼 결정을 내린 인물들을 소개하기로 했다. 이들은 그 누구보다 진실하고 흥미로운 삶을 살았으며 이들의 삶과 결정은 우리에게 깊은 의미의 교훈을 던져준다.

가장 먼저 만나볼 인물은 세상을 바꿔놓을 만큼 역사에 큰 영향을 미친 해리 트루먼이다. 내 생각에 그는 의사결정자의 완벽한 전형이다. 트루먼은 학력이 낮았고 솔직 담백하게 말하는 성격이었으며 자신을 내세우지 않는 겸손한 스타일이었다. 그는 자신이 미국 대통령이 되리라고는 전혀 예상하지 못했지만, 일단 그 자리에 오른 후에는 품위 있고 현명하게 대통령직을 수행했다. 이 33대 미국 대통령은 1945년 전 세계를 놀라게 한 대담한 결단을 내렸다. 오늘날까지도 그 여파와 논란이 남아 있는 엄청난 결정이었다.

트루먼은 21세기에 어떤 상황이 펼쳐질지 예상하고 있었을까? 아마 아니었을 것이다.

우리는 자신을 비롯하여 주변 이들의 삶이 20년 후에 어떻게 될지 알 수 없다. 하지만 적어도 앞으로 일어날 수 있는 상황을, 그리고 지금 우리가 하는 행동이 미래에 미칠 영향을 생각해볼 필요는 있다.

진정한 용기의 상징인 파키스탄의 젊은 무슬림 여성 말랄라 유사프자이는 우리가 어떤 미래를 만들어가야 하는지 보여준다. 2012년 말랄라는 탈레반의 공격으로 죽음의 문턱까지 갔다가 살아났다. 여성의 교육권을 옹호한다는 이유로 탄압을 받은 것이다. 노벨 평화상을 받고 옥스퍼드대학교에도 진학한 말랄라는 지금도 아이들의 교육권과 인권을 위한 운동을 계속하고 있다. 이 소녀는 세계적인 영향력을 가진 인물이 됐다. 앞으로 그녀는 어떤 미래를 만날까?

해리 트루먼과 말랄라 유사프자이는 어떻게 그런 용기 있는 결단을 내릴 수 있었을까? 우리는 인생에서 마주하는 크고 작은 결정의 순간에 그들에게 무엇을 배울 수 있을까? 또 여기서 소개할 다른 인물들에게는 무엇을 배워야 할까? 또 이들의 삶이 주는 메시지에서 우리는 어떤 의미를 찾을 수 있을까?

이 특별한 인물들의 삶을 속속들이 들여다보는 것이 우리의 목표는 아니다. 그들이 중요한 결정을 내린 과정을 바로 옆에서 지켜보는 것이 우리의 목표다. 이로써 당신이 중요한 선택을 만날 때

활용할 구체적인 팁을 얻을 수 있을 것이다.

카이사르처럼 우리에게도 저마다 건너야 할 루비콘 강이 있다. 중요한 순간에 내리는 지혜로운 결정은 우리의 인생을, 그리고 이 세상을 더 낫게 변화시키는 변곡점이 될 수 있다.

장담하건대, 이들의 이야기에서 얻은 간단한 교훈을 실제 삶에서 실천한다면 훨씬 더 긍정적이고 가슴 설레는 미래를 맞이하게 될 것이다. 그것은 분명히 시도해볼 만한 가치가 있다.

* * *

당신처럼 나 역시 하루에도 수없이 많은 결정을 내린다. 대개는 큰 고민 없이 하는 선택들이다. 당신도 마찬가지일 것이다. 예컨대 다른 일을 하지 않고 이 책을 읽기로 한 결정처럼 말이다.

우리가 하는 많은 결정은 대부분 평범하고 일상적이다. 몇 시에 일어날지, 어떤 옷을 입을지, 아침으로 뭘 먹을지 등 당신이나 주변 사람들 외에는 아무도 관심 가질 필요가 없는 사소한 결정이다. 하지만 그런 일상생활의 결정이라고 해서 아무렇게나 내리지는 않는다. 예를 들어 어떤 옷을 입을지는 일정을 고려하여 정한다.

커뮤니케이션 컨설팅 기업을 경영하는 나는 고객을 만나는 날이 많다. 개인적 삶에서도 이런저런 결정을 내렸을 그들은 이제 일터에서 회사나 업계, 지역사회, 혹은 세계 차원에서 매우 중요하고 복잡하고 시급한 문제들과 씨름한다. 그들에게는 올바른 결정, 훌량한 결정을 내려야 하는 절실함이 있다. 나는 그들이 더 나은 결정을 내릴 수 있게 돕는 일을 오랫동안 해왔다(물론 항상 만족스러운 결과로 이어지는 것은 아니다).

물론 개인적으로도 중요한 결정을 많이 내리며 살아왔다. 어떤 결정은 당시의 내게 너무나도 중요했지만 시간이 흐르면서 그 의미가 퇴색하기도 했고, 어떤 결정은 지금까지도 나와 내가 사랑하는 이들에게 중요한 의미를 가지기도 한다. 또 잘한 선택이 있는가 하면 실수였던 선택도 있다. 다만 지금은 나이를 먹고 연륜과 경험이 쌓였으니 현명한 결정을 내리는 능력도 그만큼 더 생겼다고 믿고 싶다.

그런 시간을 거치면서 의사결정이라는 프로세스에 큰 흥미를 갖게 됐다. 때로 혼란스러운 상황의 한가운데에 있을 때나 또는 서로 다른 관점들 사이에서 한 가지 방향을 택해야 하는 것에 대해서 말이다. 당신 역시 결정이라는 것이 결코 쉬운 프로세스가 아님을 알 것이다. 특히 부정적인 결과를 초래할 수 있는 결정인 경우에는 더욱 그렇다.

이 책을 쓰면서 나의 결정 능력도 한층 향상된 것 같다. 기원전부터 현대에 이르기까지 다양한 인물의 삶을 차분히 들여다보면서 예전에 없던 통찰력을 얻었기 때문이다. 그리고 그렇게 얻은 통찰력을 바탕으로 당신에게 도움이 될 아이디어와 조언들을 정리했다.

부디 이 책이 당신에게 의미 깊은 영감을 제공했으면 한다. 또 현실적으로는 당신의 결정 능력을 향상시키는 데 도움이 됐으면 한다.

조지 부시 전 대통령은 "내가 결정권자다"라고 말한 것으로 유명하다. 결국 결정은 다른 누군가가 아닌 우리 각자에게 달려 있다. 이 책이 당신을 현명한 결정으로 이끌어줄 유용한 길잡이가 될 것이다.

정치의
소용돌이 속에서

D E C I S I O N S

"모든 책임은 내가 진다."

———

해리 트루먼

이미 끝난 결정은
뒤돌아보지 않는다

해리 트루먼 Harry S. Truman(1884~1972)

1945년 8월 일본 히로시마와 나가사키의 원자폭탄 투하는 지금도 역사의 연대표에서 단연 두드러지게 눈에 띄는 사건이다. 이것만큼 확실하게 역사의 전환점이 된 사건은 없다.

우리의 이목을 집중시키는 또 다른 하나는 '그 결정을 내린' 남자의 어쩐지 외로워 보이는 실루엣이다. 그것은 제2차 세계대전의 대학살에 종지부를 찍고 또 다른 종류의 대학살을 야기한 결정이었다. 원자폭탄 투하 직후 엄청난 수의 사망자와 부상자, 그리고 처참한 피해가 뒤따랐기 때문이다.

인간이 일으킨 이 끔찍한 파괴에 대한 기억은 1945년 이후 망령처럼 전 세계를 떠돌았으며, 어쩌면 현대사가 남긴 가장 중요한 흔적일지도 모른다.

불확실 시대의 리더십

원자폭탄 투하 결정의 뒤에 있던 인물은 바로 해리 트루먼 대통령이다. 왠지 이 문장에서 '뒤에 있던'을 '뒤에 숨어 있던'으로 수정해야 할 것만 같다. 그런 결정을 내린 장본인이라는 오명을 쓰고 싶은 사람이 누가 있겠는가? 당신이라면 투명인간이 되거나 적어도 익명으로 남고 싶지 않겠는가? 하지만 트루먼은 명백히 그 결정의 주인이었다. 그는 결단을 내렸고, 다시 뒤돌아보지 않았다.

위의 문장을 보며 우리는 질문하지 않을 수 없다. 트루먼은 왜 그런 결정을 했을까? 어떻게 그런 결정을 내릴 수 있었을까?

트루먼은 미국 대통령이었으므로 그의 결정은 세계에 영향을 미쳤고 그 여파는 지금도 남아 있다. 그는 오늘날과 같은 불확실한 시대에 필요한 리더십의 모델을 남겼다. 이번 장의 내용이 오늘날의 정책 입안자들에게 깊은 영감을 주었으면 하는 바람이다. 이번 장뿐 아니라 책 전체의 내용을 세계 각국의 지도자들에게 전해주고 싶다.

원자폭탄은 1945년 8월 6일과 9일, 두 차례 투하됐다. 그로부터 약 4개월 전인 4월 12일 프랭클린 D. 루스벨트Franklin D. Roosevelt 대통령이 갑자기 사망한 후 부통령인 트루먼이 후임 대통령이 됐다. 루스벨트는 전례 없는 네 번째 임기를 시작한 직후였고, 이 행정부의 새로운 부통령은 트루먼이었다(루스벨트의 이전 12년 재임 기간에는 다른 두 사람이 부통령을 지냈다). 알려진 바에 따르면 루스벨트는 트루먼을 거의 인정하지 않았다. 사실 트루먼에 대해 잘 알지도 못했고, 1944년 대통령 선거운동 중에는 불과 한 번, 네 번째 임기 시작 후에는 두 번밖에 만나지 않았다고 한다. 자신의 건강이 심각하게 나빠지고 있음을 아는 상태에서 전시의 수많은 난제와 과중한 국정 업무까지 처리해야 했던 대통령치고는 그다지 현명한 행동은 아니었던 것 같다.

사료에 따르면 트루먼은 원자폭탄의 존재도 모르고 있다가 대통령 취임 후 약 2주가 지나서야 보고를 받은 것으로 보인다. 혹 알고 있었다 하더라도 피상적인 수준에 그쳤을 것이다(이 점에 대해서는 트루먼 자신도 약간 앞뒤가 안 맞는 말을 했다). 어쨌든 트루먼이 이 문제에 대해 숙고할 시간은 취임 후 고작 4개월뿐이었다. 결코 충분한 시간은 아니다.

언젠가 한 친구가 이런 말을 했다. 대개 사람들은 중요한 결정을 마주했을 때 10초 안에 마음을 정한다고 말이다. 나는 그 말이 맞는다는 것을 뒷받침하는 사실적 근거를 발견하지는 못했다(또 친구에게 그런 근거를 요구하지도 않았다). 하지만 그 말의 속뜻을 곧장 깨달았다. 그것은 중요한 결정을 경솔하게 아무렇게나 내린다는 뜻이 아니라, 해당 결정이 지금껏 살아오면서 쌓인 시간의 결과물이라는 의미였다.

트루먼에게도 그렇게 쌓인 시간들이 있었다. 그 안에는 그에게 우호적이거나 불리한 요인이 많이 섞여 있었다. 트루먼은 재능이 많고 복잡한 인물이었다. 우리도 살면서 각자의 시간과 경험을 쌓아왔다. 아래를 읽으면서 트루먼이 어떤 사람이었는지 생각해보자.

- 비록 학력學歷은 짧지만 명석해서 새로운 정보를 흡수하는 능력과 학습 능력이 뛰어났다.
- 책과 음악을 매우 좋아했으며 전쟁터에서 싸운 군인이기도 했다.
- 어렸을 때 '마마보이'였는데, 수줍음 많은 성격과 지독히 나쁜 시력도 거기에 적지 않은 영향을 미쳤다. 한창 젊을 때는 쾌활하고 건강미가 넘쳤으며 옷도 잘 입었다.
- 금실이 좋아 행복한 결혼 생활을 했으며(어릴 적 친구였던 베스 Bess와 35세에 결혼했다) 안정되고 검소한 삶을 살았다.
- 규칙적인 습관을 갖고 있었다(예컨대 대통령 시절에는 아침마다 운동을 한 후 버번위스키를 곁들여 식사를 했다).
- 힘든 어린 시절을 보낸 후(가난한 집안, 좌절된 꿈) 자신의 모습을 있는 그대로 받아들이고 만족할 줄 알게 됐다.
- 자신의 종교를 공공연히 드러내지는 않았지만 신앙심이 깊었으며, 개인적 삶에서나 공적인 영역에서 모두 도덕의식이 강했다.
- 자기 생각을 있는 그대로 말하는 솔직 담백하고 직설적인 타입이었다.
- 미주리(잡역부, 농부, 군인, 지역판사 등을 거침)와 워싱턴 D.C.(10년간 상원의원)에서 생계를 위해 일하거나 정치 활동을 하는

동안, 여러 선택지 중 무엇이 옳은 행동인지 숙고하고 판단하는 상황을 수없이 겪었다.

- 친화력이 좋고 인기가 많아서 친구와 동료가 많았다. 주변에 도덕적 결함이 있는 이들도 있었지만 트루먼은 그들에게 물들지 않았다.

보다시피 트루먼은 성자도 아니었고 삶이 녹록지 않은 순간도 많았다. 사실 성장기에는 이런저런 상황과 환경 때문에 밝은 미래를 기대하기 어려웠고, 성인이 되어서도 모든 싸움에서 승리하지는 못했다. 그러나 자신과 수많은 이들을 위한 중대한 결정을 내리는 순간에 트루먼의 내적 토양은 그 누구보다 비옥한 상태였음이 틀림없다.

위 내용을 읽으며 생각해보라. 당신과 비슷한 항목이 있는가? 당신의 삶을 돌아본다면 어떤 내용을 더 추가할 수 있을까?

최종 결정의 순간에 찾아오는 고독

트루먼의 결정 능력이 매우 뛰어났다는 것은 측근들과 세간의 공통적인 평가다(그리고 그 자신도 그렇게 생각했다). 또한 그는 결정에 대한 자신만의 철학이 있었다. 바로 입수 가능한 모든 정보를 활용하고 적절한 조언을 구한다는 철학이었다.

미국의 한국전쟁 참전을 승인하는 트루먼의 모습.
이것 역시 그가 내린 주요한 결정 중 하나였다.

이 철학은 매우 중요하므로, 트루먼의 회고록《책임이 머무는 곳
Where the Buck Stops》에서 결정에 관해 그가 했던 말을 살펴보자. 그는
특히 대통령으로서 내리는 결정에 대해 말하고 있지만 아마 이 조
언은 당신에게도 유용할 것이다. 나는 이 글을 읽을 때마다 고개를
끄덕이지 않을 수 없다.

결정을 내린다는 것은 그 자체로 자명한 행동 같지만 사실 그
렇게 간단한 문제가 아니다. 먼저 대통령은 국민을 위한 최선이

무엇인지 판단하기 위해 가능한 한 모든 정보를 확보해야 하며, 이를 위해서는 기본적인 인격과 공부가 필요하다. 대통령은 자신이 믿으며 살아온 원칙에 비춰볼 때 무엇이 옳은 일인지 결정해야 할 뿐만 아니라, 다양하고 많은 사람의 의견에 기꺼이 귀를 기울임으로써 자신이 내리려는 결정이 그들에게 미칠 영향도 파악해야 한다. 그리고 옳다는 확신이 서면 무슨 일이 있어도 자신의 결정에서 물러나서는 안 된다. 일단 결단을 내리면 끝까지 밀어붙여야 하며 그 결정이 틀렸다고 말하는 주변 이들의 압력에 흔들려서는 안 된다. 만약 스스로 잘못된 결정이라고 판단되면 더 많은 정보를 수집해 다시 결정해야 한다. 생각을 고쳐 처음부터 다시 시작할 줄 아는 능력도 필요하다.

75년이나 흐른 현재 시점에서 보면 원자폭탄 투하로 제2차 세계대전을 종식한다는 트루먼의 결정이 하루아침에 느닷없이 내려진 것처럼 보이기도 한다. 그러나 거기에는 복잡한 배경이 있었다.

미국이 주도하고 연합국들이 참여한 원자폭탄 개발 프로그램은 이미 수년 전부터 진행 중이었다. 평시 사용이 아닌 군사 목적으로 사용하기 위한 개발이었다. 1945년 여름, 태평양 전쟁은 갈수록 치열해지면서 끔찍한 양상으로 치닫고 있었다. 연합국 측에는 선택지가 거의 남지 않은 상태였다. 이 무시무시한 무기의 사용은 연합국 지도자들 사이에서 거의 예견된 일이었다. 어찌 보면 기정사실이나 마찬가지였다.

그러나 이 무기의 소유국은 미국이었으므로 오로지 미국 대통령만 실행을 승인할 수 있었다. 오직 트루먼만이 '핵 코드'를 갖고 있었다.

결단의 순간이 왔을 때 트루먼에게는 사용할 수 있는 많은 자원이 있었다. 그의 철학, 인격, 조언을 제공하는 보좌관들, 전쟁이라는 현실 등이 바로 그것이다.

하지만 그럼에도 나는 그 순간 트루먼이 얼마나 외롭고 두려웠을지 떠올리지 않을 수 없다. 원자폭탄 투하 같은 엄청난 결단을 마주할 일은 없을지라도 우리 역시 그런 감정이 어떤 것인지 짐작할 수 있다. 나도 그리고 당신도 인생에서 때때로 중요한 결정과 마주하지 않는가. 그리고 주변의 도움이 있다 해도 결국 최종 결정의 순간에는 당신 혼자만 존재한다.

트루먼이 마음을 굳힌 결정적 계기는, 최대한 빨리 전쟁을 끝내지 않아 발생하는 인명 피해를 더는 두고 볼 수 없다는 판단이었다. 물론 그즈음 일본은 이미 패색이 짙어 항복까지 불과 몇 달 남지 않아 보였다. 그러나 트루먼의 군 보좌관들은 태평양 섬들을 들쑤시고 다니는 일본군을 계속 쫓아다니며 전투를 벌인다면(즉 일본의 움직임에 연합국이 질질 끌려다닌다면), 그리고 결국 일본 본토 상륙작전까지 추진된다면, 지금까지 이미 발생한 것의 두 배나 되는 사상자가 생길 것이라고 예상했다. 끔찍한 계산 결과였다.

원자폭탄 투하로 인한 피해는 예상보다 훨씬 참혹했다. 따라서 그 결정이 옳았는가에 대한 논란은 지금까지 계속되고 있다. 현재 많은 나라가 원자력발전 등 평화적 용도의 핵 설비를 갖추고 있지만, 대량 파괴 목적의 핵폭탄을 사용할 능력을 보유한 나라는 몇 안 된다. 알다시피 그 대표적인 두 나라는 미국과 북한이다.

트루먼의 조언자들

지금까지는 트루먼 대통령이 원자폭탄 투하 결정의 최종 책임자였다는 점에만 초점을 맞췄다. 하지만 그는 외부와 단절된 채 혼자 일하는 리더가 아니었다. 그의 곁에는 공식적, 비공식적 조언자들이 있었다. 우리도 주변에 그런 이들이 존재한다.

트루먼 주변에는 조언과 의견을 건네는 이들이 많았다. 트루먼은 그들과 밤늦게까지 시가를 피우며 카드 게임을 즐기곤 했다. 그중 일부는 오랜 세월 개인적 친분을 쌓았거나 상원의원 시절부터 알고 지낸 믿음직한 친구였을 것이다. 우리도 살면서 지인과 친구들의 든든한 도움을 받는 것처럼 말이다.*

그렇다면 트루먼이 자신의 가장 가까운 정치적 조언자라면서

---

* 트루먼이 곁에 두었던 것과 같은 비공식 조언자 그룹을 '키친 캐비닛kitchen cabinet'이라고 한다. 이 표현의 유래는 미국 제7대 대통령 앤드루 잭슨Andrew Jackson 때로 거슬러 올라간다. 잭슨이 자주 만나는 비공식 자문관들을 반대 진영에서 비판하면서 키친 캐비닛이라고 부른 것이다. 잭슨은 1831년 일명 '이튼 사건Eaton affair(또는 페티코트 사건petticoat affair)'이라는 스캔들 때 공식 내각(즉 '팔러 캐비닛parlor cabinet') 을 총사퇴시키고 비공식 측근들과 국정을 의논했다. 이 사건에 대해 더 알고 싶은 독자는, 야구 선수이자 감독인 케이시 스텡걸Casey Stengel이 자주 했던 말처럼, "한번 찾아보길" 바란다. 어떤 일들은 예나 지금이나 똑같이 일어난다.

'보스'라고 불렀던 아내 베스는 어땠을까? 사실 베스는 원자폭탄에 대해 전혀 몰랐으며, 원자폭탄 투하 소식을 듣고 "매우 분노했을" 뿐만 아니라 "깊이 걱정했다"고 한다. 이 역시 공감 가는 대목이다.

1945년 4월 12일 대통령에 취임하면서 트루먼은 루스벨트 대통령의 '공식' 조언자들을 물려받았다. 루스벨트 행정부의 각료들, 그리고 전쟁을 수행하고 있던 군 장성들이다. 상원의원 시절의 믿음직한 동료들도 주변에 있었다. 국제무대의 동료로는 연합국 리더들인 윈스턴 처칠Winston Churchill과 이오시프 스탈린Iosif Stalin이 있었다. 그리고 조지 패튼George Patton, 더글러스 맥아더Douglas MacArthur 등 군 사령관들은 자신의 의견을 주저 없이 트루먼에게 제공하곤 했다.

트루먼은 자신에게 조언하는 이들의 이해관계와 의도, 동기를 주의 깊게 판단하곤 했다. 그 조언에 항상 최선의 방향이나 진심이 담기는 것은 아니었기 때문이다. 잘 생각해보면 당신에게도 '공식' 조언자들이 여럿 있을 것이다. 트루먼이 그랬듯 당신도 조언을 접할 때는 항상 신중함을 유지해야 한다.

대통령이 된 트루먼은 행정부 참모들과 정치적으로나 개인적으로 단단한 신뢰 관계를 구축하는 데 시간이 걸렸을 것이다. 그리고 그는 그들의 지식과 경험을 존중해야 한다고 생각했다. 갑자기 대통령이 된 자신이 국정 운영에 혼란을 초래해서는 안 된다고 생각했다. 분명 그는 전시라는 중차대한 시기에 국가 안정의 필요성을 분명히 인식하고 있었다. 당시《뉴욕타임스》는 루스벨트 대통령의 서거를 알리면서 이렇게 보도했다. "트루먼 부통령은 그의 요청에 따라 루스벨트 행정부 각료들이 그대로 유지될 것이라고 즉각 발표했다." (트루먼은 1946년에야 자신이 임명한 각료들로 내각을 구성했다.)

정치 세계란(그리고 내가 몸담은 비즈니스 세계도) 누군가를 처음 만나 악수를 하고 필요한 경우 통역사를 통해 이야기를 나눈 후 곧장 서로를 '나의 소중한 친구'라고 부르는 그런 곳이다. 이 얼마나 피상적이고 가식적인가!

그런 점만 생각해봐도 트루먼이 맡은 직책은 진정 외로운 자리일 수밖에 없다. 아마도 그는 다른 누군가가 아닌 자기 자신의 판단력에 많이 의존했을 것이다. 그의 판단력은 타고난 감각에 후천적 노력이 더해져 완성된 것이었다.

트루먼이 부통령 생활을 한 기간은 고작 3개월이었다. 원자폭탄 투하 결정을 내린 것은 대통령에 오른 지 4개월도 채 안 됐을 때였다. 그는 루스벨트와 스탈린, 처칠이 만나는 회담 자리에 가본 적도 없었다. 트루먼과 스탈린과 처칠이 만난 자리는 딱 한 번뿐이었다. 물론 이들 전시 지도자에게도 전화와 전보는 있었지만 요즘 우리에게 익숙한 즉각적인 커뮤니케이션 도구는 아예 상상할 수도 없는 시대였다.

트루먼은 스탈린에게 꽤 비밀스러운 태도를 유지했던 것으로 보인다. 물론 미국이 원자폭탄 개발에 속도를 내고 있다는 것은 사실 비밀도 아니었다. 하지만 트루먼은 스탈린 앞에서는 그 사실을 공개적으로 인정하지 않았다. 그리고 스탈린은 미국이 일본이라는 문제를 해결하는 데 필요한 행동을 할 것이라고 판단한 듯하다.

한편 처칠은 원자폭탄 사용에 대한 의견을 직설적으로 표현했다. 훗날 그는 1945년 7월 전시 지도자들이 모였던 회담을 회고하며 이렇게 썼다.

> 영국은 이 새로운 무기의 사용에 원칙적으로 동의했다. (…) 이제 최종 결정을 내릴 사람은 그 무기를 가진 트루먼 대통령이었다. 하지만 나는 어떤 결정이 내려질지 확신했으며, 지금까지도 그의 판단이 옳았다는 점에 한 번도 의구심을 가진 적이 없다. 테이블에 마주 앉은 우리 사이에는 의심할 여지가 없는 완전한 합의가 형성됐다. 다른 결정을 내리는 것이 낫다는 그 어떤 제안의 기미도 느껴지지 않았다.

처칠과 트루먼의 첫 만남이었던 그 회담은 그들의 마지막 공식적인 만남이기도 했을 것이다. 처칠은 그가 이끄는 보수당이 7월 5일 총선에서 패배한 후 총리직에서 물러났기 때문이다. (이는 아무리 생각해도 의아한 결과다. 처칠은 5월 7일 독일의 항복을 받아내고 전쟁을 연합군의 승리로 이끄는 데 중요한 역할을 했으니까 말이다. 결국 다른 결정적 요인들이 총선 결과를 좌우했을 것이다.)

트루먼은 일단 결정을 내린 후에는 뒤돌아보지 않았다. 그는 이렇게 말했다. "지금껏 살아오면서 나는 어떤 결정이든 일단 내리고 난 후에는 잊었다. (…) 그것이 최선이다."

트루먼은 대통령으로 재임한 약 8년 동안 시대의 굵직한 사건들 한가운데서 미국을 이끌었다. 독일의 항복, 포츠담 선언, 일본의 항복, 트루먼 독트린, 마셜 플랜, 냉전, 공산주의, 군대 내 인종차별 철폐를 비롯한 흑인 민권 운동, 국가안보법, 독립 국가 이스라엘의 탄생, 서베를린 봉쇄, 페어 딜Fair Deal(공정 정책), 한국전쟁과 맥아더 장군 해임 등이 바로 그것이다.

당신은 혼자가 아니다

중요한 선택 앞에서 당신은 혼자라고 느껴지겠지만 사실은 그렇지 않다. 당신은 결정을 내릴 때 다른 이들에게 도움을 청하는가? 또는 누군가에게 조언을 요청받으면 어떻게 하는가?

필요한 경우 주변 사람에게 조언을 요청하라. 하지만 그들에게 전적으로 의지하지는 마라(가족의 경우는 예외일 수 있다. 이 얘기는 뒤에서 다시 하겠다).

1. 이미 당신에게 든든한 조언자가 돼주고 있는 사람들을 떠올려봐라. 그리고 그들과 당신의 친밀도가 어느 정도인지를 생각해보라. 그들과의 관계를 마음속에서 명확히 해둬라.
2. 질문 방식을 신중하게 선택해 전문가에게 자문하라. 만일 해당 전문가를 모른다면 그와 알고 지내는 누군가에게 소개

를 부탁할 수도 있다. 또는 당신이 직접 정중한 편지를 보내는 것도 한 방법이다. 나라면 그런 편지를 받고 기꺼이 회신할 것이다.

3. 당신에게 조언하는 사람이 어떤 능력이나 자격을 갖췄는지 알아야 한다. 또 그들이 어떤 이해관계를 갖고 있는지 파악하라. 즉 당신의 결정에 따라 그들이 무엇을 얻게 되는지 파악하라.

4. 여러 사람의 조언을 비교 검토해보라. 또 그들의 의견과 당신이 알고 있는 정보를 비교해보라.

5. 단지 상대방을 기쁘게 하기 위해서 조언을 받아들이거나 받아들이는 척하지 마라.

6. 해결해야 하는 문제에 대해 최대한 많은 자료를 조사하라.

반대로, 결정을 내려야 하는 다른 누군가가 당신에게 도움을 청하는 경우에는 다음을 기억하라.

1. 상대방이 진정으로 원하는 것이 무엇인지 깨닫게 도와라. 그것이 바로 문제의 핵심에 접근하는 '통찰력'이다.

2. 해당 문제를 다룰 수 있는지 자신의 능력을 정확하고 냉정하게 판단하라. 상대방의 결정 방향에 따라 당신이 어떤 이익을 얻는지도 생각해보라.

3. 상대방의 이야기를 충분히 들어라. 당신 혼자만의 섣부른

상상으로 속단하지 마라.

4. 최종 결정은 상대방에게 맡겨라. 조언을 요청받았다고 해서 당신에게 결정의 책임이 있는 것은 아니다. 그 사람과 당신 사이의 경계선을 지켜라.

'책임'과 '경계선'이라는 말은 매우 민감한 종류의 결정을 상기시킨다. 가정이라는 영역에서 내리는 결정, 배우자나 파트너, 또는 자녀와 관련된 결정이다. 이 경우 나는 유독 신중하려고 애쓴다.

트루먼은 존경스러운 인물이긴 하지만 중요한 시기에, 즉 처음 지역 정계에 진출했을 때 아내 베스의 의견을 무시한 것으로 알려져 있다. 내가 보기엔 썩 바람직하지 않은 태도 같고, 베스의 행동도 다소 실망스럽다. 남편의 정계 진출을 강하게 반대한 베스는 그가 백악관에 입성하기까지, 그리고 입성한 후에도 정치 생활에 대한 불만을 자주 표현했다. 그들의 딸은 이렇게 말했다. "어머니는 매번 아버지의 결정에 영향을 끼치려고 했다. 그러나 절대 아버지를 좌지우지하려 들지는 않았다." 그런데 사실 '영향을 미치는 것'과 '좌지우지하는 것'은 종이 한 장 차이다!

나는 부부관계나 가정생활 전문 상담사는 아니지만, 당신이 아래 내용은 기억했으면 한다.

1. 당신이 배우자나 애인, 또는 성인 자녀가 있고 어떤 중요한 결정을 앞두고 있다면 그들을 그 과정에서 배제하지 마라.

만약 그들의 조언을 받아들이지 않기로 한다면 이유를 설명해줘라. 그것이 '존중'이다.

2. 어린 자녀를 뒀다면 분명히 어떤 결정들은 부모인 당신이 내려야 한다. 아이와 상의 없이 말이다. 그러나 자녀 스스로 결정해야 하는 문제의 경우 당신에게는 아이를 가르치고, 방향을 잡아주고, 도움과 조언을 줄 책임이 있다. 그런 행동들의 비중은 자녀의 연령대에 따라 달라지기 마련이다. 사랑이 넘치는 아버지이자 할아버지였다고 알려진 트루먼이 했던 이 말이 전하려는 메시지도 결국 그것이다. "자녀에게 조언하는 최고의 방법은 자녀가 원하는 게 뭔지 헤아린 후 그것을 해보라고 조언하는 것이다."

트루먼은 솔직 담백한 성격이 될 운명이었을까? 또 부모와는 반대로 결단력 있는 남자가 될 운명을 타고난 것일까? 그의 부모는 아들 이름을 해럴드Harold나 해리슨Harrison이 아니라 그냥 깔끔하고 담백하게 해리Harry라고 지었으니까 말이다. 그리고 트루먼의 미들네임 'S'는 어떤 이름의 약자가 아니라 그냥 알파벳 한 글자다. 이 S는 두 사람을 동시에 의미했다. 트루먼의 부모가 그의 할아버지와 외할아버지 둘 중 누구의 이름을 따를지 결단을 내리지 못해서 결국 둘의 이름에 모두 들어간 S를 중간에 넣었기 때문이다.

1. 반드시 자신만의 '법전'이 있어야 한다. 이 법전은 살면서 쌓인 경험과 교양, 내면의 양심, 그밖에 인격의 여러 측면으로 이루어진다. 바꿔 말해, 자신만의 '도덕적 나침반'이다.

2. 큰 결단 앞에서 용기를 발휘하는 일은 쉽지 않다. 주변으로부터 조언을 얻어라. 옳다는 확신이 있다면 굳게 밀고 나가는 용기를 가져라.

3. 최대한 많은 정보를 확보하라. 제대로 모르는 상태에서 어림짐작으로 판단해서는 안 된다.

4. 믿을 수 있는 조언자들(가족, 친구, 동료)을 늘 곁에 둬라. 필요하다면 더 멀리 눈을 돌려 전문가에게 도움을 청하는 것도 주저하지 마라. 그들에게 의견을 묻고 항상 그들의 동기와 속내를 살펴라. 그리고 그들의 조언과 당신의 판단을 신중하게 비교해보라.

5. 결단이 필요한 시점에 결단을 내려라. 오늘날은 1945년보다 삶의 속도가 훨씬 빠르고 서로 훨씬 더 긴밀하게 얽혀 있다. 따라서 다른 누군가의 시간표를 따라가야 한다는 압박을 느낄 수도 있다. 쫓기듯 성급하게 결정하지 마라. 그렇다고 너무 오랫동안 머뭇거려서도 안 된다. '카르페 디엠Carpe diem(현재를 잡아라)'을 기억하라. 행동이 필요한 순간에 행동하라.

6. 결정을 내릴 때는 그 선택에 전념하라. 뜨뜻미지근한 태도를 버려라. 그 결정을 밀어붙여라. 올바른 결정을 내리는 데 필요한 모든 자원을 동원하라. 일단 결정했다면 의문을 갖지 마라.

7. 행동 후에는 결과를 정리하라. 당신이 내린 결정이 어떤 결과를 낳았는가? 더 취해야 할 조치는 없는가?

"주사위는 던져졌다."

———

율리우스 카이사르

CHAPTER

어떻게 인생의 한계를
뛰어넘을 것인가

한니발 바르카 Hannibal Barca(B.C. 247~B.C. 183)
율리우스 카이사르 Julius Caesar(B.C. 100~B.C. 44)
존 F. 케네디 John F. Kennedy(1917~1963)

기원전 218년 한니발 바르카, 기원전 49년 율리우스 카이사르, 1961년 존 F. 케네디는 여러 물리적, 정치적, 심리적 난관 때문에 넘을 수 없다고 여겨지던 경계선을 넘어가기로 결단했다.

물론 나는 알프스 산맥을 넘거나 루비콘 강을 건너는 일, 또는 안전한 지구 대기권을 넘어 달에 가는 일 같은 엄청난 결정을 내려본 적이 없다. 하지만 나역시 개인적으로나 업무적으로 굉장히 중요한 결정을 마주한 순간은 무수히많다. 그리고 아마 앞으로도 내 인생에는 중요한 결정들이 남아 있을 것이다. 당신도 마찬가지일 것이다.

한니발 바르카와 율리우스 카이사르, 존 F. 케네디는 우리에게 어떤 이야기를 들려줄까? 한니발과 카이사르의 목표는 로마였다. 한니발은 로마를 제압하고자 했고, 카이사르는 로마의 최고 권력자가 되고자 했다. 그리고 두 사람 앞에는 각각 산맥과 강이 놓여 있었다.

케네디 대통령의 공식적인 목표는 모든 국민이 공감할 수 있는 프로젝트를 통해 미국의 정신을 힘차게 되살리는 것이었다. 즉 인간의 달 착륙을 성공시켜 인류의 오랜 꿈을 이루는 프로젝트였다. 여기에는 또 다른 암묵적 목표가 있었다. 그것은 제2차 세계대전 이후 냉전 시대의 두 가지 주요 전쟁, 즉 우주 개발 경쟁과 군비 경쟁에서 미국이 소련에게 승리를 거두는 일이었다.

이 세 사람을 보며 우리는 중요한 교훈 하나를 얻는다. 우리를 움직이는 동기가 무엇인지, 우리가 내리는 결정의 목적이 무엇인지 명확히 알아야 한다. 그렇지 않으면 지향점도 방향도 없는 상태에서 항로를 이탈하기 십상이다.

로마 정복을 향한 한니발의 의지

한니발과 카이사르의 삶을 결정한 것은 약 1,200년에 걸쳐 유럽 전역에 큰 영향을 미친 거대 문명체 고대 로마였다.

한니발은 기원전 247년 카르타고에서 태어났다. 당시 지중해 서부를 장악하고 있던 카르타고는 해상 무역과 탐험, 영토 개척으로 번영을 일군 부국이자 최강의 해군력을 가진 나라였다. 그러나 농업 중심 사회이며 인접 경쟁국인 로마에게 끊임없이 위협을 받았다. 로마는 주로 내륙 중심의 탐험과 영토 개척으로 힘을 키워나갔다.

용맹한 해군을 기반으로 바다를 장악한 카르타고와 육지에 막강한 군단이 버티고 있던 로마. 이 둘은 지중해의 패권을 차지하기 위해 서로를 견제하는 강국이었다. 카르타고와 로마는 기원전 264년에서 기원전 146년 사이 세 차례에 걸쳐 포에니 전쟁을 벌이게 된다.

한니발의 아버지 하밀카르 바르카Hamilcar Barca는 카르타고의 뛰어난 장군이었다. 그는 자신의 세 아들도 자신의 뒤를 따르게 될 것이라고 사람들 앞에서 맹세했다. "내 아이들은 장차 로마를 무너뜨릴 새끼 사자들이오." 훗날 한니발이 보여준 용맹함과 명민함을 생각해보면 그는 로마가 아니라 더한 것도 무너뜨릴 만한 장군이었다.

제1차 포에니 전쟁의 지휘관이었던 하밀카르가 기원전 229년(또는 228년)에 전사한 후(암살됐다는 설도 있다), 한니발은 아버지의 복수를 다짐하면서 로마에 대한 적개심을 더욱 불태웠다. 그의 목표는 분명했다. 아버지가 못다 이룬 뜻을 기필코 이루겠다는 것이었다. 그의 마음속에는 로마를 정복하겠다는 의지가 굳건했다.

실제로 그 목표는 실현되지 못했다. 결국 카르타고는 포에니 전쟁에서 패배해 몰락의 길을 걸었기 때문이다. 한니발의 이야기는 뒤에서 다시 살펴볼 것이다. 그가 내렸던 결정은 오늘날의 우리에게도 흥미로운 시사점을 제공한다. 그전에 먼저 율리우스 카이사르를 만나보자.

주사위는 던져졌다

한니발과 달리 카이사르는 로마의 아들이었다. 카이사르는 기원전 100년 부유하진 않은 귀족 가문에서 태어났다. 그의 가족은 도심에서 약간 떨어진 서민 주거 지역에 살았다. 열여섯 살 때 아버지가 세상을 떠난 뒤 카이사르는 개인적인 힘과 군사적, 정치적인 권력을 쌓는 데 몰두했다. 그는 여러 직함을 거치면서 로마 정치와 경제의 심장부인 '포룸 로마눔Forum Romanum'에 입성했다. 그의 이름 앞에 붙은 호칭은 사제(그것도 열여섯 살에!), 집정관, 장군 등 다양했으며 나중에는 로마의 종신 독재관에 올랐다.

여러모로 재능이 출중하고 저돌적이었던 카이사르는 자신이 가진 모든 도구를 이용했다. 총명한 머리, 빈틈없는 계략, 배신, 실행력, 군사 정복, 폭력, 음모, 리더십, 웅변술에 이르기까지. 그는 서쪽 끝의 스페인, 북쪽의 갈리아 지방과 브리타니아, 남쪽의 아프리카에까지 이르는 로마의 계속되는 정복과 영토 확장에서 군 지휘관으로서 탁월한 능력을 발휘했다.

오늘날 돌이킬 수 없는 결정을 비유하는 '루비콘 강을 건너다'라는 표현은 바로 카이사르의 결정에서 나왔다. 루비콘은 로마 중심부에서 북동쪽으로 약 320킬로미터 떨어진 곳에 있는 작은 강으로, 로마와 그 속주인 갈리아의 경계선에 해당했다. 갈리아를 성공적으로 정복하고 남쪽의 로마로 복귀하던 카이사르는 루비콘 강 앞에서 멈췄다(당연히 그도 알프스 산맥을 넘어야 했지만 한니발의 경우만큼 커다란 시련은 아니었을 것이다).

당시 이 강을 건너기 위해서는 로마가 만들어놓은 법을 따라야 했다. 즉 장군은 군대 지휘권을 내려놓고 군대를 해산한 후에 강을 건너야 했다. 이것은 전적으로 카이사르를 겨냥한 법이었다. 이 법을 어기고 군대를 거느린 채 개선하는 것은 사형에 처해질 수 있는 반역죄였고, 또 다른 내전의 시작을 의미했다. 그가 거느린 군사들 역시 반역자가 될 터였다.

기원전 49년 루비콘 강 앞에 선 카이사르는 이 모든 것을 알고 있었다. 그는 이제 어떻게 할지 깊은 생각에 빠졌다. 물리적 경계인 동시에 비유적 경계인 그곳에 다다르기까지의 시간을 되돌아봤다.

아마도 그는 기나긴 세월 동안 '나라'를 위해 땅을 정복하고 전투에서 승리하고 살아남는 일이 자신의 삶 자체였기에 마음속에서 경계가 흐릿해졌을 것이다. 개인적인 것과 정치적인 것의 구분이 더는 의미가 없었다. 적어도 그에게는 자신이 바라는 길이 곧 로마라는 나라가 바라는 길이었다. 일개 법 따위가 그의 길을 막아설 수는 없었다.

카이사르는 장고 끝에 전진하기로 했다. 로마의 역사가 수에토니우스Suetonius는 이때 카이사르가 "주사위는 던져졌다"라고 외쳤다고 적었다. 그는 군대를 이끌고 루비콘 강을 건너 로마로 진군했다. 그리고 이후 정권을 장악하고 로마의 최고 지배자가 된다.

루비콘 강을 건너고 5년이 흐른 후인 기원전 44년, 카이사르는 로마 원로원에서 마르쿠스 유니우스 브루투스Marcus Junius Brutus를 비롯한 귀족들의 칼에 찔려 살해당했다. 카이사르가 믿었던 브루투스에게 배신당한 일은 후세의 여러 문학 작품에도 자주 묘사됐다. 일례로 윌리엄 셰익스피어William Shakespeare의 희곡 〈율리우스 카이사르Julius Caesar〉에서 카이사르가 최후를 맞기 전에 내뱉은 "브루투스, 너마저?"라는 대사는 너무나도 유명하다. 카이사르는 제정 로마를 완성한다는 목표에 거의 다다른 시점에, 결국 자신의 특기이기도 했던 잔인한 음모의 희생자가 됐다.

리더와 보스의 차이

기원전 218년 시작된 제2차 포에니 전쟁을 지휘한 한니발도 카이사르만큼이나 비참한 최후를 맞았다. 이 카르타고의 명장은 이탈리아 반도에 입성했지만 끝내 로마는 정복하지 못했다. 뛰어난 전략가인 한니발의 지휘 아래 알프스 산맥을 넘은 카르타고군은 연이은 전투에서 로마군을 격파하면서 이탈리아 반도의 남쪽으로 진군했다. 하지만 포에니 전쟁의 전선은 이탈리아 반도 내에만 국한된 것이 아니었다. 한니발은 로마군이 북아프리카의 카르타고 본국을 침공했다는 소식을 듣고 이탈리아 반도에서 철수해 본국으로 돌아가야 했다. 결국 카르타고는 포에니 전쟁에서 패배했다. 한니발은 로마군에게 붙잡혀 처형당할 위험이 임박해오자 기원전

183년(또는 181년)경 독을 마시고 자결했다.

이런 이유로 한니발을 실패한 장군이라고 해야 할까? 결코 그렇지 않다. 그는 로마 원정이라는 목표를 향하는 과정에서 그 누구도 생각하지 못한 전략을 펼쳤다. 군사적 용맹함 못지않게 창의적지략도 뛰어난 지휘관이었다. 바다를 건너려면 이제 군사력이 크게 성장한 로마 해군을 상대해야 하므로, 한니발은 육로를 택해 알프스 산맥을 넘는다는 대담한 계획을 택했다. 한마디로 로마의 허를 찌른 것이다. 그는 수많은 병사와 말, 비밀 무기인 코끼리들을 이끌고 눈 덮인 알프스를 넘었다. 그때까지 이런 전략을 구사한 장군은 아무도 없었다. 로마인들에게 그가 얼마나 집요하고 두려운 존재였던지 "한니발 아드 포르타스Hannibal ad portas"라는 라틴어 관용구가 생길 정도였다. '한니발이 문 앞에 있다'라는 뜻인 이 말은 지금도 큰 위험이 임박했음을 경고하는 문구로 사용된다.

한니발과 카이사르는 결정을 실행에 옮기는 과정에서 많은 사람들의 도움과 지원을 필요로 했다. 물론 둘은 권력의 상층부에서 수많은 이들을 호령하는 군사적, 정치적 리더였다. 명령을 내리기만 하면 곧바로 따를 부하들이 늘 주변에 있었다.

하지만 그저 힘을 가졌다는 사실만으로 충분했을까? 당신이 리더로서 존경하는 사람들을 떠올려보라. 그들은 주변 사람들이 노예처럼 자신의 말에 복종하기를 요구하는가? 아니면 주변 사람들의 자신감을 북돋워주려고 노력하는가? 당신은 리더십이 필요한 자리를 맡으면 어떤 식으로 행동하는가?

한니발과 카이사르는 사람들을 이끄는 능력이 굉장히 뛰어났다. 틀림없이 그들은 카리스마 넘치는 리더였을 것이다. 며칠, 몇 주도 아니고 수년씩이나 리더를 따라 전쟁을 수행하기는 결코 쉽지 않았을 것이기 때문이다. 그동안 수많은 개인 및 기업 고객을 상대해온 내 경험에 비춰보면, 성공한 리더치고 카리스마가 없는 사람은 한 명도 없었다. 그렇지만 그런 리더가 꼭 인기가 많은 것은 아니었다. 흔히 인기와 카리스마를 혼동하곤 한다. 인기는 변화하는 상황에 따라 오르락내리락하기 마련이다. 하지만 카리스마는 타고나는 자질이기 때문에 변함없이 발휘된다. 카리스마는 선천적으로 지니는 것이지, 후천적으로 배워 획득할 수 있는 것이 아니다. 그리고 리더의 의사결정이 갈수록 어려워지는 오늘날 더욱더 필요한 자질이기도 하다.

한니발과 카이사르가 내린 결정은 어떤 영속적인 결과를 낳았을까? 그 답을 구체적으로 콕 집어 말하기는 쉽지 않다. 두 사람의 결정에 따른 영향은 마치 얽히고설킨 실이 조밀하게 짜여 풀기 어려운 태피스트리 같다. 하지만 어쨌든 그들이 내린 결정의 영향은 지금도 뚜렷이 감지할 수 있다. 결국 한니발 시대의 로마 공화정과 카이사르 시대의 로마 제정이 서구 문명의 토대가 됐기 때문이다.

우주 개척을 위한 결정

그로부터 약 2,000년 뒤 존 F. 케네디는 바로 그 서구 문명이라는 토대 위에서 미국이 세계 문명을 진일보시킬 방법과 관련된 결정들을 내렸다. 그중 우리가 살펴볼 것은 달에 인간을 착륙시킨 후 지구로 귀환시키겠다는 결정이다.

케네디가 미국 대통령이 된 1961년 당시, 한니발과 카이사르 시대에 벌어진 것과 같은 패권 다툼이 이때도 한창 진행 중이었다. 이 싸움의 두 적수는 바로 미국과 소련이었다. 두 나라는 제2차 세계대전 때 공동의 적과 맞선 동맹이었지만 이제는 냉전이라는 총성 없는 전쟁에서 첨예하게 대립하고 있었다.

이 냉전 시대에 전에 없던 새로운 미개척지가 부상했다. 바로 '우주'였다. 미국과 소련은 제2차 세계대전 이전부터 각자 키워온 기술력을 바탕으로 우주 탐사 프로그램을 개발했다. 우주 탐사 기술 연구의 시급성은 1950년대를 거치며 더욱 커졌다.

인류는 지구를 떠나 대기권을 넘어 저 광활한 미지의 우주로 나아가는 일을 오래전부터 꿈꿔왔다. 사실 우주 개발 경쟁의 머나먼 출발점은 15세기 '비행 기계'를 설계한 레오나르도 다 빈치Leonardo da Vinci나 1903년 최초의 동력 비행을 성공시킨 라이트 형제일지도 모른다. 제2차 세계대전이 끝난 이후 미국과 소련은 각자 자국의 엄청난 역량과 에너지(여기에는 최고 수준의 군사 기술도 포함된다)를 우주 탐사를 위한 기술 개발에 쏟아부었다. 이와 같은 노력은 오늘날에도 목격할 수 있다. 현재 세계 여러 나라와 민간 기업들이 우주에서 경제적 가치와 새로운 산업의 기회를 찾고 있기 때문이다.

소련은 1957년에 인공위성 발사를 두 차례 연이어 성공시키며 전 세계를 깜짝 놀래켰다. 인류 역사상 최초로 지상의 발사체가 지구 대기권을 뚫고 나간 일이었기 때문이다. 스푸트니크 1호와 2호에 비록 인간은 탑승하지 않았지만(스푸트니크 2호에는 '라이카'라는 이름의 개가 탑승했고 살아서 지구로 돌아오지는 못했다), 바야흐로 우주 시대의 문을 연 역사적 성과였다.

당시 나는 어리긴 했어도 사람들이 '우리가 저들에게 졌다'는 깊은 실망감과 불안함을 느낀다는 걸 알 수 있었다. '저들'은 인공위성을 쏘아 올려 대체 뭘 하려는 것일까? 개를 태울 수 있다면 폭탄도 얼마든지 실을 수 있는 것 아닌가? 모두가 큰 위협을 느꼈다.

당시에는 또 다른 경쟁도 동시에 진행되고 있었기 때문이다. 미국과 소련 양국은 핵무기를 비롯한 대량살상무기의 보유량을 늘리면서 치열한 군비 경쟁을 벌이고 있었다. 이는 제2차 세계대전과 해리 트루먼 대통령의 원자폭탄 사용이 가져온 또 다른 결과였다. 케네디는 1961년 1월 20일 대통령 취임 연설에서 말했다. "세계는 이제 크게 달라졌습니다. 인류가 모든 형태의 삶을 파괴할 수 있는 능력을 갖게 되었기 때문입니다."

1957년에서 1961년 사이에 우주 개발 경쟁에 엄청난 가속도가 붙었다. 그리고 미국은 초강대국으로서 최고 수준의 기술로 무장하고 있었음에도 소련에게 우주로 가는 '선두주자' 자리를 내줬다는 사실은 부인할 수 없었다.

만약에 양국이 힘을 합쳐 우주 탐사에 나섰다면 어땠을까? 양
국의 협력이 가져온 엄청난 성과에 전 세계가 놀라지 않았을까?

하지만 실제 현실은 그렇지 않았다. 케네디는 대통령 취임 당시
우주라는 무대에서 소련이 거둔 첫 승리 때문에 국민의 사기가 크
게 떨어져 있음을, 그리고 그것이 군비 경쟁과 관련해 의미하는 바
를 인식하고 취임 연설에서 이렇게 말했다.

우리의 적수가 되려는 나라들에게 서약이 아니라 요청을 하겠
습니다. 과학 기술에 의해 고삐가 풀린 어두운 파괴력이 계획적
이든 우발적이든 모든 인류를 자멸로 몰아넣기 전에 양측 모두
평화 추구의 노력을 새롭게 시작합시다.

우리는 약한 모습으로 그들을 부추기지 않을 것입니다. 우리의
군사력이 의심의 여지 없이 충분해야만 우리는 그 무기들이 절
대 사용되지 않을 것임을 확신할 수 있습니다.

그러나 거대하고 강력한 두 진영의 국가들 모두 현 상황에 마
음을 놓을 수가 없습니다. 양측 모두 현대식 무기의 비용에 과
도한 부담을 지고 있고 치명적인 핵무기의 확산을 두려워하고
있습니다. 그러면서도 양측은 인류 최후의 전쟁을 억제하고 있
는 저 불확실한 공포의 균형을 자기 쪽에 유리하게 바꾸려고
경쟁하고 있습니다.

케네디 대통령이 반복적으로 사용한 "양측"이라는 말은 물론 냉전의 양대 축인 소련과 미국을 염두에 둔 것이었다.

이제 처음으로 양측이 군비의 감시와 통제를 위한 진지하고 구체적인 방안을 공식화합시다. 아울러 다른 나라들을 파괴할 수 있는 절대적인 힘이 모든 국가의 절대적인 통제를 받게 합시다. 양측이 과학의 공포가 아니라 과학의 경이로운 성과를 끌어내도록 노력합시다. 함께 천체를 탐구하고, 사막을 정복하고, 질병을 퇴치하고, 바다 밑을 개발하고, 예술과 교역을 장려합시다.

케네디 대통령은 미국이 우주 개발과 달 탐사에 본격적으로 뛰어들 것임을 분명히 천명했다. 그는 곧 린든 존슨Lyndon Johnson 부통령에게 미국이 소련보다 확실하게 우위를 차지할 방안을 검토해볼 것을 요청했다.

소련이 달 바깥 궤도를 도는 데 먼저 성공하겠지만 인간의 달 착륙은 미국이 먼저 성공할 것이라는 존슨의 의견을 듣고 난 뒤 케네디 대통령은 루비콘 강을 건너기로 결심했다.*

---

* 바트 하워드Bart Howard가 1954년 〈플라이 미 투 더 문Fly Me to the Moon〉을 작곡했을 당시에는 아마도 "나를 달로 날아가게 해줘요, 별들 속에서 놀게 해줘요"라는 가사는 그저 허황하게만 들렸을 것이다. 하지만 '달에 가게 해달라'는 가사와 낭만적 선율이 결합된 이 곡은 우주 경쟁 시대에 히트를 치면서 케네디의 다분히 현실적인 목표(우주 경쟁에서 미국이 승리하는 것)를 향한 국민적 분위기 조성에 도움을 주었다. 한편 정부가 몰두한 우주 경쟁도 미국인들의 실존적 불안감을 완전히 덜어주지는 못했다(사실 실존적 불안감은 지금도 여전히 우리 삶의 일부다).

우주 개발은 의회와 전 국민의 지원이 절실히 필요한 국가적 프로젝트였다. 이와 관련된 결단을 모두에게 선언한 케네디의 말을 다시 들어보자. 1961년 5월 그는 미국 상하원 합동회의 연설에서 미국의 야심 찬 목표를 제시하며 예산 지원을 요청했다.

> 그러므로 나는 우주 개발을 위해 앞서 요청했던 예산 증액 외에도 다음과 같은 국가적 목표의 달성에 필요한 예산을 의회에 요청하는 바입니다.
> 나는 미국이 1960년대가 끝나기 전에 인간을 달에 착륙시킨 후 무사히 지구로 귀환시킨다는 목표를 달성해야 한다고 생각합니다. 다른 그 어떤 우주 계획도 인류에게 이보다 더 강렬한 인상을 심어줄 수는 없을 것이며, 장기적인 우주 탐사를 위해 이보다 더 중요한 일은 없을 것입니다. 또한 이보다 어렵고 많은 비용이 드는 일도 없을 것입니다.

케네디 대통령은 필요한 예산을 얻는 데 성공했다.

1962년 9월 케네디 대통령은 휴스턴(갓 설립된 유인우주선센터Manned Spacecraft Center가 위치한 도시였다)에 있는 라이스대학교에서 달 탐사와 관련한 연설을 했다. 이 연설은 아래와 같은 말로 끝을 맺었다.

> 에베레스트 산에서 사망한 영국의 위대한 탐험가 조지 맬러리 George Mallory는 예전에 왜 산에 오르느냐는 질문을 받자 "산이 거

기 있기 때문이다"라고 대답했습니다.

우주가 거기 있기 때문에 우리는 오를 것입니다. 달과 행성들이 거기 있고, 지식과 평화에 대한 새로운 희망이 거기 있습니다. 이제 우리는 그곳을 향해 출발합니다. 인류 역사상 가장 위험하고 가장 위대한 이 모험에 신께서 축복을 내려주시기를 기원합시다.

모두 알다시피 케네디 대통령은 1963년 암살되어 1960년대가 끝나기 전에 인간을 달에 보낸다는 목표가 달성되는 모습을 보지 못했다. 1969년 7월 20일 닐 암스트롱Neil Armstrong은 마침내 인류 최초로 달에 발을 디디고 미국 국기를 꽂아 우주 경쟁에서 미국이 승리했음을 전 세계에 알렸다.

이로써 우주 경쟁은 막을 내렸지만 이후 인류의 우주 탐사는 멈추지 않고 계속돼 나중에는 미국과 소련이 손잡고 합동 우주 탐사를 진행하기도 했다. 1991년 소련 붕괴와 함께 냉전의 시대는 끝났지만, 지금도 많은 나라가 냉전 때와는 또 다른 목적으로 군비를 확장하며 경쟁을 벌이고 있다.

신께서 축복을 내려주시기를

여기서 잠깐 케네디의 연설 중 "신께서 축복을 내려주시기를 기원합시다"라는 말을 다시 떠올려보자. 인간사의 미묘하면서도 본질적인 영역과 연결된 문구이기 때문이다. 공적인 문제와 관련된 결정을 내릴 때 신이 차지하는 위치는 어디쯤일까? 물론 개인적인 차원에서 우리는 누구나 내면에 방향을 일러주는 자신만의 등대가 있기 마련이고, 나 역시 중요한 결정을 내릴 때면 마음속으로 기도를 한다. 그렇다면 공적으로 중대한 의미가 있는 결정을 마주한 한니발과 카이사르, 케네디는 어땠을까?

한니발과 카이사르의 시대에는 다신 사상이 보편적이었고 삶의 모든 측면에서 여러 신이 큰 비중을 차지했다. 케네디 시대에는 물론 유일신교가 지배적이었고 '신' 또는 '하느님'이란 단어가 공개적인 자리에서 자연스럽게 언급되곤 했다.

페니키아의 신 멜카르트는 바다와 항해의 신이었는데, 한니발의 아버지 하밀카르는 자신의 아들을 멜카르트를 모시는 신전에 데려가 평생 절대로 로마의 친구가 되지 않겠다는 맹세를 하게 했다고 전해진다. 또 한니발은 로마 원정길에 나서기 전 멜카르트 신전에서 영적인 환영幻影과 계시를 경험했다고 한다.

역사가 수에토니우스의 기록에 따르면, 카이사르가 루비콘 강 앞에 섰을 때 신의 전령으로 보이는 "매우 키가 크고 아름다운" 사람이 나타나 강을 건너도록 이끌었으며 이때 카이사르가 "신의 손짓을 따라가자. 우리의 명예를 더럽힌 적들이 있는 곳으로 가자. 주사위는 던져졌다"라고 외쳤다고 한다.

냉전이 한창이던 1954년, 미국은 신의 존재를 부인하는 소련 등

공산권 국가들과 자국을 차별화하기 위해 '국기에 대한 맹세'에 "신 아래under God"라는 문구를 추가했다. 하지만 미국이라는 국가가 신을 공식적으로 언급하는 것은 전에 없던 새로운 일이 아니었다. 미국 〈독립선언문〉에도 "신", "창조주", "신의 섭리"라는 표현이 사용됐다. 수정헌법 제1조에서 종교의 자유를 명시하고 있기는 하지만 말이다.

1910년 발표된 미국의 비공식적인 국가 〈아름다운 미국America the Beautiful〉에서는 "신께서 그대에게 은총을 뿌리시네"라고 선언했다. 케네디 대통령도 상원의원 시절 의회 개회 때마다 의회 목사의 기도를 들었을 것이다. 조찬 기도회는 이미 일상적인 정치 자금 모금 행사였다. 케네디의 지갑에 든 지폐에는 "우리는 신을 믿는다In God we trust"라는 문구가 새겨져 있다.

그렇다 해도 1962년에는 대통령이 연설이나 성명, 여타의 공식적인 의견 발표를 "미국에 신의 은총을" 같은 말로 마무리하는 것은 아직 일상적이지 않았다. 그러니 케네디가 "신께서 축복을 내려주시기를 기원합시다"라고 말한 것은 놀라운 일이었을까? 내가 보기엔 달에 인간을 보내는 엄청난 프로젝트를 앞둔 사람으로서 충분히 할 법한 말로 여겨진다.

미국 최초의 가톨릭 신자 대통령이었던 케네디는 미국 헌법이 아니라 바티칸의 영향을 받을 것이라는 의혹을 받기도 했다. 물론 바티칸은 독립된 시국市國이다. 케네디는 자신의 결단에 필요한 힘과 지혜가 어떤 정치적 독립국이 아니라 신성한 근원으로부터 나온다는 사실을 국민에게 조용히 상기시키고 싶었던 것일까? "신께서 축복을 내려주시기를 기원한다"는 깃은 조용한 용기를 보여주는 발언이었을까?

1. 한니발, 카이사르, 케네디의 마음속 깊은 곳에 있던 동기까지 알 수는 없다. 다만 역사가 말해주는 것들을 토대로 짐작 가능한 것만을 알 뿐이다. 그들에게는 나름 의 핵심 원칙들이 분명히 있었을 것이다. 당신에게도 중요한 결정을 내릴 때 의지 하는 핵심 원칙이 있는가?

2. 그들은 목표를 향해 가는 과정에서 혼자가 아니었다. 우리도 결정을 내리고 목표 를 추구하는 과정에서 다른 사람들의 도움이 필요하다. 그들이 무엇을 원하는지 이해해야 한다. 그것도 모른 채 도움을 기대해서는 안 된다.

3. 다시 말해, 당신의 목표가 무엇이든 그것을 달성하는 것이 사람들에게 이익이 된 다면, 그 목표는 그들에게 더욱 설득력 있게 다가갈 수 있다. 하지만 그러자면 당신 의 어젠다와 그들의 어젠다 사이에 균형을 맞춰야 할 수도 있다. 당신은 기꺼이 그 럴 의향이 있는가?

4. 당신을 움직이는 동기가 무엇인지 분명히 인식하라. 당신 내면에서 발생한 동기인 가? 아니면 외부적 요인(가족, 사회 등)이 만들어낸 동기인가?

5. 목표에서 눈을 떼지 않는 것도 중요하지만 그것을 달성하기 위한 각각의 단계에 집중하는 것도 중요하다. 커다란 숲을 만드는 것은 결국 수많은 나무다.

6. 목표를 향해 전진하는 동안 성공도, 실패도 겪을 수 있음을 기억하라. 또한 각 단계 에서 일어나는 일이 이후의 상황을 바꿔놓을 수 있음을 잊지 마라. 따라서 유연한 마음가짐과 태도를 유지해야 한다.

7. 당신의 한계를 인지하라. 결정한 내용을 실행할 때 남들의 도움이 필요하다면, 당 신에게는 그들에게 동기를 부여할 능력이 있는가? 당신은 리더인가? 그렇다면 카 리스마가 있는가?

8. 무지의 상태를 경계하라. 정보를 수집하라. 아주 평범하고 사소한 정보가 결정적 역할을 할 수도 있다. 알프스 산맥을 넘을 생각이라면 일기예보를 확인하라.

9. 당신이 가진 자원을 파악하라. 결정한 내용을 실행하는 데 필요한 인력, 인프라, 자금이 충분한가?

"내 양심은 하느님의 말씀에 사로잡혀 있다. (…)
양심을 거슬러 행동하는 것은 안전하지도 옳지도 않다.
나는 양심과 다르게 행동할 수 없다."

———

마르틴 루터

3
CHAPTER

결정의 순간,
내면의 목소리에 귀 기울여라

마르틴 루터 Martin Luther(1483~1546)

가톨릭 신자인 나로서는 이번 장의 내용을 쓰기가 쉽지만은 않다. 아마도 가톨릭계의 일부 사람들로부터 비난을 받을 것이다. 그러나 나는 마르틴 루터를 매우 존경한다. 그는 양심의 목소리에 따라 행동했고, 그 결과 개인들이 종교를 대하는 방식을 바꾸었기 때문이다. 그가 촉발한 종교개혁은 기독교라는 종교 자체를 완전히 변화시켰다.

루터에게 중요한 결정 앞에서 삶의 방향을 일러주는 길잡이는 내면의 양심이었다. '양심'이란 단어는 너무 종교적이고 내밀한 개념이라서 그런지 요즘은 공개적인 담론에서 잘 쓰이지 않는다. 삶의 방향을 일러주는 길잡이로 양심을 운운하는 것이 진부하다고 느낄 사람도 많을 것이다. '자기 행동의 옳고 그름을 알려주는 내면의 생각이나 목소리'라고 정의할 수 있는 양심은 대단히 사적인 무엇이다. 양심은 누구에게나 있지만, 도구 상자에서 연장 꺼내듯 곧바로 쓸 수 있는 완성품 형태로 주어지지 않는다. 올바른 길잡이 역할을 하도록 양심을 키우고 연마하려면 평생 노력해야 한다.

양심에 의지해 살아가다

나는 양심conscience이 훌륭한 의사결정의 토대가 된다고 믿는다. 북극성, 나침반, 등대, 핵심 가치관, 확고한 신념의 토대 등 뭐라고 불러도 좋다. 그것이 없으면 자신의 행동이 옳은지 아닌지 알기 힘들다. 그것이 없으면 옳은 행동을 한다 해도 그저 우연의 결과일 뿐이다. 그리고 자신이 내린 결정(옳은 결정이든 아니든)이 어떤 결과를 가져올지 판단하기도 힘들다. 어떤 행동이 의도하지 않은 결과를 낳는 경우를 우리는 빈번히 목격하지 않는가.

루터는 자기 내면의 양심이 올바른지 끊임없이 살펴보고 시험했다. 그의 삶의 중심이었던 하느님과 자신의 양심을 비교하면서, 하느님의 뜻에 따르려고 애쓰면서 말이다. 이는 그의 사회적 정체성(아우구스티누스 수도회의 수사이자 사제)뿐만 아니라 그가 보여준 행동에서도 드러났다.

1517년 후반 그가 작성한 〈95개조 반박문Anschlag der 95 Thesen〉은 기독교 세계, 나아가 서구 사회 전체를 뒤흔들어 엄청나게 변화시켰다.* 〈95개조 반박문〉은 그가 양심에 의지해 행동한 결과물이었으며 종교개혁의 신호탄이었다.

루터가 내린 이 중요한 결정을 살펴보는 과정에서 나는 대단히 복잡하게 얽힌 역사적 정황과 세부 정보의 상당 부분을 불가피하게 간략히 다루고 넘어갈 것이다. 어떤 면에서 보면 내가 이 주제를 더 깊게 상술하는 것은 불필요한 일인지도 모른다.《크리스채너티 투데이Christianity Today》웹사이트의 글을 읽어보라. "대부분의 종교 도서관에는 예수 그리스도를 제외하고 다른 어떤 인물에 대한 책보다 마르틴 루터가 썼거나 그를 다룬 책들이 더 많이 꽂혀 있다고 한다. 정말인지 확인하기는 힘들지만, 그것이 사실일 가능성이 높은 이유를 우리는 충분히 알 수 있다."

전기 작가와 역사가들의 글은 차치하고라도, 루터는 그 자신이 활발한 저술 활동을 해 서적, 교리문답, 설교, 소책자, 논문, 서신, 찬송가 등 수많은 저작물을 남겼다. 그가 독일어로 번역한 성경은 당시 갓 발명된 인쇄기('16장 요한 구텐베르크' 참고)에 힘입어 널리

---

* 〈95개조 반박문〉은 죄에 따른 벌을 감면받을 수 있다는 '면죄부'의 판매를 비판하기 위해 작성한 것이다. 그중 세 개만 소개하겠다(이 증서는 죄를 없애는 것이 아니라 죄에 따른 벌을 감면해주는, 즉 보속 행위의 면제를 목적으로 만들어졌으므로 의미를 따지자면 '면벌부'가 맞다. 실제로 면벌부로 고쳐 써야 한다는 주장도 있다. 하지만 면벌부보다 면죄부가 일반화되어 압도적으로 많이 쓰이는 점을 고려해, '면죄부'로 옮겼다―옮긴이).
제27조_ 헌금 궤에 돈이 딸랑 하고 떨어지는 순간 영혼이 연옥에서 벗어난다고 말하는 것은 인간이 만든 교리를 설교하는 것이다.
제36조_ 진정으로 회개하는 그리스도인은 교황의 면죄부가 없어도 죄와 형벌로부터 완전한 사면을 누린다.
제39조_ 면죄부의 은혜로움과 참된 회개의 필요성을 동시에 사람들에게 가르치는 것은 가장 학식이 높은 신학자에게도 매우 어려운 일이다.

보급되면서 '평범한' 이들도 성경을 접할 수 있게 하는 혁신을 일으켰다. 〈95개조 반박문〉은 그가 쓴 것 중에서도 가장 큰 파급력을 발휘한 글이었다.

루터가 살았던 때는 서구 문명사에서 르네상스 시대(14~16세기)에 해당한다. 르네상스 시대의 특징은 탐구 정신으로, 이 시기에는 온갖 종류의 탐험과 발견, 발명이 이루어졌고, 왕성한 지적 호기심으로 새로운 답들을 찾았다. 과거의 방식이 새로운 방식과 개념들로 대체되면서 르네상스 시대는 인간 정신을 새롭게 일깨우기도 했지만 동시에 불안감과 불안정도 형성시켰다. 그리고 교회의 막강한 권위 아래 종교재판이 숱하게 행해진 시기이기도 했다.

종교재판은 로마 교회와 신성로마제국(여러 왕국 및 공국의 복합체)이 만들어낸 제도였다. 기독교는 서기 33년 예수 그리스도가 죽은 직후에 확립되어 오늘날 세계에서 가장 큰 종교가 됐다. 신성로마제국(기독교에 기반을 두지만 그 자체가 교회나 종교는 아니므로 이름에 '신성神聖'이라는 표현을 집어넣는다)은 962년에서 1806년까지 존재했으며 오늘날 독일의 전신에 해당한다. 로마 교회와 신성로마제국은 당시 유럽을 다스리는 종교적, 정치적 권력의 중심이었다.

정통 기독교 신학에 반하는 이단을 심판하기 위해 가혹하고 끔찍한 수단을 동원했던 종교재판은 13세기 무렵 시작됐고 이런저런 변형된 형태로 20세기까지도 목격됐다. 프로테스탄트 탄압에 초점을 맞춘 종교재판, 즉 로마 종교재판은 루터가 사망할 즈음 시행되기 시작했다.

루터의 삶은 그가 검증되지 않은 새로운 것, 비정통적 접근법을 두려워하지 않는 르네상스적 인간이었음을 보여준다. 그는 교회로부터 파문당하고 체포를 피해 도망 다녔다. 두려움 없는 태도는 굳건한 양심과 합쳐지는 순간 엄청난 힘을 발휘한다. 그는 소신을 굽히지 않고 아무도 가지 않은 길을 택한 결단력의 소유자였다. 루터뿐만 아니라 이 책에 소개한 인물 모두 자신의 소신을 꿋꿋하게 밀어붙인 강인한 이들이다.

인생을 바꾼 결정이 세상을 바꾸다

루터는 신성로마제국의 중심이었던 독일 왕국의 작센 지방에 있는 아이슬레벤에서 태어났다. 당시 대다수 사람이 그랬듯 그 역시 가톨릭 집안에서 태어났고, 이튿날 세례를 받았다. 남들처럼 평범한 신앙 생활을 하던 그는 20대 초반에 갑자기 수사가 되기로 결심한다. 이것은 그의 인생에서 뜻밖의 결과로 이어지게 될 많은 결정 중 첫 번째 결정이었다.

루터는 수사가 되겠다는 결심을 가족에게 숨겼다. 만일 알게 되면 크게 반대할 것이 뻔했기 때문이다. 그의 아버지 한스 루터Hans Luther는 아들에 대한 기대가 남달리 컸다. 한스는 원래 농부 집안 출신이었지만 광산업에 뛰어들어 성공을 거뒀고, 앞으로 아들이 변호사가 되어 법률적 조언까지 해준다면 든든한 지원군이 될 것이라고 생각했다. 또 루터가 변호사로 성공해 출세하면 자신과 아내도 아들 덕을 보며 편안히 말년을 보낼 수 있을 터였다.

루터는 아버지 말을 잘 듣는 착한 아들이었다. 그는 아버지의 뜻대로 좋은 학교를 다니면서 좋은 교육을 받았다. 에르푸르트대학교에 들어가 학사학위(1502)와 석사학위(1505)를 받았다. 이제 법학 학위 과정에 진학해야 했다.

루터는 학문적 재능이 뛰어났으며, 그가 평생 살았던 모습을 보면 공부를 얼마나 좋아했는지 알 수 있다. 그러니 마음만 먹으면 법학 학위를 따는 일도 결코 어렵지 않았을 것이다. 하지만 그는 결국 그 길을 포기한다. 그는 변호사가 되고 싶지 않았다. 그렇다고 다른 특별한 꿈이 있는 것도 아니었다. 이 무렵 그는 친구의 죽음과 다른 개인적 시련 때문에 슬픔의 시기를 보냈다. 그는 에르푸르트의 법학대학원에 입학은 했지만 제대로 다니지는 않았다. 조만간 속마음을 밝히고 실망한 아버지의 얼굴을 마주해야 했으나 그 시점을 계속 미루고만 있었다.

누구나 살면서 이런 내적 갈등을 한 번쯤 겪는다. 앞에서 나는 루터가 두려움이 없는 사람이었다고 말했다. 하지만 그것은 충분히 성숙한 성인이 되고 나서의 얘기다. 이 시기의 루터는 대학을 막 졸업하고 알 수 없는 미래와 마주한 청년이었다. 그 역시 대부분의 청춘이 겪는 이런저런 불확실성과 불안함에 휩싸여 있었을 것이다. 하지만 그가 이 시기에 두려움 때문에 내린 결정 하나는 수사가 되겠다는 결심이었고, 결국 이는 훗날 세상을 바꾸는 결정으로 이어지게 되었다.

다시 청년 루터의 이야기로 돌아가자. 루터는 아이슬레벤의 집에 갔다가(그의 마음속 갈등을 아버지는 아직 몰랐다) 에르푸르트로 말을 타고 돌아가던 어느 날 밤 강한 뇌우를 만났다. 무시무시한 벼락이 내리치자 그는 죽음의 공포를 느끼고 반사적으로 떠오르는 성인의 이름을 외쳤다. "성 안나여, 저를 도우소서! 그러면 저는 수사가 되겠습니다!" 그러자 곧 뇌우가 멈췄다. 그는 충동적으로 한 이 맹세가 자신의 목숨을 구했다고 생각했다. 목숨을 건진 것은 곧 하느님의 뜻이었고, 그에게는 맹세를 지킬 의무가 있었다.

루터는 에르푸르트에 있는 성 아우구스티누스 은둔자 수도회에 입회하기로 했다. 그는 이 사실을 불호령을 내릴 게 분명한 아버지에게는 말하지 않고 가까운 친구 몇 명에게만 털어놓았다. 그리고 뇌우가 몰아친 밤 이후 두 주 뒤인 1505년 7월 중순 그 결심을 실행에 옮겼다.

루터는 이듬해에 정식 수사로 서원을 하고 1507년에 사제 서품을 받았다. 그가 집전하는 첫 미사에 참석한 가족들은 그제야 그가 지금껏 모습을 감췄던 이유를 알 수 있었다. 변호사의 길을 가기에는 이미 늦어버렸다는 사실도 깨달았다. 아버지는 "벼락이 친 날 네가 받은 것이 사탄의 계시가 아니라고 어떻게 장담하느냐?"라면서 화를 냈다.

이 일화를 보면서 훌륭한 의사결정의 중요한 측면 하나를 생각하게 되었다. 바로 책임을 지는 문제다. 루터는 아버지가 원하는 직업을 갖기 싫었지만 그 사실을 공식적으로 인정할 경우 맞이할 결과가 두려웠다. 그런데 일종의 '데우스 엑스 마키나deus ex machina(극이나 소설에서 결말을 짓거나 갈등을 해결하기 위해 갑자기 나타나는 초자연적 힘이나 캐릭터 또는 연출적 요소 – 옮긴이)'가 등장해 그를 구하고 그에게 필요한 핑계를 제공해준 셈이었다. 젊은 루터가 수사가 되겠다는 결정을 하면서 보인 모습은 우리가 본받을 만한 태도는 아닌 듯싶다. 하지만 우리도 때로 어떤 결정을 내릴 때 편리한 핑계나 구실에 의지한다는 사실을 부인하기는 힘들다.

시대의 양심을 묻다

루터가 수도원에 들어간 것은 1505년이다. 이때부터 그는 자신이 추구해야 할 사명을 마음속에 확고히 새겼다. 어린아이 같은 수준을 벗어나 성숙한 그리스도인으로서 하느님을 만나고 그분의 뜻을 따르는 것이었다.

이 무렵부터 1517년(95개조 반박문을 작성한 해)까지 그의 삶은 공부와 강연, 기도, 단식, 온갖 영적 훈련과 고행으로 이루어졌다. 때로는 속세와 단절된 수도원의 골방에서 혼자였고, 때로는 아우구스티누스 수도회의 동료 수사들과 함께였으며, 때로는 학생들로 가득한 강의실에 있기도 했다. 그가 이룬 뜻밖의 성취 하나는 신학박사학위를 받고 존경받는 대학 교수가 된 일이었다.

두려움과 혼돈의 젊은 시절을 거친 후 그는 평생 학문과 연구에 힘썼으며 사람들과 의견을 나누고 토론하는 일을 즐겼다. 자신과 다른 견해나 반대 입장을 거부하지 않고 기꺼이 토론에 응했다. 그는 내향적인 성격과 외향적인 성격을 균형 있게 겸비하고 있었던 듯하다. 또한 필요할 때 조언을 구할 줄도, 받아들일 줄도 알았다.

수사의 삶이란 본래 쉬운 길이 아니다. 그리고 루터에게는 하느님을 진정으로 알고 그 뜻을 참되게 행하는(즉 성숙한 그리스도인에 어울리는 양심을 갖게 되기까지의) 여정 역시 결코 쉬운 길이 아니었다. 일례로 그는 죄의 문제를 깊이 고뇌했으며 죄 많은 자신에 대해 극단적일 만큼 엄격했다.

많은 기독교인과 마찬가지로 루터 역시 인간이 타락하고 죄 많은 존재라고 믿었다. 인간은 벌을 받아야 마땅한 존재였다. 이런 관점에서 보면 하느님의 노여움과 복수(구약성서)에 더 집중하고, 하느님의 용서와 자비(신약성서)에는 집중을 덜 하게 된다. 아담과 이브의 원죄와 그들이 에덴동산에서 추방된 일(구약성서)이 더 중요하게 느껴지고, 십자가형에 처해진 예수가 부활해 인간이 죄와 죽음에서 구원된 일(신약성서)은 간과하게 된다.

루터는 하느님의 노여움을 가라앉히고 구원받고 싶다는 절박함에 고해성사를 너무 자주 해서 담당 사제를 지치게 만들었다. 자기 안에 조금이라도 남아 있는 죄의 증거를 찾아내 다음 고해성사 때 고백하곤 했다. 그리고 하느님의 용서를 받지 못했거나 속죄를 위한 고행을 제대로 실천하지 못했다고 느끼면 또다시 자신의 죄로 괴로워하는 악순환이 계속됐다.

그 악순환을 깨고 루터에게 모종의 깨달음을 준 것은 루터의 고해 신부였던 요한 폰 슈타우피츠Johann von Staupitz의 예리한 말이었다. 슈타우피츠 신부는 보다 못해 루터에게 이렇게 말했다. "이보게, 하느님은 자네한테 화를 내지 않으시네. 오히려 자네가 하느님께 화를 내고 있지 않은가. 하느님께서는 자네에게 희망을 품으라고 명하신다는 것을 모르겠는가?"

루터는 훗날 말했다. "만일 슈타우피츠 신부가 아니었다면 나는 지옥에 빠졌을 것이다." 아마도 루터는 이때부터 자신이 겪는 영적인 분노와 고뇌의 진짜 이유를 깊이 생각해보기 시작한 것 같다. 죄의 문제에 강박적으로 집착하던 루터가 보기에 교회의 면죄부 판매는 결코 진정한 그리스도인의 길이라고 할 수 없었다. 그리고 〈95개조 반박문〉은 슈타우피츠 신부가 권하던 희망을 향해 나아가려는 그만의 방식이었다.

루터는 자신과 사람들이(심지어 고해성사를 해도) 죄 때문에 현세와 내세에서 벌을 받게 된다는 사실에 대해 고뇌했다. 그러면서 자연히 면죄부에 대해 고민하기 시작했다.

이를테면 '천국 입장권'인 면죄부는 원래 죄에 대한 벌을 감면해주기 위해 교회가 발행하기 시작한 증서였다. 면죄부는 처음에 신자들의 속죄를 돕는다는 취지에서 출발했지만 시간이 흐를수록 교회의 부패와 탐욕을 상징하는 제도로 변해갔다. 간단히 말해 돈으로 구원을 살 수 있게 된 것이다. 또는 자기 자신뿐만 아니라 이미 세상을 떠난 부모나 형제의 연옥 형벌까지 탕감할 수 있었다. 교회는 면죄부 판매로 모은 엄청난 돈을 마음대로 사용하고 부를 축적하는 수단으로 삼으면서 부패와 타락으로 물들었다.

자신을 죄 많은 인간이라 여기며 늘 죄의 문제에 영적으로 집착했던 루터는 면죄부 제도에 점점 큰 분노를 느꼈다. 그 잘못된 제도를 그대로 두고만 볼 수가 없었다.

루터는 누구보다 진지한 신학자였다. 그래서 면죄부에 반대하는 의견을 일련의 논제로 정리해 토론을 제안하기로 마음먹는다. 이 문제를 공개 테이블로 끌어내면("햇빛은 가장 좋은 소독제다"라는 말도 있지 않은가) 부패한 관행을 바로잡는 계기를 마련할 수 있을 것이라고 믿었다. 교회가 '햇빛을 충분히 받고' 소독되어 쇄신의 길로 나아가기를 바란 것이다.

〈95개조 반박문〉을 발표하다

흔히 루터가 〈95개조 반박문〉을 비텐베르크 성교회 정문에 붙였다고 알려져 있다. 그것이 가톨릭교회와의 관계 단절을 공표하고 '루터교회'의 탄생을 알린 상징적 행동이었다고 말이다. 하지만 그것은 사실이 아니다.

루터는 면죄부 판매의 지휘자였던 마인츠의 대주교 알브레히트 Albrecht에게 1517년 10월 31일 보낸 편지에 〈95개조 반박문〉을 동봉했다. 이 문제에 관한 정식 토론을 제안한 것이다. 이와 같은 사실은 여러 사료를 통해 드러나는데, 그의 글에 붙은 부제도 '면죄부의 효력에 관한 토론'이었다. 루터는 교회와 관계를 끊으려고 했던 것이 아니라 단지 교회의 변화와 개혁을 원했다. 그는 편지 서두에서 겸손하고 솔직한 어조로 알브레히트 대주교에게 이렇게 요청했다.

> 부디 이 미천한 글을 살펴봐주시고 당신의 인자함으로 받아주십시오. 교황님이 발행한 면죄부가 성 베드로 성당의 건축을 위해 당신의 은혜로운 이름 아래 도처에서 팔리고 있습니다. (…) 죄 많은 불쌍한 신도들은 궤 안에 헌금을 넣는 순간 영혼이 연옥에서 빠져나간다고 믿고 있습니다.

중요한 문서를 입수해 세상에 흘려보내는 이들은 그 시절에도 있었다. 이후 루터의 〈95개조 반박문〉은 당대 '사상의 리더들' 사이에서 급속도로 퍼지기 시작했다. 흔히들 루터가 교회 정문에 큰 포스터처럼 붙인 것으로 상상하는 〈95개조 반박문〉은 당시 최신 기술이었던 인쇄술로 먹고사는 한 인쇄업자가 찍어낸 것이었다. 실제로 몇 주 후 이 문서는 당시에 일종의 게시판 역할을 하던 비텐베르크 교회 정문에 붙여졌다.

〈95개조 반박문〉은 독일 각지로 퍼져 이제 누구나 볼 수 있게 됐고, 그에 대한 논쟁도 뒤이었다. 이 문서는 오늘날의 교회 모습에 크나큰 영향을 미쳤다.

많은 역사학자가 루터의 행동을 바짝 마른 불쏘시개를 확 타오르게 만든 불씨에 비유한다. 이후 불길은 걷잡을 수 없이 퍼져나갔고, 거기서 튄 불씨들은 유럽 각지에 다시 큰 불길을 일으키기 시작했다. 어느 역사학자의 말마따나 "루터 자신은 불이 그렇게 크게 번질 줄은 꿈에도 몰랐을" 것이다.[*]

루터의 〈95개조 반박문〉은 최적의 시기에 세상에 등장했다(물론 종교재판이라는 시련이 그를 기다리고 있긴 했다). 교황청과 신성로마제국이 긴밀하게 얽혀 막강한 권력을 행사하던 유럽에서 종교적, 정치적 변화를 갈망하던 많은 이들이 루터의 목소리에 즉시 귀를 기울이며 호응했기 때문이다. 다시 말해, 루터의 행동은 의도하지 않은 뜻밖의 결과들로 이어졌다. 의도했든 아니든, 〈95개조 반박문〉으로 교회의 부패를 공론화한 루터의 결정이 가져온 결과들은 이론의 여지가 없는 분명한 현실이었다.《크리스채너티 투데이》웹사이트에서는 이렇게 적고 있다.

루터가 남긴 정신적 유산은 너무나 엄청나서 몇 마디 말로 요약하기가 불가능하다. 모든 종교개혁가들(장 칼뱅, 울리히 츠빙글

---

[*] 루터도 자신이 일으킨 불길의 위험성을 어느 정도 느꼈을 것이다. 그보다 약 100년 전인 1415년 7월 보헤미아의 종교개혁가 얀 후스Jan Hus가 처형된 적이 있었기 때문이다. 후스는 루터가 바로잡고자 했던 것과 비슷한 문제를 비판하다가 이단으로 몰려 화형당했다. 후스와 루터는 비슷한 점이 많은데 특히 둘 다 대학 교수와 사제로 활동했다. 후스는 16세기의 본격적인 종교개혁에 앞서 타락한 교회를 개혁하고자 한 중요한 선구자 중 한 명이다.

리, 존 녹스, 토머스 크랜머)과 모든 개신교 종파들(루터파, 개혁파, 재세례파 등)은 어떤 방식으로든 루터의 영향을 받았다. 더 크게 본다면 루터가 촉발한 종교개혁은 중세 시대를 끝내고 근대 세계를 여는 데 중요한 기여를 했다.

〈95개조 반박문〉은 자유로운 탐구 정신의 산물이었지만 교회의 심판이라는 거대한 시련에 부딪힐 수밖에 없었다. 루터는 면죄부를 비롯해 개선이 필요한 교회의 여러 문제를 조목조목 따져보고 토론하고자 했다. 그리고 '올바른 길'을 제시하면 교회가 문제들을 바로잡을 수 있을 것이라 생각했다. 하지만 1521년 결코 원치 않는 뜻밖의 결과를 만난다. 이단으로 규정돼 교회로부터 파문당하고 사제직을 박탈당한 것이다. 이후 보름스 의회에서 다시 루터에 대한 심문이 진행됐고, 보름스 칙령Edict of Worms이 공포됐다(이 칙령에는 루터의 글을 읽거나 소지하거나 반포하는 것은 물론 루터에게 호의를 베풀거나 숙식을 제공하는 것도 금지하고, 어길 경우 엄벌에 처한다는 내용이 포함되어 있다). 그러나 이 칙령은 제대로 지켜지지 않았고 나중에는 칙령의 시행이 철회되었다.

루터는 이후 한동안 은신 생활도 했지만 곧 자신의 소명을 추구하는 삶으로 돌아갔다. 그에겐 아직 할 일이 많이 남아 있었다. 면죄부는 그가 몰두하는 많은 문제 중 하나일 뿐이었으며, 그가 남긴 저술과 성취물은 그보다 훨씬 방대한 범위에 걸쳐 있다. 1546년 세상을 떠난 후 그의 관은 이 모든 일의 출발점인 비텐베르크 성

교회 설교단 아래에 안치되었다.

루터의 결정이 지핀 불길

〈95개조 반박문〉을 세상에 내놓고 이후 의도치 않은 여러 결과를 초래함으로써 루터가 지핀 불길은 누구도 꺼트릴 수 없었다. 이 불길은 계속해서 타올랐다. 교회를 바로잡기 위한 루터의 노력은 결실을 거두기 시작해 이후 루터교가 확립됐고 종교개혁을 기점으로 기존의 로마가톨릭에서 분리된 여러 개신교 종파가 형성됐다.

20세기 후반과 21세기에 걸쳐 로마가톨릭교회와 루터교회는 일련의 공식적인 대화를 통해 화해의 길에 들어섰다. 영국 성공회와 가톨릭도 오랜 대립과 갈등을 끝내고 화해했다. 이 역시 루터가 의도하지 않은 뜻밖의 결과가 아닐까?

마지막으로 루터의 인간적인 면모를 보여주는 결정 하나를 소개하면서 이번 장을 마무리할까 한다.

〈95개조 반박문〉이 촉발한 종교개혁의 불길은 곧 가톨릭 수녀원에도 퍼졌다. 수녀원은 순결과 청빈, 순종을 서약하고 평생 하느님과 동행하기로 맹세한 많은 여성, 즉 수녀들의 실제적이고 영적인 집이었다. 루터 시대 이전에나 이후에나 여성은 결혼해서 가정을 꾸리는 것이 당연하다고 여겨졌으므로 수녀가 된다는 것은 반체제적인 결정이나 마찬가지였다. 또 수녀원은 억지로 결혼하고 싶지 않은 여성들이 택하는 대안이기도 했다. 그런데 종교개혁으로 많은 수녀원이 문을 닫게 되면서 수녀들을 고향으로 되돌려 보냈다. 또 어떤 수녀들은 스스로 원해서 수녀원을 떠나거나 탈출하기도 했다. 어느 쪽이든, 수녀원을 나온 그들은 미래가 막막했다.

루터는 수녀원을 탈출해 비텐베르크로 온 열두 명의 수녀를 책임지기로 결심했다. 그는 열한 명에게 남편감을 찾아주고 정착할 수 있게 도왔지만, 카타리나 폰 보라Katharina von Bora라는 여성은 마땅한 짝을 찾지 못했다. 루터는 모두를 놀라게 한 결정을 내렸다. 카타리나와 결혼하겠다고 충동적으로 선언한 것이다. 카타리나도 그의 청혼에 응했다.

결혼 당시 루터는 42세, 카타리나는 26세였다. 사료에 따르면 이 전직 사제와 전직 수녀는 화목하고 단란한 가정을 꾸려 행복한 결혼 생활을 했다고 한다. 루터 부부는 여섯 명의 자녀를 낳았고(안타깝게도 그중 두 명은 어릴 때 죽었다) 수양 자녀도 여럿 들여 가족을 늘렸다. 교수였던 루터의 집에는 늘 학생들이 찾아와 대화를 즐기고 학문을 토론했다. 대가족과 손님들로 북적이는 그의 집안 풍경이 상상된다. 어쩌면 루터는 카타리나와 결혼할 때 과거 수사 시절 희망을 향해 가라고 했던 슈타우피츠 신부의 책망을 떠올리고서 인생 후반부에 또 다른 과감한 결정으로 뛰어들었던 것이 아닐까.

한편 법학대학원에 입학한 루터가 등록금을 대주는 아버지에게 변호사가 되기 싫은 본심을 숨긴 것은 과연 현명한 결정이었을까? 그는 몰래 수도회에 들어가 생활하다가 정식 수사로 서원을 하고 난 후에야 아버지를 미사에 초대해 자신의 모습을 보여줬다. 이런 것들이야 방황하던 청년의 철없는 행동이었다고 치자. 하지만 그는 42세의 성숙한 어른일 때도 성급하게 결혼을 결심했다. 그는 자신의 인생과 기독교의 앞길을 완전히 바꿔놓은 〈95개조 반박문〉도 그 결과와 파장을 오랫동안 생각해보지 않고 세상에 내놓았다. 마르틴 루터는 결정과 관련해 우리가 반면교사로 삼을 만한 모습도 이따금 보여준 것 같다.

1. 용기를 갖고 소신대로 밀고 나가라. 〈95개조 반박문〉을 교회 문에 붙였든 편지에 동봉했든, 어쨌든 루터는 그것을 세상에 내놓았다. 그리고 면죄부가 잘못된 제도라는 생각에서 한 발짝도 물러서지 않았다. 옳다고 믿는다면 세상의 비판을 감수할 각오를 하라.

2. 결정의 근거에는 균형이 필요하다. 한편으로는 이성과 논리, 정보에 의지하여 판단하고 또 다른 한편으로는 논리가 적용되지 않거나 수량화하기 힘든 측면들, 즉 문화적, 감정적, 영적 요소들도 고려하라. 루터가 수도원에 들어간 것이 오로지 하나님 때문이었는가?

3. 끊임없이 배우고 공부하라. '직감에 따라' 결정을 내린다는 사람들도 알고 보면 내면에 상당한 지식과 경험이 쌓여 있는 법이다.

4. 당신의 결정이 초래할 수 있는 '결과'들을 신중하게 생각해보라. 예상치 못한 뜻밖의 성과나 발견을 얻는 경우도 있지만 그런 우연한 행운만 기대해서는 안 된다. 모든 측면을 충분히 생각해봤는가? 각각의 행동이 가져올 결과에 대한 시나리오들을 충분히 검토했는가? 만일 당신의 결정 때문에 황당하거나 결코 반갑지 않은 일, 또는 부정적이거나 끔찍한 결과가 발생한다면 어떻게 할 것인가?

5. 루터처럼 당신에게도 기도가 일상화돼 있다면 어려운 결정 앞에서 기도에 의지해보라. 결정을 회피하라는 얘기가 아니다. 기도나 명상, 자아 성찰은 복잡다단한 일상을 잠시 멈추는 쉼표 같은 시간이 되고 정신을 맑게 해 명료한 판단력에 도움을 준다. 잠시 휴가를 떠나는 것도 좋은 방법이다.

6. 주어진 시간을 최대한 활용해 충분히 숙고하라. 언제나 속도가 생명인 것은 아니다. 물론 '쇠뿔도 단김에 빼라'는 말이 맞는 상황도 있고, 위급하거나 생사가 달린 상황에서 결정을 내려야 하는 경우도 있다. 하지만 그렇지 않은 한 스케줄(당신의

82

것이든 타인의 것이든)이 주는 압박의 포로가 되지 않도록 하라.

7. 불필요하게 망설이지 마라. 사소하고 간단한 결정에 너무 많은 중요성을 부여하지 마라. 그런 결정은 신속하게 내리고 다음 단계로 넘어가라. 그것들 때문에 더 크고 중요한 결정에 쏟을 에너지를 빼앗겨서는 안 된다.

8. 두려움에 떠밀려 되돌릴 수 없는 결정, 당신 삶을 바꿔놓을 결정을 내리지 마라. 두려움의 순간에 잠시 한 걸음 뒤로 물러서라. 그리고 충분히 생각한 후 행동하라.

9. 타인의 조언을 환영하는 것(그리고 그 가치를 판단할 줄 아는 것)은 훌륭한 의사결정을 내리는 사람의 특징이다.

10. 계획과 전략 없이 움직이면 당신 행동의 모든 결과는 당신이 의도하지 않은 뜻밖의 것이 된다. 루터의 경우가 그랬다. 비록 스코틀랜드의 시인 로버트 번스Robert Burns는 "생쥐와 인간이 세운 계획은 어긋나기 일쑤다"라고 노래했지만, 당신은 그래도 모종의 계획을 세우고 결정을 실행에 옮기기 전에 그것이 가져올 영향을 깊이 생각해봐야 한다.

11. 기울인 노력과 상관없이 때로는 그저 우연한 행운이나 뜻밖의 횡재가 결과를 만들어낸다. 조용히 그러나 부지런히 준비하고 노력하라. 그러면 뜻밖의 행운도 자연히 따라올 것이다.

"내게 나무를 쓰러트릴 여섯 시간을 준다면
도끼날을 가는 데 네 시간을 쓰겠다."

———

에이브러햄 링컨

4
CHAPTER

최고의 타이밍을 위해
인내, 또 인내하라

에이브러햄 링컨 Abraham Lincoln (1809~1865)

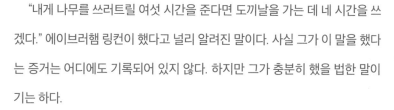

"내게 나무를 쓰러트릴 여섯 시간을 준다면 도끼날을 가는 데 네 시간을 쓰겠다." 에이브러햄 링컨이 했다고 널리 알려진 말이다. 사실 그가 이 말을 했다는 증거는 어디에도 기록되어 있지 않다. 하지만 그가 충분히 했을 법한 말이기는 하다.

그렇다면 이 말들은 어떨까? "나는 천천히 걷는다. 하지만 뒤로는 가지 않는다." "올바른 곳에 발을 둔 다음 굳건하게 서라." 이 역시 링컨이 한 말인지 확실치 않다.

한편 다음은 링컨이 실제로 말한 것이 확실하다. "어떤 사람이 날마다 배나무를 지켜보면서 열매가 익기를 초조하게 기다린다고 치자. 만일 그가 그 과정을 억지로 앞당기려고 하면 열매도 나무도 망가질 수 있다. 하지만 인내심을 갖고 기다린다면 결국 잘 익은 배가 그의 무릎에 떨어질 것이다."

세계 역사를 바꾼 결정

위에 언급한 인용구들(실제로 한 말이든 아니든)은 링컨의 결정 스타일을 잘 보여주는 말이다. 모두 단호하고 신중하며 끈기 있고 목표에 전념하는 인간에 대해 말하고 있다. 때로는 수완이 좋고 집요한 유형을 나타낼 수도 있다. 이것들은 노예에게 자유를 안겨줘 '위대한 해방자'로 칭송받는, 미국에서 가장 위대한 대통령이자 제16대 대통령인 링컨의 특징이었다.

배나무 이야기는 링컨이 대통령으로서 내린 어느 중요한 결정과 관련된 말이다. 이 비유는 '노예 해방 선언'이라는 전시 행정명령을 마음속에 구상하고 마침내 열매를 맺은 링컨 자신의 모습을 보여준다. 노예 해방 선언은 일시적으로 노예들에게 자유를 안겨준 또는 적어도 그 과정의 출발점이 된 사건이었다. 노예 해방이 실제로 실현되려면 새로운 법이 만들어져야 했기 때문이다. 그러나 어쨌든 이 선언은 남북전쟁과 미국의 향방을 바꿔놓았고, 결과적으로 세계 역사를 바꿔놓았다. 그리고 현재까지도 우리에게 영향을 미치고 있다.

링컨의 대통령 재임 기간은 미국 남북전쟁 시기와 거의 일치한다. 링컨은 1861년 3월 4일 대통령에 취임했고 남북전쟁은 같은 해 4월 12일 시작됐다. 전쟁이 끝난 것은 1865년 4월 9일, 링컨이 암살된 것은 4월 15일이다. 링컨 임기와 남북전쟁 기간에서 중심이 되는 사건은 노예 해방 선언이었다. 이 선언은 1862년 9월 22일 예비 선언 형태로 발표됐으며 1863년 1월 1일 정식 공표됐다.[*]

노예 해방 선언이 왜 그토록 중요할까? 그 답을 알려면 먼저 남북전쟁이 어떤 전쟁인지 살펴봐야 한다.

어째서 미국인들은 62만 명이라는 엄청난 사망자를 내면서까지 서로 치열하게 싸웠을까? 남북전쟁의 사망자 수는 역사상 미국이 치른 모든 전쟁의 사망자를 합친 숫자와 거의 맞먹는다.[**] 남북전쟁은 연방제 내에서 주州들의 권리를 지키기 위한 투쟁이었을까? 아니면 노예 해방을 두고 벌어진 충돌이었을까?

1861년 남북전쟁 발발 당시 미국은 건국 후 100년도 안 된 신생 국가였다. 국가적 정체성도 아직 완전히 확립되지 않은 상태였다. 영국 식민지였던 13개 주가 독립한 뒤 서쪽으로 점차 영토가 확장

---

[*] 1863년 1월 1일, 노예 해방 선언문은 수정이 필요한 작은 오류가 발견돼 링컨이 서명할 수 있는 상태로 준비되기까지 다소 시간이 걸렸다. 선언문이 준비되는 동안 링컨은 백악관의 신년 축하 리셉션에 참석했다. 이후 선언문에 서명을 하러 다시 돌아가 펜을 집어들자, 수많은 방문객과 악수를 하고 난 후라 손이 떨리기 시작했다. 링컨은 잠시 생각하다가 손이 진정될 때까지 주물렀다. 그러고는 문서에 서명했다. 훗날 그 문서를 볼 사람들이 흔들린 필체를 보고 대통령이 주저했다고 생각하기를 원치 않았던 것이다. 예리한 자기인식은 링컨이 가진 성격과 결정 능력의 또 다른 중요한 특징이었다.

[**] 제1차 세계대전 때 미국인 사망자는 11만 7,000명, 제2차 세계대전의 경우 41만 8,500명, 베트남전쟁의 경우 5만 8,000명이었고 그밖에 한국전쟁, 이라크와 아프가니스탄 전쟁에서도 수많은 이들이 목숨을 잃었다. 이는 부상병은 포함하지 않은 수치이며, 상대편 국가의 사상자도 따지지 않은 수치다. 군사작전으로 인한 미국인 사망자는 현재도 발생하고 있다.

되면서 새로운 주들이 생겨났다. 대서양 연안에서 태평양 연안에 이르는 거대한 영토에 걸친 미국은 그야말로 다양한 지리적 특성, 기후, 천연자원의 총체였고 시간이 갈수록 국민의 구성과 그들이 추구하는 목표 및 이해관계도 다양해졌다. 그리고 모든 주와 영토, 국민은 건국의 토대가 되는 문서인 〈독립선언문〉(1776년)과 미국 헌법(1789년)이 지향하는 이념을 따를 의무가 있었다.

미국 〈독립선언문〉은 평등과 자유를 주요 이념으로 명시했지만 아직 현실에서는 완전히 실현되지 못하고 있었다. 헌법 역시 아직 불완전했다. 제정 직후 수정헌법 조항 10개가 추가됐고 남북전쟁이 일어나기 전인 1795년과 1804년에 2개 조항이 또 추가됐다(현재 미국 수정헌법 조항은 27개다). 수정헌법 제1조부터 제10조까지를 일컫는 권리장전Bill of Rights에 명시된 권리들은 백인에게만 해당됐다. 그리고 미국 여러 주의 경제 및 산업 구조는 비도덕적인 관행임에도 세계 곳곳에서 용인되던 노예 제도에 의존하고 있었다.

링컨은 노예 해방 선언으로 전황을 북부에 유리한 방향으로 확정할 수 있을 것이라고 생각했다. 물론 연방이 와해되지 않도록 지키는 것은 그에게 중요한 목표였다. 그러나 더 고귀한 원칙도 있었다. 미국에서 노예제가 없어져야 한다는 생각이었다. 미국에서는 1808년 이후로 노예 수입이 금지됐지만 노예제 자체는 계속 시행되고 있었다. 1820년 미주리 협정Missouri Compromise(미주리의 연방 가입과 관련해 북부의 자유주와 남부의 노예주 간에 타협이 이루어진 협정 - 옮긴이)을 통해 노예제에 어느 정도 제한이 생겼고 노예제 폐지 운동도 일어났다. 그러나 1850년 도망노예법Fugitive Slave Act of 1850, 1854년 캔자스-네브래스카 법Kansas-Nebraska Act of 1859(캔자스와 네브래스카 두 준주의 노예제 인정 여부를 해당 지역의 주민 투표에 따라 결정하기로 한 법령 -옮긴이) 등 노예제에 힘을 실어주는 법들이 연이어 제정됐다.

링컨은 갑작스럽게 세상을 떠났지만 그가 지향한 목표(즉 노예제의 완화가 아니라 폐지)는 이루어졌다. 노예제 폐지를 명시한 수정헌법 13조는 남북전쟁이 막바지에 이르렀던 1865년 1월 31일 의회에서 통과됐고, 링컨이 암살되고 8개월 후인 같은 해 12월 6일 최종 채택됐다. 뒤이어 1868년에 수정헌법 14조(해방된 노예를 포함해 미국에서 태어난 모든 사람을 미국 시민으로 규정함)가, 1870년에 수정헌법 15조(모든 인종에게 투표권을 부여함. 성별에 따른 투표권 차별은 수정헌법 19조가 제정된 1920년에 금지된다)가 채택됐다.*

흑인 노예는 미국이 건국되기 전 식민지 시절부터 존재했다. 또한 경제적 목적을 위해 사람을 노예로 부리는 제도가 미국에만 있었던 것도 아니다. 사실 이 문제는 인류 역사만큼이나 오래된 것이다(그런 끔찍한 악행에 '문제'라는 평범한 단어를 써도 될지 의문이지만 말이다). 농노, 비자발적 노예 상태, 강제노동 모두 인류 역사에 흔히 등

---

* 국민의 권리를 명시한 이들 수정헌법에는 늘 진통과 우여곡절이 따랐다. 예컨대 남북전쟁 후 군정 재건법으로 남부에 군정이 실시됐을 때 남부 주들은 수정헌법 14조를 비준해야만 연방에 가입할 수 있었다. 수정헌법 15조 제정 직후부터 나타난 많은 악용 사례와 폐단은 1965년 투표권법Voting Rights Act이 제정되고 나서야 바로잡을 수 있었다(그러나 지금도 '모든' 문제가 해결된 것은 아니다). 수정헌법 19조가 만들어지기까지는 최소 한 세기의 투쟁이 필요했다. 성별에 따른 차별을 금지하는 내용의 평등권 수정안Equal Rights Amendment은 아직 미결 상태다. 이 수정안은 1972년 의회를 통과했지만, 효력 발생에 필요한 38개 주 이상의 비준을 얻지 못해 정식 헌법 수정조항이 되지 못하고 폐기됐다.

장하는 단어다.

유럽인들은 '신대륙'을 발견하면서 큰돈을 벌 가능성을 감지했고, 이 기회는 뿌리칠 수 없을 만큼 매력적이었다. 노예가 된 아프리카인들은 영국과 프랑스, 포르투갈이 건설한 새로운 식민지의 비옥한 농장으로 끌려가 일해야 했다. 노예무역 상선들이 아프리카 해안에서 아메리카 대륙으로 흑인들을 실어 나르면서 이른바 대서양 삼각무역이 번성했다. 즉 유럽인들이 갖가지 물건을 싣고 아프리카에 도착해 흑인 노예와 교환한 뒤 아메리카 식민지로 건너가 이들을 팔았다. 그리고 식민지에서 생산된 설탕, 담배 등의 물건을 다시 유럽에 싣고 가서 팔았다. 아메리카 대륙에서 노예가 특히 많이 필요했던 식민지는 남부에 몰려 있었고, 1861년 이 남부 주들이 연합을 결성해 북부 연방과 전쟁을 벌이게 된 것이다.

모든 일에는 때가 있다

링컨은 노예제라는 끔찍하고 비도덕적인 제도를 없애려고 애쓴 최초의 정치 지도자는 아니었다. 그보다 앞서 노예제 폐지 운동에 앞장섰던 대표적 인물은 영국의 정치가이자 개혁가인 윌리엄 윌버포스William Wilberforce다. 노예 해방 운동에 평생 헌신한 윌버포스는 영국에서 노예무역 금지법(1807년)이 통과되고 이후 노예제 자체를 폐지하는 법(1833년)이 통과되는 데 결정적 기여를 했다. 미국에서 1808년 노예무역이 금지된 것도 윌버포스의 영향이 컸다.

윌버포스는 결실을 맺기까지 막강한 경제적, 문화적 요인 그리고 노예제를 옹호하는 기득권층과 싸워야 했다. 노예제는 어쨌든 엄청난 돈을 벌게 해주는 시스템이었기 때문이다. 그리고 사람들은 자신이 즐기는 설탕과 담배의 생산 과정에 투입되는 이들이 처한 끔찍한 조건에는 별 관심이 없어 보였다. 그들에게는 무역을 통해 얻는 온갖 물질적 풍요만이 중요했다. 그러나 윌버포스는 '선과 악'을 가르는 내면의 등대에, 그리고 뛰어난 정치적 수완과 설득 기술에 의지해 끈기 있게 노예제 폐지 운동을 벌였다. 그는 법률로 명시되는 확실한 변화를 달성하는 것이 반드시 필요하다고 믿었다.

아마 링컨은 윌버포스의 활동을 알았을 것이며 그 역시 노예제에 깊은 혐오감을 품고 있었다. 그러나 링컨은 정치적으로 온건한 타입이라 그런 생각을 과격하게 표출하지는 않았다. 그는 연방 하원의원 시절인 1849년에 컬럼비아 특별구의 노예제를 금지하는 법안을 추진하기도 했지만, 2년 임기가 끝난 후에는 일리노이로 돌아가 다시 변호사 생활을 시작했고 일리노이 선거에는 다시 출마하지 않았다(연방 하원의원이 되기 전 일리노이 하원의원으로 네 차례 당선돼 활동했다).

링컨의 정계 복귀에 영향을 미친 사건은 1854년 캔자스-네브래스카 법의 통과였다. 이 법안을 제안한 사람은 일리노이 상원의원 스티븐 더글러스Stephen Douglas였으며, 링컨과 더글러스는 1854년 10월 16일 피오리아에서 대중 연설을 하기 위해 무대에 올랐다.

이는 몇 년 후인 1858년 두 사람이 상원의원 선거에서 맞붙어 벌이게 될 그 유명한 토론의 전초전과도 같았다. 각자 장장 세 시간 동안 했던 당시의 복잡하고 긴 연설을 이 짧은 지면에 요약하기는 무리다. 그러나 링컨이 연설에서 노예제의 존속 및 확대라는 문제뿐만 아니라 노예제를 무심코 또는 불가피하게 받아들이는 정서가 퍼지고 있다는 사실도 지적했다는 점은 주목할 필요가 있다.

> 나는 최근 통과된 이 법에 담긴 도덕적 무관심을, 노예제 확대를 암암리에 열정적으로 지지하는 분위기를 혐오하지 않을 수 없습니다. 노예제 자체가 끔찍하게 부당한 관습이기 때문입니다. (…) 마음 같아서는 당장 모든 노예를 자유롭게 풀어주고 싶습니다.

성경의 〈전도서〉에서는 "모든 일에는 다 때가 있다"고 말한다. 결정에서도 타이밍의 문제는 중요하다. 따라서 우리는 노예 해방 선언이 이루어진 타이밍을 눈여겨볼 필요가 있다.

사실 링컨은 1862년 9월 노예 해방 선언을 최초 공포하기 수개월 전에 이 선언문을 작성해놓은 상태였다. 하지만 곧장 발표하지 않고 계속 갖고만 있었다. 1862년 여름과 가을, 남군이 주요 전투들에서 승리해 북군에게 치명타를 입히면서 북부의 주력군인 포토맥 군은 고전하고 있었다. 링컨의 참모들은 그에게 북군이 열세인 상황에서 움직이지 말라고 조언했다. 좀 더 기다렸다가 북군이 승기를 잡는 상황을 이용하는 편이 낫다는 것이었다.

그리고 그런 승기를 잡을 수 있는 계기가 찾아왔다. 1862년 9월 17일 벌어진 앤티텀 전투(남부에서는 샤프스버그 전투라고 부름)였다. 남북전쟁 최대의 인명 손실을 기록한(단 하루 동안 사망하거나 부상당하거나 실종된 사람이 양측 총합 약 2만 3,000명) 이 전투는 남군의 패주로 끝났다. 17일 피 튀기는 전선에서 엄청난 수의 병사를 잃은 남군은 앤티텀 강둑으로 후퇴했다. 그리고 그곳에서 하룻밤을 보냈다. 포토맥 군은 병력의 수적 우세에도 불구하고 다시 돌격해 남군에게 반격을 가하지 않았고, 그 사이 남군은 강을 건너 안전한 지역으로 퇴각했다.

이로써 북군은 남군을 완전히 궤멸할 결정적 기회를 놓쳤다. 하지만 결과적으로는 상승세를 타고 있던 남군을 성공적으로 패퇴시킴으로써 기세를 크게 꺾어놓은 북군의 승리였다. 이제 전세는 확연히 바뀌었다. 그리고 링컨은 자신이 기다리던 순간이 왔음을 직감했다. 앤티텀 전투 닷새 후 그는 노예 해방 선언을 발표했다.

많은 이들이 흔히 말하듯 '타이밍이 핵심'이다(적시에 정치적 결정을 내리는 일의 귀재였던 링컨도 그렇게 생각했을 것이다). 때가 왔을 때 결정을 내려야 한다. 최고의 효과를 발휘할 수 있는 시점에 결정을 내리고 움직여야 목표를 달성할 수 있다. 아울러 늘 깨어 있는 마음가짐으로 변화하는 주변 상황을 포착해야 한다. 그리고 늘 행동할 준비를 갖추고 있어야 한다. 아무리 뛰어난 결정이라도 실행에 옮기지 못한다면 무용지물이나 마찬가지다.

링컨의 질문

링컨의 결정 스타일과 관련된 몇 가지 측면을 더 살펴보자.

1860년 11월 대통령 당선과 1861년 3월 취임식 사이의 4개월 동안 남부의 여러 주가 연방 탈퇴를 선언했다. 이후 4월에 남부 연합군이 북부 연방의 영토에 첫 공격을 가했다. 남북의 갈등이 이미 심화될 대로 심화돼 있던 일촉즉발의 상태에서 마침내 전쟁이 발발한 것이다.

중요한 결정을 앞에 뒀을 때 우리 마음속에는 온갖 질문이 떠오른다. 전시 대통령이었던 링컨 역시 행동의 기로에서 틀림없이 이런 질문들을 던지며 고민했을 것이다.

- 노예제 폐지라는 목표는 정치적으로 유용한 전략인가, 아니면 내면의 굳은 도덕적 신념에서 비롯된 것인가?
- 사실상 주들의 분리 독립을 금지하는 동시에 노예제를 합법으로 간주하는 헌법을 가진 이 나라에서, 노예제에 반대하는 신념과 "미합중국의 헌법을 보호하고 지키겠다"고 선서했던 것을 어떻게 조화시킬 것인가?
- 수정헌법 제정으로 노예제를 폐지하기 전에 먼저 노예 해방 선언을 하는 일이 꼭 필요한가?
- 앞으로 어떤 정치적 장애물이나 여론의 반발을 마주하게 될 것인가?

링컨은 노예 해방 선언 발표에 앞서 최적의 시기가 올 때까지 기다릴 줄 알았다.

- 그런 장애물을 어떤 식으로 해결하거나 우회해야 할 것인가?

링컨은 이런 질문들을 마주했을 때 당장 눈앞의 상황을 뛰어넘어 먼 미래를 보며 생각하는 타입이었다. 몇 수 앞을 내다보며 체스를 두는 사람처럼 말이다. 그는 전체 그림이 시야에 들어오기 시작할 때까지, 또는 상황이 무르익을 때까지 인내심 있게 기다렸다.

예컨대 노예 해방 선언을 발표한 것은 그가 구상한 전체 그림의 일부분이었다. 이 선언은 정식 법이 아니었다. 혹자는 미봉책이라고 말할 수도 있다. 그것은 전시에 내려진 행정명령이었고 전쟁이 끝나면 그 효력을 상실할 터였다.

노예제 폐지와 관련된 두 단계 프로세스(먼저 노예 해방 선언, 종전 직후 수정헌법 13조 제정)는 윌버포스의 프로세스를 떠올리게 한다. 윌버포스는 일단 악행을 가능케 하는 수단(노예 무역)을 없애고 나서 이후 악행 자체(노예제)를 없애려 했기 때문이다. 링컨의 경우 위 두 단계 사이에 약 3년의 시간 차가 있었다. 윌버포스의 경우에는 거의 30년이었다. 생각해보라. 당신이라면 필요할 경우 그처럼 기나긴 게임을 할 각오가 돼 있는가?

겸손하고 신중한 성격이었던 링컨은 주변 사람들에게 자주 의지했다. 자신이 옳다고 믿는 목표를 추구하는 과정에 필요한 정보와 조언을 주는 이들에게 기꺼이 도움을 받았다. 수시로 그들에게 의견과 통찰력을 구했다. 어떤 때는 단순히 인간적인 호기심에서 그러기도 했을 것이다. 그런데 이는 사람들이 자신도 중요한 결정에 참여하고 있다는, 자신의 견해도 충분히 반영되고 있다는 기분을 느끼게 만들었다. 따라서 어떤 결정이 내려졌을 때 그것이 갑자기 하늘에서 뚝 떨어진 것이 아니라 불가피하고 당연한 결정처럼 느껴졌다.

노예 해방 선언과 관련해 링컨이 말했던 배나무 비유를 기억하는가? 당시에 그는 이런 말도 했다. "내가 결정을 내리는 것은 그 누구도 도와줄 수 없는 일이었다."

그러나 링컨은 결정을 내린 후에는 결코 다른 사람의 뒤에 숨지 않았다. 훗날의 해리 트루먼이나 마거릿 대처처럼 링컨도 자신의 결정에 따르는 모든 책임을 졌다. 그는 정부 각료들에게 이렇게 말했다.

지금 내가 있는 이 자리에 다른 사람을 앉힐 방법은 없습니다. 나는 이 나라의 대통령입니다. 나는 가진 능력을 모두 동원해 최선을 다해야 하고, 내가 옳다고 믿는 방향을 택한 것에 책임을 져야 합니다.

링컨은 뛰어난 문장가이자 연설가였던 것으로 알려져 있다(윌버포스 역시 그랬다).* 정규 교육을 받은 적이 없다는 사실을 감안하면 퍽 놀라운 일이다(윌버포스는 좋은 교육을 받았다). 그러나 링컨은 명석했을 뿐만 아니라 자신이 말하려는 바를 유려하고 설득력 있게 전달할 줄 아는 타고난 감각이 있었다. 게다가 그런 능력을 늘 연마했다.

설득력 있게 말하는 능력과 뛰어난 의사결정 능력은 일맥상통

---

* 링컨은 필력이 뛰어났을 뿐만 아니라 다작하기도 했으며 다른 수많은 이들이 글을 쓰는 데 영감을 준 주인공이었다. 그가 남긴 편지와 연설문, 기타 글들이 모두 2만 건이 넘는다. 링컨을 다룬 책은 예수 그리스도를 제외하고 역사상 그 어떤 인물을 다룬 책보다 많은 1만 5,000종이며 이 수치의 동점 기록자는 마르틴 루터다.

하는 면이 있다. 설득력 있는 글과 말을 좌우하는 것은 명확성이다. 머릿속에 자신이 주장하려는 바가 명확히 정리돼 있어야 하고, 청중의 욕구와 기대치도 알아야 한다. 또 자신이 쓰거나 말하는 내용이 무엇을 위한 것인지 뚜렷한 목표가 정립돼 있어야 한다. 결정을 내리는 일에서도 그렇듯이 말이다. 자신이 계획하는 바에 영향을 미칠 수 있는 모든 요인을 빠짐없이 고려해야 한다.

링컨은 호소력 있는 연설과 편지로도 유명하지만 스토리텔링의 귀재이기도 했다. 경우에 따라 상스러운 표현도 썼고 때로 유머러스하거나 짓궂은 농담도 즐겼으며 소박하고 촌스러운 어휘를 쓰는가 하면 매우 진지해지기도 했다. 어떤 주장을 펼치거나 이해관계자들과 특정 사안에 관해 의논할 때면 상황에 맞는 다양한 화술로 청중의 무장을 해제했다. 만일 당신도 이런 능력을 발휘할 수 있다면 삶의 많은 부분에서 유용할 것이다.

뛰어난 의사결정 능력에서 이따금 간과되는 요소는 자신감이다. 거만해지라는 얘기가 아니다. 자신감은 지식과 경험, 목적의식을 토대로 형성되는 강인함을 뜻한다. 링컨과 윌버포스의 전기를 보면 그들이 얼마나 강인한 사람이었는지 알 수 있다. 만일 나약했다면 개인적인 역경(윌버포스는 시력이 나빴고 평생 건강 문제를 겪었으며, 링컨은 힘든 어린 시절을 보냈다)을 극복하지도, 당대의 반대 세력과 맞서 싸우지도 못했을 것이다.

링컨은 노예를 해방시켰지만 이후에도 미국은 남북전쟁의 기억을 잊지 못했으며 일각에서 표현하듯 노예제라는 '원죄'는 계속 미국 사회에 영향을 미쳐왔다.

예를 들어 남부 연합 장군들의 동상을 철거하는 문제를 둘러싸고 백인우월주의자 및 극우 단체들과 반인종차별주의 세력 간에 벌어지는 극렬한 갈등의 저변에는 정체성과 역사, 인종차별주의, 불평등이라는 더 커다란 문제들이 깔려 있다. 또 아프리카계 미국인에게 자행된 무자비한 폭력과 암살, 간이식당과 버스에서 벌어진 인종차별, 소수인종 유권자의 선거권을 제한하려는 시도들, 부동산 거래시 나타나는 인종차별, 소수인종 우대 정책을 둘러싼 논란, 2008년 대선 때 버락 오바마Barack Obama를 둘러쌌던 온갖 잡음을 떠올려보라.

사실상 민권운동은 지금도 진행되고 있다. 그리고 신학적인 관점에서 보면 원죄란 용서받아 씻기는 것이지만 그 영향은 계속 남는다.

이런 우울한 풍경은 노예 해방 선언을 발표했던 링컨의 결정이 잘못됐거나 헛된 것이었음을 의미할까? 내 대답은 '절대 그렇지 않다'이다. 링컨의 결단은 최고의 도덕적 결단이었다. 그것은 옳은 선택이었고 훌륭한 행동이었다. 링컨이 미국에 가져온 변화는 전 세계에 영향을 미쳤다.

마지막으로, 워싱턴 D.C.에 있는 링컨 기념관을 꼭 한 번 방문해보길 바란다. 이미 가본 독자라면 내가 이렇게 권유하는 이유를 잘 알 것이다. 아직 안 가본 독자라면 잔뜩 기대감을 품고 찾아가도 좋다. 그곳에서 생각에 잠긴 채 앉아 있는 거대한 대리석상의 링컨을 올려다보면서 한없이 작아지는 기분을 느껴보라. 링컨은 무슨 생각을 하고 있을까? 그리고 링컨을 안전하게 지키기라도 하려는 듯 곧고 높게 서 있는 기둥들 사이에서 당신도 앞으로 옳고 훌륭한 결정을 내리겠다고 다짐해보라. 그 결정들이 당신의 세상을 바꿀 것이다.

1. 때로는 타이밍이 모든 것을 좌우한다. 링컨은 노예 해방 선언을 발표할 최고의 타이밍을 위해 침착하게 기다렸다. 결정의 효과를 극대화하기 위해 충분히 인내해야 한다는 사실을 기억하라.

2. 단편적인 결과를 보고 결정하기보다는 전체적인 그림을 파악할 수 있을 때 판단하는 것이 유리하다.

3. 나의 결정에 힘을 실어줄 지지자들을 모아야 한다. 논란의 소지가 많은 결정일수록 더욱 그렇다. 이는 의존적인 것이 아니라 신중한 것이다.

4. 훌륭한 의사결정은 지식과 경험, 뚜렷한 목적의식을 토대로 한 자신감에서 나온다. 링컨은 이런 자신감을 갖춘 강인한 사람이었다.

5. 비도덕인 것을 용인하지 마라. 비도덕적인 관습을 바꾸려고 노력하라.

6. 당신의 논지에 설득력을 더하기 위해 링컨이 그랬던 것처럼 스토리텔링과 유머를 사용할 수 있다.

"나는 대부분의 중요한 결정을
나 자신이 내려야 한다는 결론에 이르렀다."

―――――

마거릿 대처

5
CHAPTER

강력한 리더십은
현명한 결정에서 나온다

마거릿 대처Margaret Thatcher(1925~2013)

"저돌적이고 냉철한 여인." 2013년 4월 8일 마거릿 대처의 부음을 전하며 《뉴욕타임스》가 그녀를 표현한 말이다. 고인에 대한 비난의 표현이었을까? 그렇지 않다.

저 유명한 엘리자베스 1세 여왕의 환생이라는 평가와 '철의 여인'이라는 별 칭을 얻었던 마거릿 대처. 영국 총리인 그녀에게는 《뉴욕타임스》가 사용한 수 식어 이상의 자질들이 필요했다. 그녀는 영국 경제가 절망적인 침체에 빠져 있던 1979년 총리에 취임했다. 1990년 총리직에서 물러날 때 틀림없이 그녀 는 영국이 다시 국제적 위상을 회복했다는 점을 뿌듯해했을 것이다. 두말할 것 없이 그녀는 임기 동안 수많은 훌륭한 결정을 내렸다.

마거릿 대처는 자신이 내린 최고의 결정 중 하나가 남편 데니스 대처Denis Thatcher와 결혼한 일이라고 자서전에 썼다. 그녀는 다른 어떤 훌륭한 결정들을 내렸을까? 그녀의 어떤 선택이 세상에 큰 영향을 미쳤을까?

우리는 총리로서 그녀의 패기에 대한 첫 시험이었던 중요한 결단을 살펴볼 것이다. 그것은 노련한 리더십을 발휘해 1982년 4월부터 6월까지 아르헨티나를 상대로 한 포클랜드 전쟁을 승리로 이끈 일이다. 만일 이 전쟁에서 승리하지 못했다면 영국의 대내외적 위상이 회복됐을지 장담하기 힘들다. 아마도 3년을 넘어서고 있던 그녀의 총리직과 정치 생명은 끝났을지 모른다.

대처의 야망과 아버지의 영향

마거릿 대처는 어떤 여성이었을까? 어떻게 그녀는 전쟁을 승리로 이끄는 데 필요한 결정 능력을 갖게 됐을까?

대처는 아버지에게 큰 영향을 받았다. 아버지 앨프리드 로버츠Alfred Roberts는 그녀의 진로를 정하는 데 결정적인 역할을 하지는 않았으나(하지만 그녀는 링컨셔 그랜섬의 지역 정치인이던 아버지의 모습에서 많은 것을 배웠다) 성격과 가치관 형성에 큰 영향을 미쳤다. 1979년 5월 신임 총리가 된 직후 기자의 질문에 그녀는 "나는 거의 모든 것을 아버지에게 배웠습니다"라고 대답했다.

열세 살까지밖에 학교를 안 다닌 로버츠는 식료품점을 운영했고 나중에는 지역 공직자이자 감리교 설교자로 활동했다. 그는 삶의 모든 측면, 특히 자녀 교육에서 엄격한 스타일이었다. 또 일 외에는 거의 즐기는 것이 없는 사람이었다. 대처의 전기를 쓴 작가중 한 명은 이렇게 썼다. "마거릿은 궁핍한 환경과 엄격한 부모 밑에서 몹시 규칙이 많은 가정교육을 받았다."

로버츠의 가족은 그 못지않게 엄격한 아내 비어트리스, 장모 피비 스티븐슨, 1921년 태어난 큰딸 뮤리얼과 1925년 출생한 작은딸마거릿으로 이뤄져 있었다. 그들은 식료품점 바로 위층에서 살았다. 일주일 중 하루만 빼고 날마다 아침부터 저녁까지 장사를 했기때문에 집과 가게가 같은 건물에 있다는 점이 매우 편리했다. 마거릿은 어느 정도 자란 후에는 계산대에서 일을 도왔다(이 마호가니계산대는 항상 닦아서 반들반들 윤이 났으며, 훗날 그녀는 자서전에서 이 계산대를 자신의 인생에 대한 비유로 사용했다).

어린 시절 마거릿의 집안을 지배한 분위기는 근검절약과 엄숙함이었다. 대공황을 거쳐 히틀러가 등장하고 제2차 세계대전에 이르는 시기였기에 더욱 그랬다. 심지어 집안에서 단순한 오락도 즐길 수 없었다. 그녀는 라디오 음악 프로그램 대신 뉴스를 들어야했다. 휴가나 한가한 시간도 남의 나라 얘기였다. 어린 소녀인 마거릿의 삶에는 '일'뿐이었고 이는 성인이 돼서도 마찬가지였다.

가족들은 일주일의 마지막 날은 온전히 신앙생활에 바쳤다. 감리교 교회의 평신도 목회자였던 로버츠는 일요일마다 여러 교회를 돌아다니며 설교를 했으며 늘 가족을 데리고 다녔다(이 일요일예배에서는 예외적으로 음악을 즐길 수 있었다). 로버츠는 공식적인 학력은 보잘것없었지만 책을 많이 읽어 박식하고 글쓰기를 좋아했으며 설교와 강연 능력도 뛰어났다. 그는 1927년 지방세 관리 담당자가 되면서 정치 생활을 시작했다. 이 역시 날마다 쉼 없이 지역 주민들의 요구를 살피고 돌봐야 하는 직업이었다. 나중에 그는 지역 의회 의원으로 10년간 일했고, 1940년대에 1년간 그랜섬 시장으로 재임했다.

마거릿의 꿈과 포부는 고향 그랜섬과 가족 사업이라는 울타리 너머에 있었고, 그곳에 이를 유일한 방법은 교육이었다. 그녀는 상급 학교로 진학할 때마다 장학금을 받았다. 1947년 옥스퍼드대학교 화학과를 졸업하고(그녀는 화학이 '미래의 길'이라고 생각했다) 4년 동안 런던 안팎의 몇몇 회사에서 화학 연구원으로 일했다. 이제 성인으로서 진짜 독립된 삶을 살기 시작했다. 고향에 있을 때와 마찬가지로 예쁜 옷이나 머리에 쓸 돈은 여전히 빠듯했지만, 전기의 내용을 보면 그녀는 꽤 만족스럽고 즐겁게 생활했던 것으로 보인다. 그러나 어린 시절에도, 대학에 다닐 때도, 그리고 사회생활을 시작하고 나서도 정치의 매력은 항상 그녀를 끌어당기고 있었다.

마거릿은 1949년 자신이 속한 정치 위원회에서 알고 지내던 지인의 소개로 데니스 대처를 처음 만났다. 데니스는 정치인도, 식료품 가게 아들도 아니었으며 장학금이 필요 없을 만큼 부유했다. 이혼남이었고 전쟁을 경험한 참전용사였으며 화학에 대한 지식이 많았다. 그의 가족은 아틀라스 프리저버티브스Atlas Preservatives라는 페인트 대기업을 운영하고 있었다. 한마디로 그는 유복한 집안의 아들이었다.

마거릿 대처의 전기들을 보면, 야망은 높지만 재산은 별로 없는 젊은 여성인 그녀에게 부유한 데니스가 '좋은 결혼 상대'였다고 서술하고 있다. 그녀는 자서전에서 인생의 고비마다 데니스가 변함없이 든든한 힘이 되었다고 강조했다.

두 사람은 마거릿이 공직 진출을 위한 첫 선거운동을 벌이고 있던 1951년에 약혼했다. 하지만 그녀는 유권자들이 결혼을 앞둔 여성에게 정치적 신뢰감을 느끼지 못할지도 모른다는 생각에 약혼 사실을 숨겼다.

하지만 그녀는 낙선했다. 그리고 화학 분야의 일도 완전히 접은 후 데니스와 결혼했다. 이후 잠시 '백수'로 지내다가 법률 공부를 시작했다. 그녀는 요즘 말로 '슈퍼우먼'이었다. 임신 상태로 변호사 공부를 하면서 남편 데니스의 내조도 병행했던 것이다. 데니스는 아틀라스 프리저버티브스의 CEO가 됐다가 회사 매각 후에는 여러 기업의 사외이사로 활동했다. 마거릿은 1953년에 아들딸 쌍둥이를 낳고 1954년에 변호사 자격을 취득했다. 그리고 5년간 변호사 일과 정치 활동을 병행하다가 1959년 드디어 선거에서 당선돼 의회에 입성했다. 그로부터 20년 후 총리 자리에 올랐다. 서구 사회 최초의 선출직 여성 수반이었다.

끝을 알 수 없는 전쟁으로

총리 취임 후 일주일쯤 됐을 때 헬무트 슈미트Helmut Schmidt 서독 총리가 영국을 방문했다. 총리가 되고 맞은 첫 외국 정상이었다. 대처는 환영 연설에서 자신의 통치 철학을 이렇게 분명히 밝혔다. "나는 영국에 이로운 방향이 무엇인지 판단하는 데 온 힘을 쏟을 것이며 영국의 이익을 단호히 지켜나갈 것입니다."

포클랜드 전쟁이야말로 이런 그녀의 철학을 여실히 보여준 사건이었다.

현재 포클랜드 제도(면적 약 1만 2,000제곱킬로미터)는 영국의 해외 영토로, 두 개의 큰 섬과 약 800개의 작은 섬으로 이루어진 남대서양의 군도다. 이 제도는 아르헨티나에서 약 500킬로미터, 영국에서 약 1만 2,000킬로미터 떨어진 곳에 있다. 남극권으로부터는 약 1,400킬로미터 떨어져 있다. 이 지역의 기후와 지리적 특성에 적응한 식물군과 동물군이 형성돼 있으며, 주민들 역시 매우 독립적인 민족성을 갖고 있다. 현재도 포클랜드 제도의 공식 정부 웹사이트에는 이렇게 적혀 있다. "포클랜드 제도는 자급자족을 실현하고 있다. (…) 우리 포클랜드 제도 주민들은 국제법에 명시된 바대로 정치적 자결권을 지닌다."

하지만 포클랜드 제도의 역사는 다소 복잡했다. 이곳은 1600년대에 포르투갈인들이 처음 발견했다고 한다. 이후 프랑스 탐험가들이 1764년 무인도인 이곳에 들어와 정착했고, 얼마 후 영국인들이 들어와 스코틀랜드의 마을 이름을 따서 '포클랜드'라는 이름을 붙였다. 1770년에는 스페인인들이 들어와 영국인들과 한동안 충돌을 빚었다. 그동안 아르헨티나는 이곳을 '말비나스 제도'라고 부르며 여러 차례 영유권을 주장해왔지만 매번 그 통제권은 영국에게 돌아갔다. 그리고 어느 시점에는 영유권 다툼이 일종의 휴면 상태가 됐다. 마거릿 대처가 총리가 됐을 당시 주민 1,800명의 포클랜드 제도는 영국이 '해가 지지 않는 나라'로 불리던 시대가 남긴 작은 자투리땅 정도로 여겨졌다.

그러나 휴면 상태는 그리 오래가지 않았다. 1970년대 말과 1980년대 초의 여러 정치적 상황들로 인해 이곳은 아르헨티나와 영국의 민족주의가 충돌하는 격전지가 된다. 영유권을 차지하기 위한 전쟁을 충분히 감수할 만큼 중요한 지역이 된 것이다.

아르헨티나 측에서는, 갓 들어선 군사 독재 정권이 심각한 경제 문제와 국내 혼란으로부터 국민의 관심을 다른 곳으로 돌리고 대외적 정당성을 세우고 싶어 했다. 영국 측에서는, 대영제국의 자투리땅이라 할지라도 그것을 아르헨티나에 넘겨준다는 것은 민족적 정체성이 용납할 수 없는 일이었다. 또 영국의 이익을 단호히 지킨다는 대처의 통치 철학에도 반하는 일이었다.

포클랜드 전쟁은 아르헨티나의 명백한 도발로 시작됐다. 이후 영국이 반격에 나섰고, 미국과 프랑스의 지원이 이어지고 국제연합(UN)이 중재에 나섰으며, 소련은 적극적으로 개입하지 않은 채 묵직한 존재감을 과시했다. 포클랜드 주민들은 전쟁의 틈바구니에서 두려움에 떨어야 했다.*

이렇듯 지난 후 돌아보면 역사는 단 몇 줄로 요약된다. 전쟁의 결과를 아는 상태에서는 그 원인과 전쟁을 이끈 사람들의 특성과 이런저런 전략적 결정을 분석하기가 더 쉬운 법이다. 그러나 전쟁이 한창 진행 중인 역사의 한가운데 있을 때는 얘기가 다르다.

포클랜드 전쟁도 마찬가지다. 우리는 대처와 달리 긴장감이 점점 고조되며 급박해지는 전체 상황을 한눈에 그려볼 수 있다. 우리는 그 결과를 알고 대처는 모르는 상태였기 때문이다. 그녀는 전쟁의 끝을 모르는 상태에서, 영국의 주권을 위협하는 세력에 맞서기 위해 자신의 모든 기개와 판단력을 동원하고 영국을 위한 비전을 지켜내야 했다.

---

* 1982년 약 10주에 걸친 포클랜드 전쟁의 경과는 아래와 같다.
3월 19일 _ 아르헨티나 고철 수집상들이 탄 선박이 포클랜드 제도의 섬에 불법 상륙
4월 2일 _ 아르헨티나가 군사력을 동원해 포클랜드 제도 기습 침공
4월 3일 _ 아르헨티나의 추가 병력 상륙. 국제연합 개입
4월 5일 _ 영국군 함대 출격
4월 15일 _ 영국, 섬 탈환 작전 시작
5월 1일, 2일, 4일 _ 영국군의 주요 폭격 성공
5월 14일, 15일 _ 영국군의 추가 공격 성공
5월 20일 _ 국제연합의 평화협상 중재 실패
5월 21일, 23일, 25일 _ 영국 함정 3척 격침
6월 1~14일 _ 양측 치열한 격전
6월 14일 _ 아르헨티나 항복

모든 것은 결과가 말해주는 법

마거릿 대처는 영국 최초의 여성 총리였다. 우리는 포클랜드 전쟁을 이끈 그녀의 결단을 살펴보면서 그녀가 여성이라는 사실에 주목해야 할까?

내가 보기에 "여성인 대처에게 총리로서 필요한 능력이 충분했을까?"라는 질문은 참으로 무의미하다. 하지만 사람들은 흔히 정부나 기업, 대학, 언론, 법률회사, 의료계, 군대, 과학계 등 가정 이외의 분야에서 성공을 꿈꾸는 여성을 보면서 그런 질문을 던지곤 한다.

대처 자신도 변호사 활동을 시작할 때나 정계에 진출할 때 여성이라는 성별에 따라오는 질문을 숱하게 만났다. 그녀는 이렇게 썼다. "여성 후보자는 굉장히 미심쩍은 눈초리를 받기 일쑤였다. (…) 이 바닥은 하룻강아지 범 무서운 줄 모른다는 얘기를 듣기 딱 좋은, 남자들만의 세계였다."

대처가 첫 선거운동 때 데니스와의 약혼 사실을 숨겼던 것을 떠올려보라. 당시에는 여성 후보라면 누구라도 당선이 힘들었겠지만 결혼이나 약혼을 하지 않은 여성이 그나마 나았을 것이다. 또 자녀를 둔 기혼 여성에게는 소송 업무보다 세법 업무가 더 '적절'하다고 여겨졌다(대처는 세법 전문 변호사였다).

대처는 개인적 삶에서 여성인 자신의 능력에 대한 의문들을 마주치면 오로지 노력으로 거기에 답했다. 그녀의 성과 지향적인 태도는 어린 시절부터 평생 이어졌다. 사회생활을 할 때도 마찬가지였다. 오로지 일로 승부했다. 그녀는 자신이 페미니스트로 여겨지는지에는 별로 관심이 없었다.

대처는 포클랜드 전쟁이라는 위기 앞에서 리더십을 발휘하지 않을 수 없었다. 성별은 전혀 중요하지 않았다. 그리고 진부한 표현이겠지만 '모든 것은 결과가 말해주는 법'이다(종종 진부한 문구는 진실을 담고 있으며 그 역시 진부해지기 전에는 독창적인 표현이었다).

포클랜드 전쟁에서 부각될 수 있었던 또 다른 요인은 전쟁 경험이 있는 사람과 없는 사람의 차이였다. 대처는 군 복무 경험이 없었다. 참전용사였던 남편 데니스는 전쟁 경험이 있었지만 대처 주변의 참모들 대부분은 그렇지 않았다. 제2차 세계대전 종전, 한국전쟁 참전, 굴욕적인 결과로 끝난 수에즈 위기 이후로 거의 한 세대가 흐른 시점이었다. 포클랜드 전쟁에 결정적 도움이 될 만한 전시 경험이 부족했다.

하지만 대처에게는 훌륭한 의사결정자의 필수 조건이 갖춰져 있었다. 그녀는 강인한 성격과 굳은 소신의 소유자였고 나름의 인생 경험도 있었다. 통치 철학도 뚜렷했다. 주변의 많은 조언자들이 건네는 의견을 현명하게 걸러낼 줄 알았다. 단기적으로 또는 장기적으로 어떤 목표에 집중하는 것이 옳은지, 어떤 목표가 달성 가능한지에 대한 판단력이 있었다. 이런 훌륭한 자질들이 그녀의 리더십을 뒷받침했다.

포클랜드 전쟁을 통해 대처가 보여준 확신의 리더십은 지금까지 많은 이들에게 영감을 준다.

부정적 선입견을 넘어

대처의 또 다른 바람직한 자질은 자신이 모든 것을 알지는 못한다는 사실을 자각했다는 점이다. 작가 찰스 무어Charles Moore는 그녀의 공식 전기에 이렇게 적었다.

전쟁에 대해 잘 모른다는 것은 분명 대처에게 불리한 점이었다. (…) 그러나 그것이 오히려 도움이 된 측면도 있었다. 그녀는 다른 영역에서는 종종 겸손함이 부족하다는 비판을 받았지만 전쟁 문제에 관해서는 겸손해질 수 있었다. 자신이 잘 모르기 때문에 참모들의 의견에 귀를 기울였다. (…) 또한 정치적 과업의 완수와 영국군을 위해 가능한 모든 것을 지원하는 일에만 단순하게 집중할 수 있었다.

그러나 전쟁 경험이 없는 여성 총지휘관이었기에 그녀의 경험과 지식 부족을 미덥지 않게 바라보는 시각도 있었다. 무어는 대처의 지지자가 아니었던 게 분명한 어느 인물의 말을 다음과 같이 인용했는데, 당시의 지배적인 분위기가 어땠는지 짐작이 간다.

만일 대처 총리가 남자이고 군 복무를 했다면 그런 판단을 내리지 않았을 것이다. 만일 그랬다면 모든 상황이 끔찍하게 틀어질 가능성이 얼마든지 있다는 사실을 인지했을 것이다.

결과적으로 포클랜드 전쟁은 '끔찍하게 틀어지지' 않았다. 하지만 이 시기는 대처에게 정치적으로 매우 다난한 시기였다. 분명 그녀는 전쟁뿐만 아니라 온갖 다른 국정 이슈들도 돌봐야 하는 상황에서 리더로서 혼자라는 외로움을 느꼈을 것이다.

해리 트루먼과 마거릿 대처 사이에는 비슷한 점이 많다. 앞에서 나는 원자폭탄 투하 결정을 앞둔 미국 대통령으로서 트루먼이 느꼈을 외로움에 대해 말했다. 조언자와 동맹자들, 적들, 전투 계획, 사상자 수 추정치를 비롯한 수많은 데이터의 한가운데서 트루먼 혼자만이 최종 책임자였다. 대처도 비슷했다. 그리고 그녀 역시

'모든 책임은 내가 진다'는 각오로 임했다. 그녀에게는 '대부분의 중요한 결정을 자신이 내려야 한다'는 사실이 불평거리가 아니었다. 그것은 그녀가 기꺼이 짊어진 현실의 무게였다.

리더라면 기꺼이 견뎌야 할 무게

포클랜드 전쟁 당시의 뉴스 기사나 훗날 쓰인 역사책, 전기, 회고록을 읽어보면 당시 상황이 얼마나 숨 가쁘게 돌아갔는지 알 수 있다. 전쟁이 굉장히 빠른 속도로 진행됐기 때문에 좌고우면할 시간이 없었다. 작전 수행을 위한 많은 결정이 그때그때 신속하게 내려졌고, 결과를 충분히 예측하고 판단하기도 전에 결정해야 할 또 다른 문제들이 밀려왔다. 게다가 험한 날씨 속에(남반구이므로 초겨울이었다) 1만 2,000킬로미터나 떨어진 적국에 근접한 해상에서 수행되는 전쟁을 지휘해야 한다는 사실도 어려움을 배가했다. 트루먼이 일본에서 약 1만 1,000킬로미터 떨어진 워싱턴 D.C.에 있었던 것처럼 말이다.

혹자는 대처가 참여한 것은 트루먼의 경우만큼 위험천만한 게임이 아니었다고, 두 사람이 마주했던 결정은 그 무게가 서로 다르다고 말할지도 모른다. 하지만 그들이 직면했던 근본적인 질문은 똑같다. 그것은 '무엇이 옳은 행동인가?'라는 질문이다.

대처도 인간이었으므로 매 순간 언제나 완벽한 의사결정자는 아니었을 것이다. 유일하게 대처가 인정한 공식 전기 작가로 알려진 무어는 이 시기에 그녀가 "부차적인 세부 사항들은 급히 처리했다"고 썼다. 대처는 전시가 아닌 평소에도 종종 그런 모습을 보였던 것 같다. 무어가 "그녀는 스트레스를 받으면 급하게 결정하는 습관이 있었다"고 썼던 걸 보면 말이다.

아르헨티나가 항복하고 한참의 세월이 흐른 후 대처는 포클랜드를 방문했다. 승리한 전쟁이었지만 그 승리는 많은 이들의 슬픔과 눈물로 얼룩져 있었다. 대처는 비록 참전 경험은 없을지라도 전쟁에서 목숨을 잃은 이들을 분명히 기억하고 있었다. 포클랜드 제도 산카를로스의 묘지를 방문해 허리를 숙여 헌화하는 사진 속 대처의 모습에서 그 슬픔의 무게감을 느낄 수 있다. 이 전쟁에서 영국군 255명이 사망하고 777명이 부상했다. 아르헨티나 측에서는 군인 648명과 민간인 선원 1명이 사망하고 1,188명이 부상했다. 그리고 포클랜드 여성 주민 3명이 영국군의 오폭으로 사망했다.

현재 포클랜드 제도는 영국의 해외 영토에 속해 있다. 이 지역을 둘러싼 양국의 대립으로 종종 긴장감이 높아지지만, 포클랜드 주민들(약 3,400명)이 전쟁 전과 마찬가지로 여전히 영국의 통치를 지지하기 때문에 긴장감은 곧 가라앉곤 한다.

포클랜드 전쟁 이후 대처의 지지도는 급상승했고 영국의 위상도 회복되기 시작했다. 대처는 이후 8년간 총리로서 정력적으로 영국을 이끌었다. 1990년 총리직을 사퇴할 때 그녀는 틀림없이 참담한 심정이었을 것이다. 영국을 위해, 그리고 세계 무대에서 아직

하고 싶은 일이 많았기 때문이다. 그러나 국민의 뜻을 거스를 수는 없었다.

해리 트루먼과 마거릿 대처의 비슷한 점을 하나 더 언급하고 이번 장을 마칠까 한다.

앞서 말했듯, 대처는 데니스와 결혼한 것을 자신이 내린 최고의 결정 중 하나라고 생각했다. 그녀의 자서전에는 '평생의 조력자'인 동시에 동등한 반려자였던 남편에 대한 애정이 고스란히 드러난다. 결혼 35주년을 맞은 1986년 한 인터뷰에서 그녀는 데니스를 자신의 인생을 지탱해주는 "황금빛 실"이라고 표현했다. 나는 트루먼에 대해서도 그랬듯 대처의 결혼 생활을 분석할 생각은 없다. 그러나 든든한 배우자의 존재가 훌륭한 의사결정에서 중요한 역할을 하는 것만은 분명하다.

1. 용기를 갖고 소신대로 밀어붙여라. 물론 이런저런 방해물이 당신을 가로막을 것이다. 하지만 옳은 일이라면 주저하지 마라. 창의력을 발휘해 그것을 실행할 방법을 찾아라.

2. 해당 주제를 잘 아는 사람에게 조언을 구하라. 당신에겐 없는 경험을 그들이 갖고 있다면, 비슷한 상황에서 그들은 어떻게 대처하고 무엇을 배웠는지 알아보라. 그들이 가장 든든한 지원자가 되어 당신이 결정을 실행에 옮길 때 도움을 줄 수 있다는 사실을 기억하라.

3. '잠시 멈춤'이 가능하다면 그렇게 하라. 그러면 새로운 시각으로 상황을 바라볼 시간이 생긴다. 마거릿 대처는 때로 급하게 결정을 내렸다. 분명 어쩔 수 없는 상황이었기에 그랬을 것이다. 그러나 우리는 전시 상황에서 결정을 내릴 일은 없다.

4. 당신의 결정이 의미하는 바와 그 영향을 항상 생각하라. 당신이 하고 있는 것은 체스인가, 카드 게임인가? 이런 게임에서는 언제나 당장의 수를 뛰어넘어 앞을 내다보는 일이 매우 중요하다. 결정을 내릴 때는 관련된 사람들의 안전과 행복을 반드시 고려해야 한다. 때로는 환경이나 시장, 업계에 미칠 영향을 고려해야 할 수도 있다.

5. 세상의 편견 때문에 멈칫거리지 마라. 당신은 인종이나 성별, 성적 정체성, 나이, 외모, 국적, 종교, 경제적 지위, 학력, 기타 여러 개인적 특성에 관한 부정적 선입견을 가진 사람들을 만나게 될 것이다. 마거릿 대처가 참전 경험이 없다는 사실 때문에 주변의 선입견을 겪어야 했듯이 말이다. 당신이 결정을 실천에 옮길 때 그들의 편견이 당신 앞을 막아설지도 모른다.

6. 당신이 하는 결정의 주인은 당신이다. 결정과 그 영향에 책임을 져라. 외부에 대한 반응으로 결정을 내리는 사람이 되지 마라. 다시 말해, 누군가에게 앙갚음하기 위해 또는 외부의 압력 때문에 결정하지 마라.

7. 가급적 높은 목표를 보며 움직여라. 대처는 총리 취임 직후 "영국의 이익을 단호히 지켜나갈 것"이라고 단언했다. 어떤 이들은 1982년 아르헨티나의 포클랜드 침공을 그저 국제 분쟁이나 도발 행위로 봤겠지만, 대처는 이를 대영제국의 존재와 위상 자체가 위태로워진 상황이라고 생각했다. 불필요한 허세를 부리라는 얘기가 아니라, 높은 뜻을 품기를 주저하지 말라는 얘기다.

8. 필요하다면 의사결정 과정에 배우자나 연인, 또는 당신에게 중요한 다른 누군가를 참여시켜라. 당신이 하게 될 선택이 그들에게 영향을 미치는가? 그들이 당신에게 도움이 될 지식과 경험을 갖고 있는가? 당신에게 도덕적 지지자나 정서적으로 마음을 기댈 누군가가 필요한가? 또는 보다 구체적이고 현실적인 도움이 필요한가?

정의를 위하여

D E C I S I O N S

"내가 들은 음성은 하느님의 계시였고,
내가 한 모든 일은 하느님의 뜻에 따른 것입니다."

———

잔 다르크

6

CHAPTER

불확실한 상황 속
가장 중요한 한 가지를 알다

잔 다르크 Jeanne d'Arc(1412~1431)

10대 소녀가 자신에게만 들린 신의 계시를 따르기로 마음먹고 전쟁에 뛰어들어 프랑스와 잉글랜드의 역사를 바꿔놓았다고 상상해보라. 만일 잔 다르크라는 소녀가 실존 인물임을 말해주는 15세기 초의 역사 기록이 남아 있지 않다면 이것은 지어낸 이야기처럼 느껴질 것이다.

잔 다르크는 프랑스의 영웅이자 로마가톨릭교회의 성인이다. 따라서 기본적인 배경을 이해하기 위해 교회의 역사도 잠깐 살펴볼 것이다. 가톨릭 집안에서 성장한 나는 어렸을 때《성인들의 삶The Lives of the Saints》이라는 작은 신앙 서적을 즐겨 읽었다. 거기에 소개된 잔 다르크의 생애는 지나치게 요약된 감이 없지 않지만 그래도 간단히 살펴보기에는 도움이 될 듯하다.

신의 계시를 받은 소녀

잔 다르크는 1412년 1월 6일 프랑스 로렌 지방 근처의 동레미라는 외딴 마을에 있는 농가의 신앙심이 독실한 부모님 밑에서 태어났다. 그녀는 어린 나이에 신의 계시가 담긴 목소리를 들었다. 그것은 성 미카엘과 성 카타리나, 성 마르가리타의 목소리였다.* 처음에 그것은 개인적이고 보편적인 내용이었다. 그러다 마침내 왕이 대관식을 치를 수 있게 도우라는 명령이 내려온다. 1428년 5월 잔 다르크는 프랑스 왕이 자신의 왕국을 되찾도록 도우라는 계시를 듣는다. 그녀는 성직자들과 궁정 신하들의 반대를 극복하고 병력을 얻어 출정해 1429년 5월 8일 잉글랜드군에 포위돼 있던 오를레앙을 해방시켰다. 이후 콩피에뉴 전투에서 포로로 붙잡혀 잉글랜드 측에 팔아넘겨졌다. 루앙에서 그녀는 악명 높은 보베의 주교 코숑Cauchon이 이끄는 심문단의 재판을 받았다. 조리 있고 침착한 답변으로 재판관들을 당황하게 만들었지만 결국 이단자로 몰려 사형 선고를 받은 뒤 1431년 5월 30일 화형당했다.

---

* 미카엘 대천사(성 미카엘)는 유대교, 기독교, 이슬람교에서 중요하게 여겨지는 천사다. 사람들은 모든 종류의 영적 싸움에서 도움을 얻고 싶을 때 미카엘 대천사에게 기도한다. 등에 커다란 날개를 달고 자기 발밑에 웅크린 무시무시한 뱀을 창으로 찔러 죽이는 군인의 모습으로 자주 표현된다. 전통적인 기도문에는 이런 내용이 들어간다. "미카엘 대천사 님, 싸움에서 우리를 지켜주소서. 우리를 보호해주시고⋯" 성 마르가리타와 성 카타리나는 기독교 신앙을 버리라는 위협에 굴복하지 않다가 처형된 순교자였다.

프랑스의 왕은 어째서 "자신의 왕국을 되찾아야" 했을까(사실 샤를 7세는 아직 대관식을 치르지 못한 상태였으며, 아버지 샤를 6세가 1422년 이미 사망했음에도 정식 국왕이 아닌 '왕세자'에 불과했다)? 그 이유는 백년전쟁의 원인과 깊게 관련돼 있다. 백년전쟁은 1337년에서 1453년까지(역사학자에 따라 더 길게 보는 경우도 있다) 잉글랜드와 프랑스 사이에서 일어난 일련의 분쟁과 전투, 음모, 포위와 점령, 여타 다양한 형태의 충돌을 총체적으로 일컫는 명칭으로, 대부분의 전투는 프랑스 영토에서 일어났다. 백년전쟁의 근본 원인은 왕위 계승 문제(양국의 두 왕조가 무려 5대에 걸쳐 싸웠다)와 영토 소유권 문제(잉글랜드가 당시 유럽에서 가장 넓고 강력한 국가였던 프랑스 내 영토의 소유권을 주장했다)였다.

1429년 열일곱 살의 잔 다르크를 오를레앙으로 보낼 당시 샤를 왕세자는 절박한 상태였다. 아마 밑져야 본전이라는 심정이었을 것이다. 수세대 동안 이어진 전쟁으로 왕실도 나라도 혼란 그 자체였다. 프랑스는 수세에 몰려 패색이 짙은 상태였다. 샤를 왕세자는 마땅히 희망을 걸 곳이 없었다. 그때 세 성인의 목소리를 통해 4년 동안 신의 계시를 들었다고 주장하는 한 소녀가 나타났다. 더 잃을 게 없던 샤를은 소녀의 말을 믿어보기로 했다.

잔 다르크의 영웅적 활약으로 5개월간 포위되어 있던 오를레앙이 해방되자 프랑스군의 사기는 크게 높아졌다. 이는 군사적으로 매우 중요한 전환점이었다. 이후 전세가 완전히 역전돼 프랑스군은 여러 곳에서 잉글랜드군을 격퇴하며 승전을 이어갔다. 그리고

세 성인에게 프랑스 왕을 도우라는 계시를 들은 잔 다르크를 표현한 그림.

20여 년이 더 걸리기는 했지만 결국 프랑스는 잉글랜드 세력을 몰아냈다. 기나긴 국가적 악몽이 드디어 끝난 것이다.*

---

* 백년전쟁은 프랑스가 외세의 영토 점령을 겪은 마지막 사건이 아니었다. 20세기 들어 일어난 두 차례의 세계대전에서도 프랑스는 유사한 비극을 경험했다.
흥미로운 사실 한 가지. 미국은 제1차 세계대전 당시 전비 마련을 위해 잔 다르크를(즉 그녀의 상징적인 이미지와 분위기를) 이용했다. 전쟁 채권이 인기가 높아 초기 발행분이 전량 판매된 이후, 미국 재무부는 추가 발행분을 준비하는 동안 여성들을 대상으로 한 저축형 상품을 고안했다. 이 상품을 홍보하는 포스터에 갑옷을 입은 아름답고 강렬한 잔 다르크의 모습이 등장했다. 이런 문구와 함께 말이다. "잔 다르크는 프랑스를 구했습니다. 미국의 여성들이여, 조국을 구하십시오. 전쟁저축우표를 구매하십시오."

영웅적 공적을 세운 잔 다르크는 이후 어떻게 됐을까? 그녀는 나중에 적군의 손에 넘어갔다. 그리고 종교재판에서 이단자로 유죄 판결을 받았다. 천사와 성인으로부터, 따라서 하느님으로부터 온 목소리를 들었다는 주장을 철회하지 않았기 때문이다. 결국 그녀는 중세 시대 이단자에게 흔히 내리던 형벌인 화형에 처해졌다. 그때 나이가 열아홉 살이었다.

잔 다르크는 곧 프랑스의 영웅이 되었고, 그녀를 추앙하는 이들이 크게 늘어났다. 백년전쟁이 끝난 후에는 그녀의 혐의에 대한 재심이 진행됐다. 그리고 사후에야 처형 당시 그녀를 둘러싼 혐의들에 대한 무죄 판결을 받았다. 1920년 가톨릭교회는 그녀를 성인으로 시성했다.

프랑스의 영웅이 되다

잔 다르크의 중요성을 이해하려면 당시 프랑스에서, 그리고 유럽 전역에서 기독교가 차지하던 위치를 이해해야 한다(당시 기독교와 가톨릭은 동의어였다). 아주 간단히 말하자면, 가톨릭교회는 막강한 권력을 갖고 신성로마제국의 왕들과 함께 유럽 지역을 다스렸다. 가톨릭은 통치 시스템의 모든 측면과 밀접히 얽혀 있었다. 사람들의 일상생활에서도 마찬가지였다. 백년전쟁에 참가한 병사들을 포함해 '모든 사람'이 가톨릭교도였다. 물론 백년전쟁은 종교를 둘러싸고 벌어진 싸움은 아니었다. 이 전쟁의 목적은 영토와 권력의 확보였다. 그러나 잔 다르크가 샤를 7세를 도우라는 신의 명령을 받았다는 사실은 자식들이 벌이는 싸움에서 아버지 하느님이 프랑스의 편을 들어준다는 의미로 여겨졌다.

잔 다르크가 죽고 100년이 채 지나지 않은 1517년, 교회의 위상에 균열을 일으키는 사건이 발생했다. 그해에 독일의 마르틴 루터가 교회의 부패상을 비판하기 위해 〈95개조 반박문〉을 작성한 것이다. 이를 계기로 종교개혁이 일어났고 이후 구교와 신교의 대립이 지속돼 30년전쟁이 발발하기에 이른다. 1618년에 시작돼 1648년에 끝난 이 기나긴 전쟁은 구교와 신교의 종교적 갈등으로 시작됐지만 유럽 각국의 정치, 경제적 이해관계가 얽히면서 복잡한 양상으로 변해갔다. 30년전쟁은 엄청난 사상자를 남긴 뒤(사망자 800만 명 추정), 나라별 영유권 경계를 재편하고 각국의 주권을 확립한 베스트팔렌 조약의 체결로 마무리됐다. 이로써 신성로마제국이 사실상 해체되었다. 프랑스에서는 가톨릭이 국교로 다시 천명되었지만 다른 나라들은 그렇지 않았다. 일례로 잉글랜드에서는 이미 1534년에 헨리 8세가 로마 교황과 관계를 끊고 영국 교회를 로마 교황청으로부터 분리해 성공회를 출범시켰으며, 지금도 성공회는 영국의 국교로 여겨지고 있다. 독일과 스위스에서는 마르틴 루터와 장 칼뱅, 울리히 츠빙글리 등이 이끈 종교개혁의 결과로 다양한 개신교 종파들이 생겨났다.

프랑스는 교회 역사 초창기(2세기경)에 기독교가 전파됐기 때문에 '가톨릭교회의 맏딸'이라고 불린다. 그러나 1789년 프랑스 혁명 이후 공식 종교로서의 가톨릭의 위상과 권위가 크게 약화됐으며, 1905년 정교분리법 제정으로 정치와 종교를 철저히 분리하고 특정 종교를 공식화하지 않는 국가가 됐다.

오늘날 잔 다르크의 조국 프랑스는 세속주의 국가로 여겨지며, 다른 신앙을 수용하는 종교적 관용을 특징으로 하는 나라다. 프랑스 국민 6,700만 명 중 기독교 신자는 약 65퍼센트다(이중 80퍼센트가 가톨릭 신자인데, '정기적으로 미사에 참석'하는 이들은 고작 5퍼센트다). 나머지 35퍼센트 중 가장 높은 비율을 차지하는 것은 무슬림이다(7퍼센트이며 계속 증가하는 중이다). 그밖에는 유대교, 불교, 러시아정교, 시크교 등이 존재한다.

아마도 요즘은 잔 다르크가 프랑스의 수호성인 열 명에 들어간다는 사실에 별 관심이 없는 사람이 대다수일 것이다(가톨릭에서는 나라마다 모시는 수호성인들이 존재한다). 그러나 지금이라도 당장 인터넷 검색창에 '프랑스의 영웅'이라고 쳐보라. 그러면 빅토르 위고Victor Hugo, 마르키스 드 라파예트Marquis de Lafayette, 샤를 드 골Charles de Gaulle, 클로드 모네Claude Monet, 나폴레옹Napoleon, 루이 파스퇴르Louis Pasteur, 구스타브 에펠Gustave Eiffel, 그리고 군사, 문화, 과학, 정치, 비즈니스계의 빛나는 이름들 가운데 잔 다르크의 이름이 당당히 자리하고 있다는 사실을 알게 될 것이다.

정신질환인가 내면의 소리인가

한편 잔 다르크의 삶과 전장에서의 활약에 관한 역사적 사실과 상관없이, 이 '오를레앙의 처녀' 이야기가 대체로 신화나 허구라고, 또는 적어도 그녀에게 모종의 정신질환이 있었다고 보는 시각도 있다. 많은 이들이 그녀의 동기를 의심하며 그녀가 천사의 음성을 들었다는 사실을 미심쩍어한다. 또 어떤 이들은 그 음성의 근원에 관한 나름의 해석을 내놓기도 한다. 대표적인 예는 조지 버나드 쇼George Bernard Shaw의 유명한 희곡 〈성녀 조앤Saint Joan〉에서 확인할 수 있다. 전기 작가 도널드 스포토Donald Spoto는 그가 쓴 잔 다르크 전기《조앤Joan》의 도입부에 이 희곡의 한 부분을 인용했다.

> **잔 다르크_** 나의 사명을 일러주는 목소리를 들었습니다. 그 목소리는 하느님에게서 왔습니다.
>
> **로버트_** 그것은 네가 상상한 것이다.
>
> **잔 다르크_** 맞습니다. 본래 하느님의 계시는 그렇게 내려옵니다.

(우리는 희곡이 상상의 산물이라는 사실을 기억해야 한다!)

또한 스포토는 처형을 며칠 앞두고 잔 다르크가 했던 말도 인용했다. "내가 들은 음성은 하느님의 계시였고 내가 한 모든 일은 하느님의 뜻에 따른 것입니다."

잔 다르크의 심리에 초점을 맞춘 전기《성녀 잔 다르크Saint Joan of

Arc 》를 쓴 영국 작가 비타 색빌-웨스트Vita Sackville-West는 그녀의 '한 곳만 보고 돌진하는 성격'이 가장 중요한 역할을 했을 것이라면서 이렇게 썼다.

그녀에게는 맡은 임무를 완수해내는 능력이 있었다. 인간의 것이라고 믿기 힘든 용기와 소신이 있었다. 그랬기에 어떤 의심도 허용하지 않았고 어떤 장애물도 눈에 들어오지 않았다. 내면의 확고한 신념이 그녀가 강인함을 발휘할 수 있었던 비밀이다.

여기서 나는 잔 다르크의 영적 정신세계나 심리, 동기를 본격적으로 파헤칠 생각이 없다. 내가 관심을 두는 것은 우리가 결정의 순간과 관련해 잔 다르크의 이야기에서 무엇을 배울 수 있는가 하는 점뿐이기 때문이다.

우리 누구나 내면의 음성을 듣는다. 조현병의 증상인 '환청' 같은 것 말고, 평소 마음속에서 들려오는 목소리 말이다. 아침에 도넛을 하나 더 먹을지 말지, 다음 교차로에서 좌회전을 할지 말지, 흐린 날 집을 나설 때 우산을 챙길지 말지 등등, 우리 안에서는 온갖 사소하고 일상적인 목소리가 재잘댄다. 그런가 하면 더 중요한 목소리들도 있다. 예컨대 중요한 회의에서 할 말을 미리 생각해본다든지, 만족스럽지 않았던 회의를 바로잡을 계획을 세운다든지 하는 것 말이다. 그리고 무엇보다 중요한 목소리는 어떤 결정을 앞뒀을 때 우리가 스스로에게 하는 말, 내면의 자아가 하는 말이다.

이 마지막 목소리는 대단히 중요하다. 우리에게는 거기에 귀를 기울이고 그 목소리를 연마할 의무가 있다. 최상의 성능을 발휘할 수 있게 말이다. 그 목소리는 현실 감각과 상상력에 함께 기반을 둔, 믿을 만한 것이어야 한다. 그것은 다른 말로 하면 알갱이와 쭉정이를 구분할 줄 아는 '분별력'이다.

1. 잔 다르크는 비록 배운 것 없는 10대 소녀였지만, 아마도 샤를 왕세자를 찾아가기 전에 천사의 음성을 듣던 4년 동안 나름의 분별력을 키웠을 것이다. 우리도 누구나 분별력 있는 사람이 될 수 있다.

2. 내면 깊은 곳의 생각과 감정에 귀 기울여 더 높고 숭고한 목적을 추구하라. 즉시 그것에 따라 행동할 필요는 없지만 중요한 목표 지점으로 나아가기 위한 이정표로 삼아라.

3. 가급적 많은 정보와 다양한 의견을 접하려고 애써라. 폭넓게 읽고, 많은 소식을 듣고, 주변의 모든 것을 관찰하라. 항상 배움을 게을리하지 마라!

4. 주저 말고 도움을 요청하라. 잔 다르크는 샤를 왕세자가 있는 곳까지 찾아가는 과정에서 삼촌의 결정적 도움을 받았다.

5. 중요한 결정 앞에서는 모든 시나리오를 가정해보라. 어느 방향을 택했을 때의 결과를 상상하면서(세세한 부분까지 진지하게) 어떨지 생각해보라. 두 번째 방향도 상상해보라. 만일 있다면 세 번째, 네 번째 시나리오도 그려보라. 분명 그중 하나가 나머지보다 더 '옳다'고 느껴질 것이다.

6. 만일 당신에게 신앙이 있다면, 옳고 그름을 판단할 줄 아는 충분히 성숙한 양심을 갖게 해달라고 기도하라.

7. 색빌-웨스트는 잔 다르크의 '한 곳만 보고 돌진'하는 '용기와 소신'을 이야기했다. 당신도 방향을 정한 뒤 결정 내용을 실행할 때 그런 자질을 발휘하라.

8. 꿈꾸기를 두려워하지 마라.

"중요한 결정 앞에서는 누군가 당신의 손을 꼭 움켜쥔다.
잿빛 속에서 황금빛이 언뜻 보인다.
당신이 지금껏 믿지 못했던 모든 것의 증거가."

———

다그 함마르셸드

7
CHAPTER

어떤 결정은
운명처럼 찾아온다

마하트마 간디 Mohandas Gandhi (1869~1948)
다그 함마르셸드 Dag Hammarskjöld (1905~1961)

중요한 결심이 어느 날 불쑥 당신 내면으로 밀고 들어온 것 같은 기분을 느껴본 적이 있는가? 외부 원인 때문에 느닷없이 결정을 내리게 된 것 같지만, 사실 그것은 당신의 경험과 삶이 형성한 필연적인 결과다. 이때 당신이 해야 할 행동은 마음속에서 명확해진다. 개인적 상황이나 직업적 상황에서 내게도 그런 확신이 종종 찾아온다.

그렇다면 중요한 결심이 당신도 모르는 사이 오랫동안 서서히 다가온 것 같은 기분은 느껴봤는가? 당신이 의식적으로 어떤 결정을 향해 나아가지 않았음에도 그 결정은 당신 앞에 와 있다. 지금까지의 경험과 삶이 낳은 자연스러운 결과로서 말이다. 이럴 때는 당신의 의지와 무관하게 결정이 그 스스로 힘을 발휘하는 것만 같다. 이는 나 역시 종종 겪어본 상황이다.

첫 번째 시나리오는 마하트마 간디, 그리고 두 번째 시나리오는 다그 함마르셀드에 해당한다. 두 사람 모두 비폭력을 추구한다는 결정으로 세상을 변화시킨 평화의 수호자였다.

어둡고 추운 기차역에서 마음을 굳히다

먼저 간디의 삶부터 살펴보자.

중대한 결심 하나가 간디의 내면으로 불쑥 밀고 들어온 것은 1893년 5월 어느 밤이었다. 이후 그가 살게 될 인생과 수많은 사람의 삶을 뒤바꿀 결심이었다. 간디는 인종차별 폭력의 희생자가 되었다. 엄격히 계층화된 남아프리카공화국 사회에서 그런 모욕은 일상다반사였다.

1893년 5월 당시 24세였던 간디는 남아프리카공화국에서 변호사로 일하고 있었다. 영국에서 유학하고 변호사 자격을 취득한 뒤 인도로 돌아가 본격적인 변호사 생활을 시작했지만 눈에 띄는 성공을 거두지 못하고 있던 차에, 남아프리카공화국 더반에 있는 인도인 소유의 해운 회사에서 단기 일자리를 얻은 것이었다. 인도와 남아프리카공화국 모두 영국의 식민지였고, 두 나라 사이의 상업 교역량이 많은 시기였다. 당시 남아프리카공화국에는 상당한 수의 인도인이 거주했다(지금도 남아프리카공화국은 세계에서 인도인 인구가 두 번째로 많은 나라다). 하지만 그들은 가장 계급이 낮은 집단으로 여겨져 모든 '비백인' 중에서도 가장 형편없는 대우를 받았다. 남아프리카공화국 전체 인구의 약 78퍼센트가 비백인이었음에도, 백인인 나머지 22퍼센트에 의한 유색인종 차별이 일상화돼 있었다.

문제의 그날 밤 간디는 더반에서 일등석 표를 끊고 열차에 올라 탔다. 약 500킬로미터 떨어진 프리토리아에 갈 예정이었다. 그런데 승무원이 그에게 화물칸으로 옮겨 타라고 명령했다. 백인 승객이 유색인종인 그가 일등석에 탄 것에 항의했다는 것이 이유였다. 하지만 간디는 정당하게 돈을 내고 표를 샀으므로 일등석에 앉을 권리가 있다고 주장하며 승무원의 요구를 거부했다. 실랑이가 계속되다 결국 간디는 피터마리츠버그 역에서 열차 밖 플랫폼으로 쫓겨났다. 그의 짐도 함께 내던져졌다. 그리고 열차는 떠나갔다.

간디는 어둡고 추운 기차역 대합실에 웅크리고 앉아 다음 열차를 기다리며 길고 외로운 밤을 보냈다. 자신의 인생을, 자신이 처한 상황을 곱씹으며 깊은 생각에 빠졌다. 고향인 인도로 돌아간다 해도 밥벌이는 힘들 것 같았다. 단기간 머물 예정으로 오긴 했어도 이곳 남아프리카공화국에서 아쉽지 않을 만큼 돈도 벌고 삶에 뭔가 변화를 만들어가기 시작하고 있었다.

하지만 그가 '비백인'이라는 사실은 극복할 수 없는 장애물이었다. 당시는 극단적인 인종차별정책인 아파르트헤이트Apartheid가 공식적으로 채택되기 전이었지만, 200만 명에 가까운 사람들의 삶에 인종차별은 이미 일상화돼 있었다.

이튿날 동이 텄을 때 간디는 마음을 굳힌 상태였다. 남아프리카공화국의 인도인들이 겪는 차별과 폭력에 맞서는 저항 운동을 시작하겠다고 말이다. 이후 그는 폭력과 갈등으로 물든 세계에서는 낯선 비폭력 저항을 투쟁 방법으로 택해 '사티아그라하satyagraha' 운동을 이끈다.* 사티아그라하는 산스크리트어로 '진리를 향한 노력'이라는 뜻이다.

간디는 남아프리카공화국에서 보낸 21년 동안 인종차별에 맞서 인도인의 권리를 찾는 운동에 헌신했다. 1914년 인도로 돌아왔을 때는 더 큰 목표를 품고 있었다. 영국 식민지인 인도의 완전한 독립과 변화가 그것이다.** 그다음 이야기는 우리가 모두 아는 대로다. 그가 전 세계에 미친 영향은 역사에 결코 지워지지 않을 흔

---

* 미국에서 일어난 흑인민권운동의 기본 철학도 사티아그라하 정신이었다. 그런데 이 운동에서는 아이러니한 장면이 자주 목격됐다. 1955년 12월 1일 앨라배마 몽고메리의 버스 안에서 백인에게 자리를 양보하라는 기사의 요구를 단호히 거부한 로자 파크스Rosa Parks를 생각해보라. 이 작은 행동은 결국 지역 흑인들의 버스 승차 거부 운동인 '몽고메리 버스 보이콧'으로 이어졌다. 그런데 사티아그라하는 '저항' 운동이므로 그 대상인 반대 세력이 있음을 의미하며, 그들은 이 소극적 저항에 종종 폭력으로 대응했다. 1965년 3월 7일 앨라배마 셀마에서 흑인의 투표권 보장을 요구하며 평화적인 행진을 한 600명의 사람들이 주 방위군에게 무자비하게 폭력 진압당한 '피의 일요일Bloody Sunday' 사건을 떠올려보라. 또는 2017년 8월 12일 《뉴욕타임스》에 실린 "결국 끔찍한 폭력 사태로 끝난 샬러츠빌의 백인우월주의 집회. 차량 돌진 극우 남성 기소되다"라는 헤드라인을 떠올려보라.
** 간디의 옷차림은 값비싼 수입 직물에 저항하는 일종의 사티아그라하인 동시에 영국 제품 불매운동을 실천하는 방법이었다. 그는 1921년부터 서양식 복장을 입지 않았고 평생 인도 전통 복장인 도티(인도 남성이 허리에 두르는 천)와 숄을 두르고 생활했다. 이는 그의 개인적인 선택이었으며 주변 사람들에게 따라 하라고 강요하지 않았다. 또한 그는 직접 실을 자아 옷을 만들어 입었기 때문에 물레가 그를 상징하는 대표적 물건이 됐다. 간디가 자주 행했으며 이후 많은 이들도 항거 방법으로 이용한 단식투쟁 역시 또 다른 형태의 사티아그라하였다.

적을 남겼다. 조국에 돌아와 34년이 흐른 어느 날, 적도 많았던 이 '인도의 아버지'는 저녁 기도집회에 가던 도중 어느 과격 힌두교도에게 암살당했다.

간디가 기차역에서 내린 결심이 세상을 변화시켰다고 평가할 수 있는 것은 단순히 간디가 인도의 독립에 기여한 업적 때문만이 아니다. 그는 인도뿐만이 아니라 전 세계에 걸친 사회 변혁에 지대한 영향을 미쳤다.* 그가 전파한 비폭력 철학은 우리 삶의 여러 영역에 뿌리내리고 있다. 자유를 향한 비폭력 투쟁에 헌신한 그는 '위대한 영혼'이라는 뜻의 마하트마Mahatma라는 영예로운 칭호를 얻었다.

참으로 아이러니한 점은 또 다른 폭력(1948년의 암살)이 비폭력의 상징인 이 남자의 삶을 끝내버렸다는 사실이다.

천천히 그러나 담대하게

이번에는 함마르셸드의 삶을 보자.

---

* 1세기 초 타르수스 사람 사울Saul of Tarsus(훗날의 사도 바울)은 다마스쿠스로 가던 중 하늘에서 들려오는 예수의 음성을 듣고 말에서 떨어지며 눈이 멀었다. 이 결정적 사건은 그가 예수의 말씀을 전하는 그리스도인이 되는 '회심 체험'이었다.
그로부터 거의 2,000년 뒤 간디도 피터마리츠버그 역에서 열차 밖으로 내동댕이쳐졌을 때 그와 유사한 '회심 체험'을 했다. 간디는 바로 그 순간 일생의 사명이 시작됐다고 자서전에 썼다. "나는 하나의 인간으로서도 인도인으로서도 아무 권리가 없다는 사실을 깨달았다." 그는 또한 이렇게 말했다. "내가 변화를 위한 결심을 할 때는 언제나 결정적인 계기가 있었다."

스웨덴의 외교관 다그 함마르셸드의 경우 필연적인 결정의 순간이 서서히 다가왔다고 할 수 있다. 간디와 달리 함마르셸드의 결정 과정은 원숙한 역량과 노련함이 쌓이는 가운데 오랜 시간에 걸쳐 일어났다. 그의 인생의 마지막 결정이자 정점은 1953~1961년 국제연합의 제2대 사무총장을 지낸 일이었다. 국제연합은 제1차 세계대전의 기억이 채 가시지도 않은 상태에서 발발한 제2차 세계대전이 끝난 직후인 1945년 10월에 출범했다. 다시는 전쟁이 일어나지 않도록 국제 협력을 증진하고 세계 평화를 유지하기 위한 목적으로 설립된 국제기구였다. 존 F. 케네디 대통령은 함마르셸드 사무총장에 대해 "금세기의 가장 위대한 정치인"이라고 칭송한 바 있다.

함마르셸드의 탁월한 업적은, 외교라는 전통적 도구를 또 다른 종류의 세계대전인 냉전이 야기한 새로운 도전 과제들에 맞서는 데 효과적으로 활용했다는 점이다.*

외교는 개인이나 국가 간에 바람직한 관계를 유지할 방법을 모색하는 폭넓고 중요한 철학이다. 또한 오랜 기간에 걸쳐 진행되는 과정이다. 외교는 전술보다는 전략적 성격이 강하기 때문에 결과가 즉시 명확하게 나타나는 경우가 많지 않다. 우리는 종종 겉으로

---

* 새로운 종류의 전쟁이었던 냉전은 제2차 세계대전 직후 형성된 동서 진영 사이의 지정학적 긴장 상태를 말한다. 냉전은, 제1차 세계대전이 끝난 후에도 그 전쟁을 일으킨 문제들이 완전히 해결되지 않고 계속 곪아갔던 후유증의 시기를 떠올리게 했다. 역사학자들은 1991년 구소련 붕괴와 함께 냉전이 종식됐다고 말하지만, 냉전은 지금도 계속되고 있는 것처럼 보인다.

드러나는 화려한 공식 외교 행사에만 주목하지만, 사실 그 뒤에서는 전혀 화려하지 않은 많은 일이 보이지 않게 진행된다.

이런 외교의 본질을 누구보다 잘 알고 있었던 함마르셸드는, 협상 단계까지 가기 전에 미리 갈등과 분쟁을 방지하기 위해 '조용한 외교'와 '예방적 외교'라는 목표 맞춤형 전술을 이용하기로 마음먹었다.

이런 종류의 외교는 실질적으로 심각한 위기가 발생하기 전에 특정 요인의 싹을 차례대로 잘라내는 방식이므로 대개 단기간에 이루어진다.

간디처럼 함마르셸드도 암살당할 아이러니한 운명이었는지 모른다. 그는 벨기에로부터 독립한 이후 내전이 일어난 콩고에 휴전을 제안하기 위해 그곳으로 향했다. 함마르셸드와 15명의 탑승자는 1961년 9월 17과 18일 사이 밤중에 북로디지아에서 비행기 추락 사고로 사망했다. 사고 직후부터 여러 의혹이 쏟아져 나왔다. 2017년에는 그가 탄 비행기가 격추됐을 가능성이 '충분함'을 보여주는 새로운 정보가 드러났지만, 아직도 정확히 밝혀지지는 않은 상태다.

함마르셸드가 사망한 후 케네디 대통령은 "깊은 충격과 상실감"을 전하며 이렇게 말했다.

다그 함마르셸드는 평화라는 대의에 헌신했고, 평화 달성을 위해 지칠 줄 모르고 노력했으며, 공격 앞에서도 용감했습니다.

함마르셸드의 '조용한 외교' 전략은 냉전의 시기에 현명한 선택이었다.

또한 전 세계 수많은 사람의 꿈을 위해 국제연합의 힘을 키우고 국제연합을 더욱 훌륭한 국제기구로 만들기 위한 모든 책임을 기꺼이 떠맡았습니다. 전 세계가 그의 이 모든 노력을 잘 알고 있습니다.

얼마 후 자신 역시 암살로 세상을 떠나게 될 케네디는 이런 말로 끝을 맺었다. "그의 죽음이 우리에게 남긴 무거운 짐을 우리 모두가 분명히 인식해야 합니다."

아무도 예상치 못한 간디의 성장

간디와 함마르셸드가 겪은 삶의 풍경은 너무나도 달랐다. 간디의 삶은 불확실성과 혼란의 연속이었다. 아무도 그가 훗날 세상에 크나큰 영향을 미치는 인물이 되리라고 생각하지 못했다. 함마르셸드의 경우는 정돈된 단계를 밟으며 순탄하게 더 높은 곳으로 올라갔다. 그는 세계에 영향을 미치는 결정을 비교적 쉽게 연상할 수 있는 직업을 갖고 있었다.

간디는 1869년 인도 서부 해안에 위치한 소공국 포르반다르에서 출생했다. 유구하고 독특한 문명을 가진 그의 조국은 오랜 세월 유럽 열강의 식민 지배를 받고 있었다. 1800년대 중반 인도는 '대영제국 왕관의 보석' 같은 존재가 되어 있었다. 간디는 유복하고 영향력 있지만 적당한 검소함을 지킬 줄 아는 집안에서 태어났다. 간디의 아버지는 식민지 정부에서 여러 지역 행정직을 맡았고 간디가 태어날 무렵에는 포르반다르의 총리에 올랐다. 간디의 어머니(간디 아버지의 네 번째 부인이었다)는 독실한 비슈누파 신자였다. 그녀는 신과의 내밀한 교감을 위해 늘 노력했으며 기도와 단식으로 많은 시간을 보냈다.

어린 시절 간디는 눈에 띌 정도로 뛰어난 아이가 전혀 아니었다. 공부를 그다지 잘하지도 않았고 가끔 일탈도 했지만 나름의 매력은 있는 아이였다. 간디는 세속적인 힘을 가진 아버지를 존경했고 동시에 신앙심 깊은 어머니와 매우 가까웠다. 4남매 중 막내로 사랑을 듬뿍 받으며 자란 간디는 꽤 평범한 어린 시절을 보냈다. 또 인도의 조혼 풍습 때문에 열세 살이라는 어린 나이에 결혼을 했다(신부 역시 열세 살이었다). 그리고 그로부터 3년이 채 안 돼 부모가 됐다.

1885년 간디의 아버지가 세상을 떠나고 얼마 안 있어 간디의 아내가 출산을 했다. 죽음과 탄생을 동시에 겪으면서 간디는 커다란 정서적 충격을 경험했다. 아버지가 돌아가시자 가세가 급격히 기울었다. 사실 그의 집안은 간디의 아버지가 규모가 작은 다른 공국으로 옮겨간 뒤로 이미 곤란을 겪고 있었다. 얼마 후 간디는 런던 유학길에 오른다. 가족을 부양하려면 영국에서 공부해 변호사가 되는 것이 낫겠다고 판단한 것이다.

1891년 간디는 변호사 자격을 취득하고 인도로 돌아왔다. 그는 고향에 돌아와서야 어머니가 돌아가신 사실을 알게 됐다. 그가 정서적 충격으로 학업을 제대로 마치지 못할까 봐 가족들이 어머니의 부고를 일부러 알리지 않은 것이었다.

그가 시작한 변호사 생활은 순조롭지 못했다. 처음 참여한 재판 때는 긴장한 탓에 증인 신문을 제대로 못해서 지고 말았다. 이후 남아프리카공화국의 변호사 일자리를 소개받아 그곳으로 향했다. 그는 남아프리카공화국에서의 경험으로 자신이 헌신할 일생의 과업을 깨달았고 나중에 인도로 돌아가서는 독립운동을 이끌었다. 간디가 남아프리카공화국에서 당한 일을 떠올려보건대, 그곳 사람들은 인도가 영국에게 '보석'이라는 사실을 전혀 개의치 않았던 모양이다.

강철 같은 도덕적 신념

다시 스웨덴으로 가보자. 함마르셸드는 1905년 정치 엘리트 집안에서 4형제 중 막내로 태어났다. 그는 아버지가 주지사로 있는 유서 깊은 우플란드 지방의 도시 움살라에서 어린 시절을 보냈다. 그의 아버지는 제1차 세계대전 기간에 스웨덴 총리를 지냈다. 함마르셸드는 자신이 집안의 전통과 유산에서 큰 영향을 받았다고 말했다.

친가의 조상이 대대로 군인과 정부 관리를 지냈기에, 자연스레 나는 사심 없이 국가를 위해, 나아가 인류를 위해 봉사하는 것보다 더 보람되고 만족스러운 삶은 없다는 신념을 물려받았다. 그리고 학자이자 성직자였던 외가의 조상에게는, 복음서의 근본적인 가치에 입각해 모든 인간이 하느님의 자녀로서 평등한 존재이며 모든 인간을 하느님 안에서 주인으로 섬겨야 한다는 신념을 물려받았다.

함마르셸드는 학업에서도 다방면으로 우수했고 공직 생활에서도 뛰어난 능력을 발휘했다. 말 그대로 재능과 역량이 넘치는 '능력자'였다. 그는 웁살라대학교에서 언어학과 문학, 역사를 공부하고 20세에 우수한 성적으로 졸업했다. 그리고 같은 대학에서 몇년 더 공부해 경제학과 법학 학위를 취득했다. 이후 스톡홀름으로 이주해 공직 생활을 시작하면서 경제학 공부도 병행해 1933년 스톡홀름대학교에서 박사학위를 땄다. 또한 스톡홀름대학교에서 교수로 학생들을 가르쳤다. 스웨덴 재무부와 외무부의 요직을 거치며 탁월한 능력을 인정받았고, 스웨덴 국립은행 이사회 의장을 지냈으며, 1951년 외무부 차관에 임명됐다. 스웨덴의 국내 및 해외 교역, 경제 문제, 그에 따른 외교와 협상이 함마르셸드가 맡은 주된 업무였다. 정당에는 가입한 적이 없다.

함마르셸드는 1953년 국제연합 사무총장 후보로 결정됐다. 그는 이미 국제연합 총회에서 스웨덴 대표단을 이끈 경력이 있었기 때문에 국제연합 내에서 잘 알려진 인물이었다. 하지만 최고위직인 사무총장 후보로 결정된 것은 놀라운 일이었다. 그는 아버지와 의논한 뒤 추천을 수락했다. 그에게 인류를 위해 봉사할 기회를 안겨주게 될 결심이었다. 그는 1953년 4월 7일 국제연합 총회 투표에서 사무총장으로 최종 선출됐다.

1953년부터 1961년까지 그가 사무총장으로 재임한 8년 동안 이룬 업적은, 대결이나 교전이 아니라 조용한(또는 예방적) 외교가 갈등을 해결하는, 나아가 미리 방지하는 유일한 도덕적 방식이라는 신념이 가져온 결과였다. 국제연합 헌장에도 담겨 있는 이런 접근법은 작은 차원이나 비교적 단일한 성격을 가진 상황에서도 실천하기가 쉽지만은 않다. 더욱이 다양한 요인이 뒤섞여 있고 각국의 이해관계가 상충하는 세계 무대 차원에서는 실행 자체가 불가능해 보이기까지 한다.

간디와 함마르셸드의 만남을 상상하다

평화의 수호자였던 이 두 인물은 노벨 평화상을 받았을까?

함마르셸드는 받았다. 1961년 그의 사망 직후에 노벨 평화상이 수여됐다.* 이는 갑작스러운 사망으로 인해 애도하는 표시에서 이루어진 결정이 아니었다. 함마르셸드에게는 그를 중상하는 적들도 많았다(비행기의 격추 가능성에 무게가 실렸던 것을 생각해보라). 그럼에도 노벨위원회가 최초의 사후 노벨 평화상 수상자로 주저 없이 결정을 내릴 만큼 그가 세계 평화에 기여한 업적은 뚜렷했다. 함마르셸드는 국제연합 사무총장으로서 발휘한 소신 있는 리더십,

---

* 노벨상은 스웨덴의 과학자이자 발명가인 알프레드 노벨Alfred Nobel이 세상을 떠나며 남긴 유언에 따라 설립됐으며, 매년 5개 분야(물리학, 화학, 생리·의학, 문학, 평화)에서 수상자가 선정된다. 경제학상은 노벨 재단이 아니라 스웨덴 중앙은행에서 1968년 별도로 제정해 추가됐다. 각 분야 수상자는 각기 다른 단체가 결정한다(함마르셸드는 사망할 당시 노벨문학상 선정 기관인 스웨덴 아카데미의 회원이었다). 반드시 매년 모든 분야에서 수상자가 나오는 것은 아니다. 1974년 노벨위원회는 사후 노벨상 수여를 하지 않는 것을 공식 방침으로 정했다. 이 방침이 결정되기 이전에 사후 노벨상을 받은 사람은 함마르셸드를 포함해 단 두 명뿐이었다.

1956년 수에즈 운하 사태에서 보여준 평화 유지 노력, 콩고 분쟁 조정을 위해 노력한 업적 등을 인정받았다.

간디는 노벨상을 받지 못했다. 비폭력 평화 투쟁을 펼친 오랜 세월 동안 그에게는 개인적으로나 정치적으로 수많은 추종자와 적이 생겼다. 이 인도의 아버지가 어떻게 세상을 떠났는지 떠올려보라. 그를 존경하고 지지하는 많은 이들의 노력으로 그는 1937년, 1938년, 1939년, 1947년, 1948년(이 해에 후보가 되고 나서 얼마 후 암살당했다)에 노벨 평화상 후보에 올랐지만 한 번도 노벨상을 품에 안지 못했다. 하지만 노벨위원회는 다른 방식으로 간디에게 두 번이나 노벨 평화상을 보냈다. 하나는 간디가 암살된 해인 1948년에 노벨 평화상 수상자를 선정하지 않은 점이다. 또 하나는 1989년 제14대 달라이 라마Dalai Lama에게 노벨 평화상을 수여할 때 노벨위원회 위원장이 "이 상에는 마하트마 간디를 기리는 의미도 담겨 있다"라고 언급한 것이다.

간디와 함마르셸드가 서로 만난 적이 있음을 보여주는 사료는 없다. 만일 만났다면 두 사람은 어떤 대화를 나눴을까? 이 두 남자는 다른 시대 다른 문화권에서 살았고 인종도 종교도 달랐지만 중요한 공통점이 있었다. 그 공통점이 두 사람의 리더십을 만들어냈다. 그리고 간디는 사티아그라하를, 함마르셸드는 외교를 이용해 자신만의 리더십을 펼쳤다.

허버트 험프리Hubert Humphrey는 1969년 11월 18일 워싱턴 D.C.의 다그함마르셸드칼리지에서 "간디의 살아 있는 유산"이라는 제목의 연설을 할 때 그 공통점을 이렇게 표현했다.

> 두 사람의 연결고리를 찾기는 어렵지 않습니다. 우리는 비폭력이라는 개념을 정치적 영역으로 가져온 남자로부터 외교를 통해 비폭력을 실천하고자 노력했던 남자에게로 이어지는 철학적 연속성을 분명히 알 수 있습니다. 두 사람은 지금도 여전히 인류에게 중요한 목표들에 온 가슴과 머리를 바쳤습니다.

이 '철학적 연속성'은 두 사람의 '영적인 정신' 때문에 가능했다. 그들이 어머니로부터 물려받은 영적인 정신은 각자 자신만의 인생 경험을 거치며 성숙해갔다. 물론 사람의 영적인 내면이란 지극히 개인적인 것이라 외부의 타인이 정확히 이해할 수 없다. 그러나 그것이 만들어낸 결과물은 우리 모두 볼 수 있다. 간디와 함마르셸드가 일궈낸 삶과 업적을 떠올려보라. 탁상이론이나 벌이는 이론가와 전혀 거리가 멀었던 두 사람은 옳다고 믿는 신념을 실천에 옮긴 행동가였다.

이번 장의 도입부에 적은 인용구는 함마르셸드가 결정의 순간에 대해 했던 말로, 사후에 그의 일기와 단상, 개인적 메모를 엮어 출간된《마킹스Markings》에서 발췌한 것이다. 그의 말에서는 다분히 신비주의적이고 영적인 감각이 느껴진다. 이제 간디가 했던 말로 이번 장을 마무리하겠다. 결정에 관해 조언을 해달라는 누군가의 질문에 간디가 했던 아래의 대답에서도 그의 영적인 내면이 느껴진다.

"마음을 정하기 어려울 때는 이렇게 하십시오. 당신이 떠올릴 수 있는 가장 가난하고 나약한 사람의 얼굴을 떠올리십시오. 그리고 이런 질문을 던지십시오. 내가 지금 하려는 선택이 그 사람에게 조금이라도 이로움을 주게 될까? 그가 무엇이라도 얻게 될까? 그가 자신의 삶과 운명에 대한 통제권을 되찾는 데에 나의 행동이 도움이 될까?"

1. 후회 없는 선택을 하기 위해선 당신이 가장 중요하게 여기는 가치를 지켜라.

2. 치러야 할 대가와 상관없이 옳은 일을 하라. 옳은 일을 하면 결국엔 승리하게 돼 있다. 이를 위해서는 역경에 굴하지 않고 버텨나가는 힘도 필요하다.

3. 적이 누구인지 파악하고 그들을 존중하라. 하지만 그들이 우위를 점하게 놔두지는 마라. 간디와 함마르셸드가 보여준 비폭력 사상은 좋은 모범이 된다.

4. 유연한 마음가짐으로 상황을 판단하라. 어떤 경우에는 즉각적인 행동이 필요하지만 어떤 경우에는 때가 오기까지 잠시 기다려야 한다.

5. 직접적으로든 간접적으로든 당신의 결정이 다른 이들에게 미칠 영향을 생각하라. 간디는 중요한 결정을 해야 하는 상황에서 가장 나약한 사람들을 떠올렸다.

6. 충분히 숙고한 후 결정할 상황인지, 당장 자리에서 일어나 생각을 행동으로 옮겨야 할 상황인지 판단하라.

"어머니는 어릴 적 내게 말씀하셨다.
'네가 장차 커서 군인이 된다면 장군이 될 것이고,
성직자가 된다면 교황이 될 것이다.'
대신에 나는 화가가 되었고 결국 피카소가 되었다."

———

파블로 피카소

8
CHAPTER

결정과 행동 사이에
시차가 필요할 때

파블로 피카소 Pablo Picasso (1881~1973)

파블로 피카소가 되기로 결심한 이 화가는 약 90년 동안 2만 점이 넘는 작품을 남긴 것으로 추정된다(출처마다 다른데 일각에서는 그 다섯 배인 약 10만 점이라고도 한다). 그는 복잡하면서도 흥미로운 인물이었다. 그의 작품 세계가 그랬듯이 말이다. 그는 수많은 회화와 드로잉, 콜라주, 조각, 도자기, 태피스트리, 러그를 남겼으며 심지어 시 창작과 무대 디자인도 했다. 예술을 파격적으로 변화시킨 그가 만든 거의 모든 작품은 세상에 큰 영향을 미쳤다. 그중에서도 세상에 강렬한 메시지를 던진 빛나는 걸작은 전쟁과 폭력을 고발한 〈게르니카 Guernica〉다. 그는 1937년 5월 분노에 휩싸여 이 그림을 그리기로 했다.

스페인 내전과 피카소

1937년 1월 스페인의 정치가와 저명인사로 구성된 대표단이 한 가지 요청을 하기 위해 파리의 작업실에 있는 피카소를 찾아갔다. 이 56세의 화가는 1904년 조국 스페인을 떠나 파리에 정착한 상태 였다(이후 다시는 조국으로 돌아가지 않았다). 하지만 그는 여전히 스페 인 국적자였고 내면 깊이 스페인의 정체성을 갖고 있었다. 정부 대 표단이 피카소에게 긍정적 답변을 얻으리라는 기대를 품은 것도 그 때문이었다.

당시 그의 조국에서는 끔찍한 전쟁이 한창이었다. 1936년 7월 에 시작된 스페인 내전이었다(스페인에서는 마치 다른 종류의 전쟁은 없다는 듯 그냥 '전쟁'이라고 부른다). 스페인은 제1차 세계대전(당시 스 페인은 중립국이었다) 이후의 격렬한 내분과 정치적 혼란을 거친 뒤 1931년 공화주의 정부가 수립됐는데, 1936년 프란시스코 프랑코 Francisco Franco 장군이 이끄는 민족주의 세력이 이 공화 정부를 전복 하려는 쿠데타를 일으키면서 내전이 발발한 것이었다.

정부 대표단이 피카소를 찾아갔을 당시 스페인에서는 양측이 피비린내 나는 전투를 벌이며 곳곳에서 승리와 패배를 반복하고 있었다. 한편에서 반란군인 민족주의파는 공화파 정부군이 끈질 기게 지키고 있는 스페인 중앙부의 수도 마드리드를 함락시키는 데 실패하자 이 도시를 포위해 고립시켰다. 그런가 하면 남부의 주 요 도시 말라가(피카소의 고향이기도 하다)는 반란군에 의한 함락을 목전에 두고 있었다. 곧이어 비스카야 만에 면한 북쪽 지역에도 전선이 형성되고 있었다.

한편 스페인은 오랫동안 기획된 세계적인 행사 참가를 앞두고 있었고 이를 위해 피카소의 도움이 필요했다. 1937년 5월부터 개최되는 '파리 국제박람회'가 그것이었다. 이는 현대의 예술 및 기술 분야의 성취물을 전시하는 세계 교류의 장이었다. BBC 보도의 표현을 빌리자면, 스페인 정부는 이 행사를 "권위주의적 독재자들이 득세하고 있는 세계 정세 속에서 프랑코 장군의 잔인함을 전 세계에 알리는 기회"로 이용할 수 있었다. 세계적 명성을 가진 화가 피카소가 국제박람회의 스페인관에 걸릴 작품을 그리겠다고 수락할 것인가?

이것은 피카소로서는 선뜻 내키지 않는 결정이었다. 스페인과 유럽 곳곳의 혼란스러운 정세를 감안하면 국제박람회는 각국의 국력을 과시하는 격전장이 될 것이 분명했다. 독일의 히틀러, 이탈리아의 무솔리니, 소련의 스탈린이 유럽 전체에 험악한 분위기를 조성하고 있었는데, 이 나라들은 스페인 내전에도 깊숙이 개입하고 있었다. 각국은 이 행사를 자신이 국제 사회의 패권을 거머쥘 주인공임을 보여주는 정치 선전 도구로 이용할 것이었다. 피카소는 고국 스페인을 사랑했고 정치 성향상 좌파 정권에 동조했지만, 오래전부터 공공연한 정치 활동은 피하고 있었다. 그로서는 갑자기 이런 태도를 바꿀 이유가 없었다.

한편으로는 개인적 상황도 있었다. 가정이라는 전선에서도 혼란과 갈등을 겪고 있던 것이다. 피카소에게는 부인과 자녀가 있었고, 정부와의 사이에 혼외 자식이 있었고, 동시에 또 다른 정부도 있었다. 아마도 거대한 프로젝트를 새롭게 시작하기에는 적기가 아니었을 것이다.

게다가 독립적인 예술가였던 그는 작품 제작 의뢰를 수락할 필요성도 딱히 느끼지 못했다. 사실, 이미 명성 높은 화가이긴 해도 이번이 많은 이들에게 작품을 선보일 좋은 기회라는 생각에 벌써 박람회 측에 작품 몇 점의 출품을 제안해놓은 상태였다. 스페인관을 장식할 대형 작품에 왜 그가 신경을 써야 한단 말인가? 스페인관은 엄청난 넓이를 차지하는 근처의 독일관이나 소련관에 비하면 규모도 작고 소박했지만, 그게 피카소와 무슨 상관이란 말인가? 게다가 그림을 불과 몇 달 안에 완성해야 할 텐데 물감이 마를 시간도 충분하지 않을 듯했다.

그럼에도, 결국 애국심이 마음을 움직였던 것일까?

피카소는 처음엔 정부 대표단의 부탁에 확답을 주지 않고 애매모호하게 대답한 것으로 보인다. 결정의 공은 피카소에게 넘어온 상태였다. 하지만 그는 아직 행동할(또는 붓을 들) 준비가 되지 않았다. 그러나 마음의 준비를 마친 후에는 어정쩡하게 오락가락하지 않았다. 결국 그가 내린 결정은 세상에 크나큰 영향을 미쳤다. 그가 완성한 것이 강렬한 반전 메시지를 담은 위대한 걸작 〈게르니카〉였기 때문이다.

〈게르니카〉라는 작품의 '전기'를 집필한 하이스 반 헨스베르헌

Gijs van Hensbergen은 이렇게 썼다. "〈게르니카〉는 폭압에 저항하는 강렬한 외침이자 평화를 향한 거대한 갈망을 상징한다. (…) 여기에 담긴 인간의 잔혹함에 대한 비난과 자유 및 평화를 향한 절규는 피카소가 이 작품을 그린 1937년 못지않게 지금도 여전히 우리에게 생생하게 다가온다."

피카소의 상황은 우리에게도 낯설지 않게 느껴진다. 여러 명의 아내와 정부(피카소의 인생에는 여덟 명의 여자가 있었다) 때문에 하는 얘기가 아니다. 우리도 살다보면 어떤 문제에 대해 확답을 하기 싫거나 결정하기가 힘들어서 애매한 태도를 취할 때가 있다. 웃는 얼굴로 회의에 참석해 프로젝트에 '합류'할 것 같은 인상을 주고선 그 자리를 빠져나오는 순간 '안 할 거야'라고 결심하는 경우를 생각해보라. 또는 어떤 사람과 얘기를 나눠보고 무언가를 하기로 마음먹었다가 또 다른 사람과 얘기를 나눈 후에 입장을 바꾸고 싶은 생각이 들 때도 있지 않은가?

모호한 태도는 바람직하지는 않지만 다분히 인간적인 행동이다. 그로써 우리는 이러기도 저러기도 힘든 곤란한 상황을 잠시 모면한다. 또 그것은 '일시 정지' 버튼을 눌러 결정을 내리기까지 시간을 벌면서 자신을 보호하는 방법이 되기도 한다.

예술가가 자라난 토양

이 결정의 순간에 이르기까지 피카소는 어떤 삶을 살았을까? 그의 인생을 잠시 들여다보자.

피카소는 1881년 10월 25일 스페인 말라가에서 태어났다. 그는 화가가 될 운명을 타고난 듯했다. 그의 아버지는 화가이자 미술 교사, 미술관 큐레이터였다. 어머니의 말에 따르면 어린 피카소는 말을 배우기도 전에 그림을 그렸고 태어나서 처음으로 말한 단어가 '연필'을 뜻하는 스페인어 '라피스lápiz'의 유아어인 '피스piz'였다고 한다.

피카소는 어릴 적부터 아버지에게 그림을 배웠다.* 청출어람이라는 말이 있듯 아들의 그림 실력은 곧 아버지를 능가했다. 피카소가 열세 살 되던 해에 아버지는 아들의 특출한 재능을 인정하면서 자신의 붓과 팔레트를 아들에게 넘겨주고 화필을 놓았다. 피카소의 공식적인 미술 공부는 열 살 때 라코루나의 미술학교에 다니면서 시작됐다. 아버지가 교사로 몸담고 있던 학교였다. 이후 바르셀로나 미술학교(열세 살에 입학)를 거쳐 마드리드에 있는 명망 높은 산페르난도 왕립미술아카데미(열여섯 살에 입학)에 다녔다. 피카소

---

* 파블로 피카소 웹사이트에 따르면, "전통적인 교육을 받은 피카소의 아버지는, 미술 교육에서는 거장의 작품을 모사하고 실제 모델이나 석고상을 보고 인체를 그려야 한다고 믿었다"고 한다. 이런 방식의 교육은 오늘날도 계속되고 있다. 그래야 화가가 되는 데 필요한 기본기가 단단히 쌓인다는 믿음 때문이다.

는 왕립미술아카데미의 커리큘럼과 교육 방식이 마음에 들지 않아 수업은 거의 들어가지 않는 대신 프라도 미술관에서 많은 시간을 보내면서 그림을 감상했다.

이미 독창성이 엿보이는 그림을 다수 그리면서 아버지의 고전적 화풍과 결별하기 시작한 피카소는 1904년 파리로 이주했다. 그리고 그곳에서 자신만의 독특한 예술 세계와 인생을 만들어가기 시작한다. 파리 생활은 33년 후 스페인 정부 대표단의 구애를 받게 될 '예술가 피카소'가 완성된 토양이었다. 그는 1973년 4월 8일 91세로 세상을 떠날 때까지 결코 그림 그리는 일을 멈추지 않았다.*

민간인 학살의 참사를 보여주기로 하다

1937년 봄, 스페인에서 공화파와 민족주의파는 참혹한 전투를

---

* 피카소는 다재다능하고 창의력 넘치며 끊임없이 새로운 시도를 한 다작의 화가였던 만큼 그의 작품들도 여러 시기로 분류된다. 그는 한 가지 스타일이나 색깔, 접근법을 끝까지 파고든 후 인생의 변곡점마다 결정적으로 화풍을 변화시켜 다른 스타일을 시작했던 것 같다.
청색 시대(우울한 색감과 분위기): 1901~1904년
장밋빛 시대(밝은 색감과 분위기): 1904~1906년
아프리카 미술의 영향, 원시주의: 1907~1909년
분석적 큐비즘: 1909~1912년
종합적 큐비즘: 1914~1919년
신고전주의와 초현실주의: 1918~1945년
말년: 1945~1973년

계속 이어가고 있었다. 전선은 비스카야 만에 면한 북부 지역으로 이동했다. 피레네 산맥 가장자리에 위치하며 프랑스 국경과 접한 스페인 북동부에는 바스크인들이 비옥한 땅을 일구며 평화롭게 살고 있었다. 이들 바스크인은 독자적인 언어와 관습, 민족적 혈통을 가진 토착 집단이다. 지금도 이곳 바스크 지방은 스페인이나 프랑스 어느 한쪽에 속하지 않고 국경을 중심으로 양쪽 모두에 걸쳐 있다. 게르니카는 바스크 지방에 속한 인구 약 7,000명의 마을이었다.

그리고 1937년 4월 26일 게르니카에 끔찍한 비극이 일어났다. 우연히 일어나거나 부수적으로 생긴 일이 아니었다. 처음부터 민간인을 목표로 한 살상이었다. 스페인의 민족주의파 반란군을 지원하는 독일과 이탈리아의 공군이 '뤼겐 작전Operation Rügen'이라는 이름 아래 이 마을에 폭격을 퍼부었다. 무방비 상태였던 게르니카는 무차별 융단 폭격에 순식간에 쑥대밭이 되어 화염에 휩싸였다. 민간인 사망자 숫자는 정확히 집계되지 않았지만 자료에 따라 적게는 수백 명에서 많게는 수천 명까지 추정되었다. 게르니카 마을 외곽에 군수 공장과 통신 센터가 있었지만 이 건물들은 공격을 받지 않았다. 뤼겐 작전의 목표는 명백히 무고한 민간인들이었다.

훗날 이뤄진 분석에 따르면 게르니카 폭격에는 '군사적으로 그어떤 전략적 중요성도' 없었다. 하지만 이를 계기로 바스크 지방의 최대 도시 빌바오를 함락하고, 나아가 북부 지역 전체를 장악할 수 있는 문이 열린 셈이었다. 프랑코의 반란군이 히틀러와 무솔리니의 지원을, 공화파 정부군이 스탈린의 지원을 받은 스페인 내전은

1939년까지 계속됐다. 그리고 이후 곧 제2차 세계대전이 발발하기에 이른다.

1937년 당시에는 지금처럼 뉴스가 빠르게 전달되지 않았다. 하지만 현지에 있던 종군 기자 조지 스티어George Steer가 즉시 이 참상을 보도해 세계에 알렸다. "게르니카의 비극. 공습으로 처참히 파괴된 마을. 목격자의 진술." 이튿날 런던의 《더타임스》에 실린 헤드라인이었다. 이 잔혹 행위에 대한 뉴스는 전 세계의 신문과 라디오를 통해 퍼져나갔고, 사람들은 며칠이 지나서야 게르니카 폭격에 담긴 진정한 의미를 이해하기 시작했다. 파리에 있던 피카소는 5월 1일 파리 신문을 통해 "화염에 휩싸인 게르니카의 모습"이라는 헤드라인과 끔찍한 사진을 접했던 것으로 보인다.

피카소는 결단을 내렸다. 미술사가 페르난도 M. 마틴Fernando M. Martin의 말에 따르면 그것은 "피카소가 스페인관에 전시할 그림의 주제를 깨달은 순간"이었다. "현대 전쟁사에서 최초로 적에 대한 위협 전술과 신무기 성능 실험을 위해 한 마을과 그 주민 전체를 완전히 몰살한 사건이었다."

피카소는 영원한 망명자였지만 여전히 조국 스페인의 아들이었기에 분노에 몸을 떨었다. 스페인관을 위해 그릴 그림의 주제가 마음속에 선명해졌다. 염두에 뒀던 여러 아이디어 중 하나인, 이젤 앞에 앉은 예술가(물론 피카소 자신이었다. 그는 자기애가 강했다)를 소재로 한 그림은 접기로 했다. 대신 전쟁의 실상과 공포를 보여주기로 마음먹었다. 그리고 결국, 프랑스 작가 알랭 세르Alain Serres의 표현을 빌리자면, "피카소가 느낀 분노만큼이나 강렬함을 내뿜는 작품인 〈게르니카〉"를 그렸다.

여기서 우리는 결정과 관련된 한 가지 측면을 생각해보게 된다. 당신은 결정을 내리면 곧장 움직여 행동으로 옮기는 타입인가? 물론 어떤 결정은 그래야 한다. 위급한 상황에서 내린 결정은 즉시 실행하는 것이 옳다. 한편 어떤 경우에는 결정을 내리고 나서 행동할 기회가 무르익기를 기다릴 수도 있다. 어느 한쪽 방식이 옳다고 주장하려는 게 아니라, 그런 점에 대해 한번 생각해보라는 얘기다.

모방과 훔치기에서 태어난 결정

1937년 1월부터 4~5월 사이에 피카소는 스페인관에 전시할 그림을 구상하는 것 이외에 무엇을 하고 있었을까? 이 시기에 그는 〈프랑코의 꿈과 거짓말Dream and Lie of Franco〉이라는 풍자적인 판화를 완성하는 데 많은 시간을 보냈다. 이 에칭 작품은 일련의 이미지들, 즉 반란군 리더 프랑코를 만화처럼 천박하고 우스꽝스럽게 표현한 그림과 고통에 몸부림치는 사람 및 동물 그림으로 구성돼 있었다. 피카소는 각각의 사각형에 담긴 이 그림들을 원래 따로따로 분리하려고 했다. 마치 야구 카드나 트럼프 카드처럼 말이다. 그런 식으로 판매해 널리 퍼뜨려서 전쟁의 참상에 대한 인식과 분노를 높일 수 있으리라는 생각이었다. 작품 제작 내내 피카소의 내면에서는 스페인에서 일어나고 있는 비극에 대한 분노가 끓었다. 1937년 전반에 제작된 이 그림들 다수는 나중에 〈게르니카〉에 등장하게 될 이미지를 미리 암시하고 있었다.

당신은 분노에 휩싸이거나 몹시 감정적인 상태에서 결정을 내려본 적이 있는가? 나는 있다. 그리고 그럴 때 내린 결정은 최고의 선택이 아닌 경우가 많다. 하지만 대개 나는 화가 나면 일종의 '준비 작업'을 하려고 애쓴다. '진정 기간'을 가지면서 부정적인 에너지를 가라앉히고 앞으로의 계획을 세워보는 것이다.

피카소는 전쟁과 그 후유증을 표현한 최초의 화가는 아니었다. 잘 알려졌다시피 스페인 곳곳에는 인류 초기 미술의 흔적이 남아 있다. 이베리아 반도 동부의 약 700곳에서 먼 옛날 선사시대의 동굴 벽화가 발견됐으며 일부는 무려 1만 년 전에 그려진 것으로 추정된다. 이들 동굴 벽화에는 막대 그림stick-figure으로 작고 단순하게 표현한 사람도 등장하는데, 주로 창을 던지거나 활과 화살을 사용하는 모습이 그려져 있다.

피카소는 젊은 시절 제1차 세계대전을 겪었다. 중립국 국민이자 30대의 망명자였던 그는 직접 참전한 적은 없다. 하지만 많은 친구가 참전했고 일부는 전장에서 목숨을 잃었기에, 그는 친구들의 죽음과 전쟁으로 황폐해진 프랑스에서 목격한 것들에 무덤덤할 수가 없었다. 심지어 직접 전선을 방문한 적도 있다. 그는 이 시기에 강렬한 작품을 다수 남겼다.

그리고 미술학교를 다녔으므로 페테르 파울 루벤스Peter Paul

Rubens의 〈전쟁의 결과〉(1638~1639), 존 싱글턴 코플리John Singleton Copley의 〈페어슨 소령의 죽음〉(1783), 프란시스코 고야Francisco Goya 의 〈1808년 5월 3일〉(1814), 존 싱어 사전트John Singer Sargent의 〈가스 부상병〉(1919) 등 전쟁을 소재로 한 많은 작품에도 익숙했을 것이 다. 피카소는 미국의 사진작가 매슈 브래디Mathew Brady가 찍은 미국 남북전쟁 사진도 본 적이 있었을까? 그런데 이런 작품들과 전쟁을 소재로 삼은 다른 많은 그림은 대개 전쟁이 군인들에게 미친 영향 을 표현했다. 하지만 피카소의 목표는 전쟁이 민간인들에게 가져 온 비극을 보여주는 것이었다. 종종 리더들은 국민을 위해서 전쟁 을 벌인다고 말하지만 현실에서는 바로 그 국민이 피해자가 되곤 했다.

피카소가 선대의 화가들과 그 작품들을 누구보다 잘 알고 있었 다는 점을 생각해보면 그가 어린아이의 그림을 모방해서 그렸을 리가 없음을 알 수 있다(몇몇 비평가는 그의 1904년 이후 작품을 두고 그 런 식으로 말했지만 현재 그렇게 보는 사람은 거의 없다). 피카소는 새로운 시각 언어를 창조하고 있었다. 언어란 그것을 배우고자 하는 누구 에게나 열려 있는 무엇이다. 예컨대 미국 화가 로버트 라우션버그 Robert Rauschenberg는, 〈게르니카〉의 구성요소 및 구도를 연구한 것이 자신의 혁신적인 작품들의 특징인 추상적 유창성abstract fluency을 키 우는 데 도움이 됐다고 말했다(화가 재스퍼 존스Jasper Johns는 라우션버 그를 두고 "피카소 이후로 가장 많은 것을 창조한 예술가"라고 했다).

이 지점에서 우리는 피카소가 했다고 알려진 "나쁜 예술가는 모방하고 훌륭한 예술가는 훔친다"라는 말의 의미를 이해할 수 있다. 이 말을 예술뿐만 아니라 삶의 다른 영역들에도 적용할 수 있을까? 당신이 속한 분야에서도 모방과 훔치기가 일어나는가? 물론 여기서 훔치기란 남의 것을 마음대로 가져다가 자기 것이라고 우기는 일을 말하는 것이 아니다. 어느 영역에나 축적된 지식의 저수지가 존재하기 마련이고, 누구나 거기서 영감과 자양분을 얻을 수 있다는 사실을 말하는 것이다. 그 저수지는 누구에게나 열려 있다. 그리고 우리는 그것을 현명한 결정을 내리는 데 활용할 수 있다.

예술가의 결정이 그림에 구현되는 방식

젊은 시절에 했던 미술 공부의 영향으로 피카소는 작품에 상징을 많이 사용했는데 스스로도 그 방식을 선호했다. 〈전쟁의 결과〉에서 루벤스는 전쟁의 신 마르스, 사랑의 여신 비너스, 아기 천사 등의 상징물을 통해 유럽의 '30년 전쟁'을 표현했다. 피카소 역시 〈게르니카〉에서 자신만의 여러 상징을 조합해 가슴 아픈 전쟁의 참상을 드러냈다.* 그는 오랫동안 이 상징들을 발전시키고 활용해 온 터였으며, 그것들은 어떤 작품에서 어떻게 사용하느냐에 따라

---

* 〈게르니카〉에는 말, 황소(미노타우로스), 비둘기, 어머니와 아이, 혼자 있는 여인, 전등 등의 상징물이 있다. 또한 자연이나 건축과 관련된 요소들도 있다.

때때로 상반되는 의미를 지녔다. 그가 사용한 상징은 신화와 종교, 심리학, 에로티시즘에 토대를 둔 것도 있고 어린 시절 기억의 영향을 받은 것도 있었다. 또 많은 경우 스페인의 민족성이 스며 있었다. 아마도 〈게르니카〉의 풍부한 상징들로 인해 이 그림이 위대한 걸작이 되었다고 분석한 논문이 많을 것이다.

상징은 보편적일 수도 있고 때로는 지극히 개인적이거나 불가사의해서 작가가 아니고서야 의미를 이해하기 힘든 경우도 있다. 때로 상징은 의사소통의 지름길 역할도 한다. 예를 들어 가족끼리만 이해하는 상징의 경우 그것을 언급하기만 해도 웃음을 터뜨리곤 한다. 구구절절 설명할 필요도 없다. 당신에게도 즐겨 사용하는 상징이 있는가?

〈게르니카〉에 사용된 물감 색깔은 예술가의 결정을 보여주는 또 다른 영역이다. 청색 시대와 장밋빛 시대의 그림들에서 알 수 있듯 피카소는 색깔을 효과적으로 이용해 작품의 분위기를 드러내곤 했다. 스페인 내전 이전에 그는 풍부한 색채를 사용했다. 그러나 〈게르니카〉에는 의도적으로 무채색인 흰색과 검은색, 회색만 사용함으로써 작품을 보는 이들이 느낄 전쟁의 참담함을 극대화했다.

〈게르니카〉 이후에는 대체로 선명하고 강렬한 색채로 다시 돌아갔다. 하지만 예외적인 작품은 1944~45년에 그린 〈납골당The Charnel House〉이다. 이 작품에서도 그는 분명한 반전 메시지를 전한다. 뉴욕 현대미술관 웹사이트에서는 이 그림을 이렇게 설명한다.

작품 구도 및 추상적 형태, 정치적 메시지의 측면에서 〈게르니카〉를 연상시키는 작품인 〈납골당〉은 신문에 실린 전쟁 사진에서 영감을 받은 것으로, 검은색과 흰색으로 이루어진 우울한 색조가 전체적인 분위기를 지배하고 있다. 스페인 내전 시기에 그린 〈게르니카〉가 향후 일어날 제2차 세계대전이라는 비극의 예고편이었다면, 〈납골당〉은 이 전쟁의 참혹한 끝을 보여준다.

내 아내 얀Jan은 화가다. 자연히 나는 그동안 아내의 창작 활동을 바로 옆에서 지켜봤는데, 그 과정은 끝없는 결정의 연속이었다. 종종 제일 처음에는 아직 구체적 방향이 정해지지 않은 전반적이고 막연한 영감이 찾아온다. 그 후에는 아이디어를 구상한다. 때로는 곧장 아이디어를 떠올리기도, 때로는 오랜 숙성 과정을 거치기도 한다. 그러고 나면 그 아이디어의 표현 방법과 관련된 여러 선택지를 고민한다. 유화 물감을 쓸 것인가, 아크릴 물감을 쓸 것인가? 어느 정도 크기로 그릴 것인가? 단독 작품으로 완성할 것인가, 서로 연관된 연작의 일부로 그릴 것인가? 아이디어를 화폭에 옮기는 동안에도 수시로 생각이 바뀌고 수정이 이루어진다. 구도나 물감 색깔을 바꾸기도 하고 캔버스에 그린 걸 전부 긁어내고 다시 처음부터 시작하기도 한다.

아마 〈게르니카〉의 완성 과정도 그랬을 것이다. 피카소는 이렇게 말했다. "처음엔 특정한 아이디어에서 시작하지만 나중에는 전혀 다른 무언가가 된다." 또 이렇게도 말했다. "영감은 존재한다.

그러나 당신이 노력하고 있어야 그 영감이 찾아온다."

일단 '큰' 결정을 내린 후에는 일련의 작은 결정들이 빠른 속도로 뒤따랐다. 다양한 이미지 스케치, 그 이미지들의 배치, 색깔 선택, 사전 습작 등 이 모든 것이 소용돌이치며 작품의 완성을 향해 질주했다. 작은 마을의 폭격 사건을 화폭에 형상화하려는 강렬한 창작 욕구에 이끌려서 말이다. 전쟁의 참상을 외치는 불멸의 그림은 그렇게 완성되었다.

쉼 없이 작업한 피카소는(새로운 연인 도라 마르Dora Maar가 그 과정을 사진으로 남겼다) 약 한 달 후 이 거대한 유화를 완성했다. 크기가 349×776센티미터에 이르는 대작이었다. 이 그림은 1937년 6월 초 파리 세계박람회의 스페인관에 전시되어 사람들을 만나기 시작했다.

이런 일화가 있다. 〈게르니카〉를 본 한 독일군 사령관이 옆에 있던 피카소에게 "당신 작품인가?" 하고 묻자 피카소는 "아니오, 당신들 작품이지"라고 대답했다고 한다(몇 년 후 나치의 프랑스 점령 기간인 1940~1944년에 피카소의 작품은 '퇴폐적'이라고 간주되어 전시가 금지되었다).

세계박람회 폐막 후 〈게르니카〉는 유럽 각지에서 순회 전시되어 전쟁에 휩싸인 스페인의 참상을 사람들에게 일깨웠다. 내전이 끝난 후 피카소는 〈게르니카〉를 스페인으로 보내기를 한사코 거부했다. 전쟁에서 승리한 프랑코의 독재 정권에 자신의 작품을 보낼 수 없었던 것이다.

결국 이 작품은 뉴욕 현대미술관에 맡겨졌다. 그리고 그곳에 전시돼 있다가 피카소 탄생 100주년을 맞아 1981년 9월 10일 스페인으로 돌아갔다(프랑코는 1975년 사망했지만, 작품 인도와 관련된 여러 논쟁 때문에 반환 시점이 늦어졌다). 바스크 지방의 빌바오구겐하임미술관Museo Bilbao Guggenheim이 1997년 개관을 앞두고 있을 당시 〈게르니카〉를 이 미술관으로 가져오려는 잠정적인 계획이 있었지만 결국 성사되지는 못했다. 현재 〈게르니카〉는 마드리드의 레이나소피아미술관Museo Reina Sofia에 직원의 삼엄한 경비를 받으며 전시돼 있다.

〈게르니카〉는 특정한 지명을 제목으로 삼았고 특정한 역사적 사건에서 영감을 받았음에도 보편적 가치와 의미를 지닌 작품이다. 이 그림에는 세상을 바꾸는 보이지 않는 강력한 힘이 있다. 레이나소피아미술관 공식 웹사이트에는 이렇게 쓰여 있다(굵은 글씨는 저자의 강조).

습작뿐 아니라 완성작에도 특정 사건을 암시하는 단서가 전혀 없다. 대신 **전쟁의 잔혹함과 공포에 대한 보편적인 저항**을 말하고 있다. 이 대작은 하나의 거대한 포스터로, 즉 스페인 내전이 만든 참상에 대한 증언이자 제2차 세계대전의 비극에 대한 사전 경고로 여길 수 있다. 묵직하고 우울한 색조, 강렬한 모티프들, 그리고 그것을 표현한 방식, 이 모두가 전쟁의 참극을 효과적으로 보여준다. **이것은 현대 사회의 모든 끔찍한 비극에 대한 상징이기도 하다.**

한편 이런 일화도 있다. 1985년에 〈게르니카〉의 태피스트리가 국제연합 본부에 걸렸다. 넬슨 록펠러Nelson Rockefeller가 주문 제작해 국제연합에 장기 대여한 이 태피스트리는 안전보장이사회 회의실 앞의 복도에 걸려 있다. 기자회견이 열릴 때 텔레비전 보도진이 종종 모이는 곳이다. 2003년 2월 5일 국무장관 콜린 파월Colin Powell 이 이라크 공습에 대한 기자회견을 할 당시, 국제연합 직원들은 커다란 푸른색 커튼을 쳐서 이 태피스트리를 가렸다. 이는 기자들의 카메라 촬영에 더 적절한 배경을 만들기 위해서였을 수도 있지만, 〈게르니카〉가 지켜보는 앞에서 새로운 전쟁을 옹호하는 기괴한 상황이 연출되는 것을 피하기 위해서였을 수도 있다(물론 많은 이들이 후자라고 생각한다).

1. 결정에도 종류가 있다. 위급한 상황에서 빠르게 판단해야 하는 경우가 있고, 기회가 무르익기를 기다려야 하는 경우도 있다. 피카소의 역작 <게르니카>는 후자가 낳은 결과였다.

2. 때로는 결정하기 곤란한 상황에서 확답을 주지 않고 시간을 벌 수도 있다. 이는 비겁한 태도라기보다는 자신을 보호하는 방법이다. 단, 결정을 마친 뒤에는 오락가락하지 말고 확고한 태도를 취해야 한다.

3. 감정적인 상태에서 결정을 내리면 후회할 가능성이 높다. 분노에 휩싸이더라도 마음의 평정을 되찾은 뒤 이성적으로 판단해라.

4. 가능하면 보다 큰 그림과 목적을 생각하며 재능을 지혜롭게 이용하라. 의미 있는 변화를 만들어낼 수 있을 것이다.

5. 당신이 하는 일에 창의성을 최대한 불어넣어라.

"양심이 나를 허락하지 않는다. (…)
차라리 나를 감옥에 보내라."

———

무하마드 알리

9

CHAPTER

옳은 소신은
끝까지 굽히지 않는다

무하마드 알리 Muhammad Ali(1942~2016)

옆 페이지의 말은 50여 년 전 권투 선수 무하마드 알리가 세상에 커다란 영향을 미친 결정 하나를 내리면서 했던 말이다. 그 결정이란 1967년 베트남전쟁 징집을 거부한 일이다. 이후 알리는 아프리카계 미국인 사회와 무슬림 사회에서 베트남전쟁 반대 운동의 상징이 됐다. 이 전쟁이 미국에 남긴 흉터는 45년이 흐른 지금까지도 지워지지 않고 있다.

당시 25세였던 무하마드 알리는 이미 세계적으로 유명한 권투 선수였다. 1964년 이슬람으로 개종하면서 캐시어스 클레이Cassius Clay라는 '노예의 이름'을 버린 그는 아프리카계 미국인들과 무슬림들에게 상징적인 존재였다. 또한 1960년 로마 올림픽에서 금메달을 따고 1964년 세계 헤비급 챔피언에 오른 복싱계의 스타였다(그의 첫 세계 챔피언 타이틀이었다. 이후 세계 헤비급 챔피언에 두 차례 더 오른다). 장난기 넘치는 어린 시절과 자신감 넘치는 10대 시절을 보냈으며, 스스로를 '가장 위대한 사람'이라고 칭했던 그는 정말로 그 표현에 걸맞은 권투 선수가 돼가고 있었다. 그는 뛰어난 권투 선수가 된 것은 물론이고 그 이상의 존재로 시대의 아이콘이 된다.

"권투선수는 여전히 남아 있네"

무하마드 알리는 꽤 단순한 남자이기도 했다. 그는 미국 징병관리청이 실시하는 검사에서 지능 미달을 이유로 복무 부적격 판정을 받은 적이 있다. 그리고 다른 사람을 때리는 권투라는 운동이 직업인 남자였다. 그런데 다른 한편으로 보면 매우 복잡한 인물이었다. 사람들에게 찬사와 비난을 동시에 받곤 하는 모순덩어리 같은 인물로 대중 앞에 서는 것을 스스로 즐겼기에 하는 얘기다.

2016년 6월 그가 세상을 떠나자 세계 곳곳에서 애도의 물결이 일었다. 그의 추종자들은 평생 일편단심으로 그를 사랑했다. 그에게 부정적이었던 이들도 선수 생활 은퇴 후 오랜 기간 인도주의 활동에 헌신하는 그의 모습을 보며 태도가 많이 누그러져 있었다. 그리고 대중은 그가 32년 동안 파킨슨병과 싸우면서 서서히 쇠약해지는 모습을 안타깝게 지켜봐야 했다.

그가 1996년 애틀랜타 올림픽 개막식의 성화를 최종 점화할 때 그의 건강 상태가 눈에 띄게 나빠졌다는 사실을 확인할 수 있었다. 떨리는 손으로 성화를 제대로 들고 있는 것조차 힘겨워 보였지만 그는 무사히 점화에 성공했다. 기나긴 성화 봉송의 마지막 단계에서 그에게 성화를 건넨 운동선수는 이렇게 말했다. "알리는 용기 그 자체였다. 병 따위에 굴복하지 않겠다고 온몸으로 말하고 있었다. 그는 여전히 가장 위대한 사람이었다."

온라인 추모 사이트 레거시닷컴Legacy.com에는 이렇게 시작되는 그의 부고가 올라왔다. "《스포츠 일러스트레이티드》가 '세기의 스포츠맨'이라 칭했던 복싱 헤비급 챔피언 무하마드 알리가 2016년 6월 3일 생을 마감했습니다."

그의 사망 소식은 저녁 시간대에 전파를 타기 시작했다. 그날 저녁 캘리포니아 버클리의 그릭 시어터에서 공연을 하고 있던 폴 사이먼Paul Simon은 사이먼앤가펑클의 〈더 복서The Boxer〉를 부르던 중 마지막 소절("공터에 권투 선수가 서 있네. 직업이 권투 선수인 사람이…"로 시작되는 소절) 직전에 노래를 잠시 멈췄다. 그리고 무하마드 알리가 세상을 떠났다고 말했다. 관중석 곳곳에서 탄식 소리가 들려왔고, 폴 사이먼이 중단했던 노래를 다시 이어감과 동시에 관중의 박수가 터져 나왔다. 노래는 "하지만 권투 선수는 여전히 남아 있네"라는 가사로 끝났다.

세계의 모든 언론이 이 전설적인 권투 선수의 죽음을 주요 기사로 다루었다. 아래는 당시 뉴스의 헤드라인들 가운데 몇 개만 추린 것이다.

- 무하마드 알리 영원히 잠들다. 향년 74세. 20세기와 복싱의 거인 —《뉴욕타임스》
- 무하마드 알리, 권투와 미국을 바꿔놓은 남자 — BBC 뉴스
- 권투 선수이자 한때 논쟁의 중심에 섰던 무하마드 알리, 향년 74세로 별세 —《스포츠 일러스트레이티드》
- 무하마드 알리 향년 74세로 영면. '가장 위대한 자', 고향으로 돌아가다 —《루이빌 쿠리어 저널》(알리는 고향인 켄터키 루이빌에 묻혔다.)
- 무하마드 알리, 향년 74세로 영원히 떠나다. 지금껏 가장 위대했던 인간을 추모하며 —영국《더데일리 텔레그래프》
- 무슬림들에게 세상이 끝난 듯한 슬픔을 안기다. 무하마드 알리는 진정 '가장 위대한 자'였다 —《로스앤젤레스타임스》
- '가장 위대한 인간' 무하마드 알리가 74세를 일기로 세상을 떠났다. '세상을 뒤흔든' 이 전설적인 챔피언은 자신에게 적대적인 제도를 상대로 그 어떤 도전자를 만났을 때보다 더 치열하게 싸워 이겼으며 세계에서 가장 사랑받는 운동선수가 됐다. —《에보니》

시재단Poetry Foundation 웹사이트에서는 미국공영라디오(NPR)의 작가 겸 비평가 후안 비달Juan Vidal이 쓴 〈무하마드 알리: 링 안에서도, 밖에서도 시인이었던 남자〉라는 추모 글을 특별히 조명했다. 비달은 알리를 "흰 트렁크와 가운을 입은 휘트먼"이라고 표현

하면서 이렇게 썼다. "그는 언어의 매력을 아는 사람이었다. 링 안에서건 밖에서건 자신이 목적하는 바에 들어맞는 표현을 절묘하게 구사하는 기술을 천재적으로 발휘했다. 종종 장난스럽게 라임을 맞춘 표현을 사용해 그에게 회의적인 사람들의 생각이 틀렸음을 인정하게 만들었다. 경기 상대를 향해 '헨리, 이거 헛소리 아냐. 5라운드면 경기 끝날 거야(이 문장의 원문은 "Henry, this is no jive. The fight will end in five"인데 'jive'와 'five'를 이용해 라임을 맞춘 표현이다 – 옮긴이)'라고 자신만만하게 장담했다."

그렇다. 무하마드 알리는 시인이었다. 비아냥거림, 자신에 찬 호언장담, 선언과도 같은 수많은 말들을 자신만의 언어로 표현한 시인. 그는 늘 기발한 라임과 리듬을 구사했다. 《롤링스톤》은 그를 두고 랩의 창시자 중 한 명이라고까지 했다.

본래 시는 글자로 읽을 때보다 입으로 소리 내어 읽을 때 그 의미와 아름다움이 가장 잘 전달되는 법이다. 난독증이 있는 것으로 알려졌던 알리는 대신 뛰어난 재담가였다. 그가 딸 해나 야스민 알리Hana Yasmeen Ali와 함께 써서 2004년 출간한 자서전에 그런 그의 면모가 고스란히 드러난다. 아마도 그가 구술하고 딸이 받아 적는 식으로 집필했을 것이다. 그렇게 완성된 《나비의 영혼The Soul of a Butterfly》은 독자들을 놓아주지 않는 흡인력 있는 책이다.

노예의 이름을 버리고 스스로 선택한 이름

이쯤이면 무하마드 알리가 어떤 남자였는지 대략 머릿속에 그림이 그려졌을 것이다.

알리의 인생을 조명하는 방법은 여러 가지가 있겠지만, 여기서는 그가 이름을 바꾸고 무슬림이 되기로 결정한 일과 징집을 거부한 일을 중점적으로 살펴볼 것이다. 알리는 인간의 양심이 형성되는 과정을 보여준 살아 있는 표본이었다. 자신의 양심을 올바르게 형성해가는 과정은 아름다운 그림으로만 이루어지지 않는다. 사실 아름답고 아니고를 떠나서 그것은 긴 영화와도 같다. 대개는 평생이 걸리기 때문이다. 그러나 옳다고 믿는 대로 행동할 수 있는 양심은 훌륭한 결정을 내리는 일에서도 매우 중요하다. 세상을 바꿀 수 있는 결정에서도 그렇다.

세상에 이름보다 더 개인적인 것은 없을 것이다. 그럼에도 이름은 다른 사람(대개는 부모님)이 지어준다. 우리는 '반응한다'는 것이 무슨 뜻인지 알기도 전인 아기 때부터 이름에 반응한다. 대개 이름은 우리가 글자로 쓸 줄 알게 되는 가장 첫 번째 단어이며, 우리는 평생 그 이름으로 살아간다. 대부분의 사람들은 태어날 때 지어진 이름을 자연스럽게 받아들이고 산다.

무하마드 알리는 1942년 미국 켄터키 루이빌에서 캐시어스 마셀러스 클레이 주니어Cassius Marcellus Clay, Jr.라는 이름으로 태어났다. 당시 그는 '깜둥이'라고 불렸을 것이다. 그의 아버지도 이름이 캐시어스 마셀러스 클레이였다. 이 '캐시어스 마셀러스 클레이'는 몇 세대 전, 즉 남북전쟁 시대에 켄터키에 살면서 노예제 폐지를 옹호한 백인 농장주 겸 정치인의 이름이었다. 이 농장주는 자신의 아버지에게 물려받은 노예들을 자유롭게 풀어주고 그들에게 농장에서 일한 임금도 지불했다. 당시 관행대로 이 노예 중 다수는 주인의 성姓을 물려받았다. 알리의 아버지는 노예 해방을 지지한 훌륭한 인물의 이름을 따서 아들 이름을 지었지만, 어쨌든 그것은 노예 시대의 상징일 뿐이었다.

1964년 캐시어스는 기독교를 버리고 네이션오브이슬람Nation of Islam(흑인들의 자립과 백인과의 완전한 분리를 주장하는 과격한 운동 방식을 취한 흑인 이슬람 단체이다 – 옮긴이)에 가입하면서 무하마드 알리로 개명했다. 사실 이 이름은 그가 선택했다기보다는 네이션오브이슬람의 지도자 일라이저 무하마드Elijah Muhammad가 지어준 것이었다. 알리는 이제 '노예 이름'을 벗어버렸다고 선언했다(처음에는 '캐시어스 엑스'였다가 나중에 다시 '무하마드 알리'로 바꾸었다). "캐시어스 클레이는 내가 선택한 이름이 아니다. 나는 그 이름이 싫다. 나는 무하마드 알리다. 이것은 자유의 이름이며 '신의 사랑을 받는 자'라는 뜻이다. 이제부터 나를 이 이름으로 불러 달라." 그는 또 이렇게 말했다.

캐시어스 클레이는 백인들이 우리 노예 조상의 주인에게 지어준 이름이다. 이제 나는 자유로운 인간이고 그 누구에게도 속하지 않으며 노예도 아니므로 그 이름을 버렸다. 그리고 아름다운 흑인의 이름을 선택했다.

그의 개명을 소신 있는 결단으로 보는 이들도 있었지만 인종 대립을 부추기는 행동으로 보는 이들도 있었다. 복싱계의 많은 이들이 그의 새로운 이름을 사용하길 거부했다. 마틴 루터 킹Martin Luther King Jr. 목사는 이렇게 말했다. "캐시어스는 흑인 이슬람 단체에 들어가 이름을 '캐시어스 X'로 바꾸면서 인종 분리의 챔피언이 됐지만, 인종 분리는 우리가 싸워야 할 대상이다." (나중에 킹 목사는 알리와 화해했으며 그를 "대의를 돕는 친구"라고 부르면서 "우리는 똑같은 탄압 제도의 희생자다. 우리는 서로 종교적 신념은 달라도 여전히 형제다"라고 말했다.)

알리의 아버지는 어떤 반응을 보였을까? 그는 아들의 개명에 부정적이었던 것 같다. 이렇게 말했기 때문이다. "나는 절대 개명 같은 것은 하지 않겠다. 그 녀석이 이름을 바꾸고 싶다면 그건 녀석 마음이다. 하지만 나는 안 한다." 알리뿐만 아니라 그의 남동생 루돌프 발렌티노 클레이Rudolph Valentino Clay도 네이션오브이슬람에 가입하고 이름을 라만 알리Rahman Ali로 바꾸었다. 알리의 아버지는 자식들의 행동을 이해하기 힘들었을 것이다. 동서고금을 막론하고 언제나 부모와 자식 사이에는 늘 풀리지 않는 숙제가 있는 법이다.*

여기서 주목할 점은 네이션오브이슬람이 노골적인 흑인 분리주의를 표방하는 단체였다는 사실이다. 젊은 캐시어스 클레이는 왜 그런 단체에 들어가기로 했을까? 이 단체에 자신의 유명세를 빌려주기로 한 것일까? 혹은 일라이저 무하마드나 맬컴 엑스Malcolm X, 루이스 파라칸Louis Farrakhan, 제레미아 샤바즈Jeremiah Shabazz 등 이 단체를 이끈 주요 인물들의 카리스마에 휘둘렸던 것일까?

미국 흑인에게 자유를

알리의 어린 시절, 그리고 1960년 로마 올림픽이 끝나고 고향 루이빌로 돌아온 이후 그가 겪은 일들을 생각해보자. 그는 미국 대표 팀의 스타였다. 조국을 대표하는 스포츠 선수로서 더없이 빛나는 성과를 올렸다. 금메달을 따고 돌아왔으니 말이다. 하지만 그럼에도 공공장소에서 물을 마실 때는 "유색인 전용"이라고 적힌 식수대를 써야 했다. 흑인이 "백인 전용"을 쓰는 것은 금지돼 있었을 뿐만 아니라 위험을 자초하는 행동이기도 했다. 알리가 흑인 이슬람 단체에 가입하기로 한 결정의 바탕에는 그가 경험해온 인종차

---

* 알리의 집안에는 권투의 피가 흘렀던 모양이다. '루디'라는 애칭으로 불린 라만 알리는 어릴 때부터 형과 함께 조 마틴의 체육관에서 훈련을 받았다. 형제는 권투에 탁월한 소질이 있었다. 그러나 루디는 1960년 로마 올림픽에 출전하지 못했다. 캐시어스는 이 올림픽에서 금메달을 땄다. 루디는 1964년 프로로 전향한 후 14승 1무 3패의 전적을 쌓고 1972년 은퇴했다. 루디는 형보다 먼저 네이션오브이슬람에 가입했다. 1977년 태어난 무하마드 알리의 딸 라일라 알리Laila Ali도 권투를 했으며 8년 선수 생활 동안 (1999~2007년) 24전 24승의 무패 전적을 자랑했다.

별이 깊게 깔려 있었다.

캐시어스는 아직 '짐크로 법Jim Crow laws(공공장소에서 흑인과 백인의 분리 및 차별을 규정한 법으로 미국 남부 주들에서 시행됐으며 1965년 폐지됐다–옮긴이)'이 시행 중이던 시기에 어린 시절을 보냈다.* 링컨은 1863년 노예 해방 선언으로 흑인 노예에게 자유를 줬고, 수정헌법 13조, 14조, 15조, 19조가 제정돼 특정한 권리들이 법으로 보장됐다(하지만 투표권의 완전한 보장은 1965년에야 실현된다). 그러나 남북전쟁이 끝나고 오랜 시간이 흘렀음에도 켄터키는 여전히 뼛속까지 남부 연합 주였다. 그곳에서 흑인 해방은 아직 완전히 실현되지 못하고 있었다. 이는 지금도 마찬가지다.

캐시어스의 삶에서는 분리가 일상이었다. 공공건물 입구, 극장 좌석, 공공장소의 식수대, 학교 등 모든 것이 백인용과 흑인용으로 분리돼 있었다. 그리고 이 '분리'는 '평등'하다는 의미가 아니었다. 캐시어스는 집 밖에만 나가면 어디서든 그런 차별을 목격하고 경험했다. 그리고 흑인 차별은 그런 차원에만 머물지 않았다. 캐시어스는 켄터키에 살았지만 그 역시 남쪽의 미시시피에서 자기 또래의 흑인 소년 에멧 틸Emmett Till에게 일어난 일을 알고 있었다.**

캐시어스 클레이는 왜 흑인과 백인 간 인종 분리를 더 심화시키

---

* 히스토리닷컴History.com에는 이렇게 설명돼 있다. "짐크로 법은 인종차별을 합법적으로 규정한 일련의 주 및 지방 법규들이었다. 아프리카계 미국인과 관련된 모욕적인 노래에 나오는 캐릭터에서 이름을 딴 이 법(남북전쟁 직후 만들어져 1965년 폐기되기까지 약 100년간 시행됨)은 아프리카계 미국인들을 사회적으로 소외시키고 남부 주들에 전쟁 이전의 계급구조를 다시 형성시키기 위한 것이다. 이 법에 반항하는 사람은 폭력과 죽음이라는 대가를 치러야 하기 일쑤였다."

는 단체에, 그 목표를 위해 폭력적 방식도 불사하는 단체에 들어가기로 결심했을까? 주먹으로 싸우는 권투 챔피언이었지만 링 밖에서는 온화한 성격이었던 것으로 알려져 있었는데 말이다.

캐시어스의 이슬람 개종과 개명은 1960년대 초 미국에 빠르게 번져나가던 흑인민권운동과 사회적 불안을 마주한 그가 양심의 각성을 행동으로 옮긴 결과였다. 당시 미국에는 여성의 권리, 투표권, 소수 집단의 권리 등 다양한 종류의 권리를 외치는 운동이 공존했다. 그중에서도 아프리카계 미국인의 권리를 되찾으려는 움직임은 점점 크게 확산되면서 가장 두드러진 사회 운동이 되고 있었다. '블랙파워Black Power(흑인들의 자결권 쟁취를 추구하는 운동이자 정치적 슬로건이다. 흑인의 인종적 자부심을 강조하면서 인종차별 철폐뿐만 아니라 흑인만의 독자적인 가치관 형성과 정치적, 문화적 제도 설립을 추구했다-옮긴이)'는 흑인들을 강력하게 끌어당기는 슬로건이었다. 네이션오브이슬람은 바로 그런 사상을 캐시어스에게 제공했다. 그는 단순하고 직설적으로 이렇게 말했다.

나는 미국이다. 나는 당신들이 인정하지 않으려는 부분이다. 하

** 시카고에 살던 열네 살 흑인 소년 에멧 틸은 1955년 친척이 사는 미시시피 머니에 갔다가 백인 여성을 '모욕'했다는 이유로 끔찍한 일을 당했다. 당시의 구체적인 정황에 대해서는 몇 가지 설이 있어 정확히 알 수는 없다. 그러나 해당 여성의 남편과 또 다른 가족이 얼마 후 에멧을 찾아내 잔인하게 폭행하고 머리에 총을 쏜 후 그의 시신을 탤러해치 강에 던졌다. 에멧의 장례식에서는 관을 열어놓아 모두가 소년의 참혹한 상태를 볼 수 있게 했다. 에멧을 구타하고 살해한 백인 남성 두 명은 재판에서 무죄 판결을 받았고, 이는 흑인 민권 운동에 불을 지피는 기폭제가 됐다. 약 50년 후 해당 백인 여성은 사건 당시 남편의 강요로 에멧에 대해 거짓 진술을 했다고 인정했다.

지만 내게 익숙해져라. 나는 흑인이고 자신감 넘치고 건방지다. 내 이름, 종교는 당신들과 다르다. 내 목표는 나만의 것이다. 내게 익숙해져라.

훗날 그는 자서전에 이렇게 썼다. "나의 이슬람 개종은 미국 흑인들의 자유와 정의를 쟁취하기 위해 '진정한 링'으로 들어가는 통로였다."

캐시어스 클레이는 1964년 22세 때 '무하마드 알리'가 됐지만, 대중이 '새 이름으로 불러달라'는 그의 요청을 존중하기까지는 오랜 시간이 걸렸다. 새 이름을 사용하는 것이 심리적으로 불편했던 것이다. 심지어 이 탁월한 복싱 스타의 화려한 경기들을 취재해서 먹고사는 많은 스포츠 기자조차도 새 이름을 쓰길 거부했다. 그들은 그의 새로운 정체성을 받아들이려고 하지 않았다. 알리를 특히 싫어했던 스포츠 기자 지미 캐넌Jimmy Cannon은 "클레이가 딱하다. 그가 내린 결정이 혐오스럽다"라고 말했다. 그러나 대다수 사람은 훗날《뉴욕타임스》의 윌리엄 로든William Rhoden이 말한 아래와 같은 의견에 동조하는 방향으로 생각이 바뀌었다.

알리의 행동은 스포츠 선수의 위대함에 대한 내 기준을 바꿔놓았다. 환상적인 점프슛을 날리거나 달리다가 급정거하는 기술만으로는 농구 선수의 위대함을 판단할 수 없다. 당신은 동포의 자유를 위해 무엇을 하는가? 당신은 조국의 건국 이념에 담긴 약속을 실천하는 나라가 되는 데 기여하기 위해 어떤 노력을 하는가?

무하마드 알리 시대에 네이션오브이슬람의 활동에 관해 일었던 격렬한 논란은 이 지면에서 다루지 않을 것이다. 궁금한 독자라면 쉽게 찾아볼 수 있을 테고, 그 주제는 알리의 개인적 결정에 초점을 맞추는 이 글의 방향과 별로 관계가 없기 때문이다.

이 단체의 지도자 일라이저 무하마드가 사망한 1975년, 알리는 수니파 이슬람교로 전향했다(오늘날 세계 인구의 약 25퍼센트가 믿는 이슬람교는 세계 2위 규모의 종교다). 그간 거쳐온 삶의 경험과 그의 양심을 토대로 내린 결정이었다. 이때도 처음엔 많은 이들이 그를 조롱했다. 그러나 알리는 이후 평생 자신의 신앙을 충실하게 지키며 살았다. 물론 그 자신도 인정했듯 이슬람 교리를 항상 완벽하게 실천하지는 못했다. 하지만 세상에 어디 완벽한 사람이 있던가? 언젠가 프란치스코 교황도 "내가 누구라고 남을 판단하겠는가?"라고 말했다는 것을 떠올려보라.

전설적인 권투 선수로서, 이후에는 인도주의 활동가이자 평화의 옹호자로서 알리는 무슬림 세계의 영웅이자 아이콘이 되었다. 그가 세상을 떠났을 때《로스앤젤레스타임스》는 그를 다시금 조명하며 칭송하는 많은 평범한 무슬림과 무슬림 학자 및 리더들의 추도사를 실었다. 그중 두 가지만 아래에 소개한다.

그는 이슬람교를 고귀한 신앙으로 격상했다. 그는 관용을, 평화를 향한 열망을, 진정한 이해와 사회 정의를 보여주었다. 신에 대한 믿음이 인간을 강하게 만든다는 사실을 우리에게 보여주었다.

그는 평범한 권투 선수가 아니었다. 나는 그가 자랑스럽다. 폭력 행위와 극단주의에 맞서 싸운 무슬림이었으며 언제나 위대한 무슬림의 본보기였기 때문이다.

양심적 병역 거부에 쏟아지는 비난

이제 세상을 깜짝 놀라게 한 무하마드 알리의 두 번째 결정인 징집 거부를 살펴보자. 이 문제는 1966년부터 수면으로 부상해 1971년이 돼서야 매듭이 지어졌다. 입대를 거부한 것, 베트남전쟁에 나가 싸우기를 거부한 것("나는 베트콩과 싸울 이유가 없다"), 그리고 대체 복무도 거부한 것, 이 모두는 네이션오브이슬람의 가르침에 충실하겠다는 신념에서 비롯된 것이었다.

미국의 모든 18세 남성은 징병관리청에 징병 대상자 등록을 해야 한다.* 캐시어스 클레이도 18세가 된 1960년에 등록을 했다. 처음에 그는 최고 등급인 '1-A'로 분류됐다(최고 기량의 운동선수였으니 당연히 그랬을 것이다). 그런데 이후 재검사에서 심한 난독증이 드러나면서 '1-Y' 등급(국가 비상사태 이외에는 '복무 부적격')으로 떨어졌다. (알리는 이런 농담을 한 적이 있다. "나는 내가 가장 위대하다고 했지, 가장 똑똑하다고는 안 했다.")

미국은 1955년부터 시작된 베트남전쟁에 1965년 3월 8일 첫 번째 지상군 파병을 단행했다. 모두 알다시피 이후 미국의 개입 규모는 급속도로 확대됐고 병력 증강이 이뤄지면서 수많은 미국 젊은이가 징집되어 베트남으로 향했다. 전장에 더 많은 병력이 필요해지자 기존의 '1-A' 젊은이들만으로는 역부족이었다. 징병 대상자 판정 기준이 하향 조정됐고, 그러자 알리도 '1-A'로 재분류됐다. 이제 군 복무 적격자가 된 것이었다.

1966년 초 알리는 징집 통보서를 받고 즉시 종교적 신념을 이유로 징집 유예를 요청했다. 이후 1년 넘게 법적 실랑이가 이어졌다. 알리의 '양심적 병역 거부자'로서의 삶이 시작됐다(어떤 이들은 '병역 기피자'라고 불렀다). 베트남전쟁 반대 목소리가 커지고 있긴 했지만 아직은 전쟁 지지 여론이 굳건해 보였다. 징집을 거부한 알리에게 혹독한 비난이 쏟아졌다.

징집 통보를 받은 이후에도 알리는 계속 링 위에 올라 경기를

---

* 미국 연방정부의 독립 기관인 징병관리청 홈페이지에는 이 조직의 임무를 이렇게 명시하고 있다. "남성 시민들의 징병 대상자 등록을 실시하여, 대통령 및 의회의 승인시 공정하고 공평한 방식으로 신속히 필요 병력을 제공하는 시스템을 유지하는 한편 양심적 병역 거부자를 위한 대체 복무 프로그램을 관리한다." 징병 대상자 등록은 법으로 규정돼 있지만 '징집'은 상시 이뤄지는 것이 아니라 전쟁(모든 전쟁은 아님)이라는 특별한 시기에 시행되며 이후 징집 상태가 해제된다. 징병관리청에서는 다음과 같은 문구로 18세 미국 남성들의 등록을 촉구한다. "남자라면 반드시 해야 할 일입니다. 빠르고 쉽습니다. 등록은 법에 규정된 사항입니다." 현재 등록률은 90퍼센트가 넘는다.

했으며 연달아 승리를 거뒀다. 전쟁터에서 싸우기를 거부한 사람이 자기 삶에서는 그렇게 맹렬하게 싸운다는 사실을 아이러니라고 생각하는 사람도 많았다. 세월이 많이 흐른 지금 생각해보면, 알리는 상황이 곧 우호적으로 바뀔 것으로 믿고 자신의 인생을 위해 최선을 다해 경기에 임한 것이 아닌가 싶다. 그는 미국의 다른 젊은이들, 즉 먼 타지에서 목숨을 걸고 싸우는 병사들에 대해 생각해봤을까? 물론 우리로서는 그 답을 알 수 없다.

물론 알리는 징집에 저항하거나 전쟁 반대 목소리를 낸 최초의 인물은 아니다. 그런 이들은 먼 옛날부터 늘 있었다. 미국이 전쟁을 치를 때마다 등록 혹은 징집을 거부하거나, 징집에는 응하지만 무기는 들지 않으려고 하거나, 차라리 조국을 떠나겠다는 남성들(미국에서 여성은 징집 대상에 속하지 않는다)은 늘 있었다. 그리고 미국이 전쟁을 치를 때마다 비폭력적인 방식으로든 아니든 '반대할 권리'를 행사하는 국민은 늘 있었다.

1967년 4월, 알리는 마침내 징집 센터를 방문했다. 하지만 그게 그가 한 일의 전부였다. 그는 '캐시어스 클레이'라는 이름으로 호명되자 담당 공무원의 질문에 대답조차 하지 않았다. 잠시 후 담당자가 그를 새 이름으로 불렀지만 알리는 양심적 병역 거부자라는 입장을 굽히지 않았다. 그는 비전투원으로 입대하는 대안을 제안받았다. 즉 전투병이 아닌 다른 역할로 복무하는 것을 의미했다(일테면 병사들의 오락을 위해 시범 경기를 벌인다든지). 알리는 이 역시 거부했다. 이로써 기소되어 재판에 넘겨질 것을 알면서도 말이다.

같은 해 6월 그는 재판에서 유죄 판결을 받고 징역 5년형과 벌금 1만 달러를 선고받았다. 또한 여권까지 반납해야 했다. 이후 항소 절차를 밟았으므로(이 사건은 결국 연방대법원까지 올라간다) 감옥에 갇히지는 않았다. 하지만 그는 자신이 다른 종류의 감옥에 갇혔음을 곧 깨달았다. 더는 권투를 할 수 없었기 때문이다. 그는 선수 자격을 정지당해 미국 내에서 경기를 할 수 없게 됐다. 여권이 없으므로 해외 경기에도 출전할 수 없었다.

흑인이자 무슬림인 알리는 비방과 모욕에 익숙했다. 이제 그는 '병역 기피자'라고 손가락질 받기 시작했다. "몽둥이와 돌로 내 뼈를 부러뜨릴 수는 있겠지만 말로는 내게 상처를 줄 수 없다"는 말도 있듯, 사람들의 비난은 그를 위축시키지 못했다. 정말로 그를 힘들게 한 것은 따로 있었다. 유일하게 잘하는 일이자 직업인 권투를 할 수 없게 된 것은 그가 양심을 따르는 대신 치러야 하는 큰 대가였다.

알리는 이 '망명' 기간에도 대중 앞에 서며 활발히 활동했다. 무엇보다도 대학 캠퍼스를 돌아다니며 연설을 하기 시작했으며 많은 청중의 호응을 얻었다. 미국의 1968년은 사회적 혼돈의 시기였다. 이 해에 마틴 루터 킹 목사와 로버트 F. 케네디 상원의원이 암살됐고, 대학 캠퍼스를 비롯한 전국 곳곳에서 격렬한 반전 시위가 일어나 진압 과정에서 사망자까지 발생했으며, 린든 존슨의 뒤를 이을 대통령으로 리처드 닉슨Richard Nixon이 당선됐다. 사회 각 측면에서 미국 문화가 변화하고 있었다. 그리고 알리는 꿋꿋하게 삶을 이어갔다.

알리의 징집 거부 사건은 1971년 마침내 마무리된다. 연방대법원이 그의 양심적 병역 거부는 합법이며 징집 거부를 이유로 기소된 것은 옳지 않다는 판결을 내린 것이다. 이제 그는 경기 금지라는 속박을 벗고 다시 링에 복귀할 수 있었다.

하지만 권투 선수로서 최고의 기량을 발휘할 수 있는 4년을 잃어버린 셈이었다. 만일 그 공백기가 없었다면 이 '가장 위대한 자'는 얼마나 더 위대해질 수 있었을까? 긴 공백기에도 불구하고 그는 1971년부터 10년 후 은퇴하기까지 30회의 경기를 치렀고 불과 여섯 경기만 패했다. 평생 그는 61회의 경기를 치르면서 20만 번의 타격을 이겨내야 했다. 상상이 되는가.

링 밖에서도 이어지는 싸움

나도 무하마드 알리의 경기를 몇 번 관람한 적이 있다. 링 안팎에서 목격한 그때의 장면은 평생 잊지 못할 것이다. 알리의 체격과 힘과 압도적 존재감은 인간이 아닌 것처럼 느껴졌다. 나처럼 덩치가 큰 사람이 보기에도 그랬다(내 키는 알리보다 2센티미터 더 큰 193센티미터다). 알리는 링 안에서 자신만의 스타일과 기량을 유감없이 펼쳐 보이곤 했다. 날쌔고 현란한 스텝은 마치 상대 선수 주변에서 춤을 추는 것 같았고, 주먹은 낮고 빨랐다. 그런 독특한 자세로 효과적인 경기를 펼칠 수 있는 유일한 선수였다. 그는 번개보다 빠른 속도로 주먹을 날렸다(그는 언제나 권투라는 스포츠를 혁신했다. 선수 생활 후반기에는 로프에 등을 기댄 채 로프의 반동을 이용해 방어하면서 상대방의 힘을 빼는 '로프 어 도프rope-a-dope'라는 독특한 기술을 구사했다).

그리고 링 밖의 장면들도 눈에 선하다. 자욱한 담배 연기, 응원과 조롱이 뒤섞인 고함, 맵시 있게 차려입은 남자와 여자들, 사방에서 터지는 눈부신 카메라 플래시까지. 하지만 그 무엇도 무하마드 알리의 매력을 따라오지는 못했다.

알리의 존재감은 시합이 끝난 후의 라커룸에서도 사그라들지 않았다. 그는 거의 언제나 승리감에 취해 있었고, 즉석에서 떠오르는 대로 재치 있고 날카로운 표현을 내뱉었으며, 자신의 위대함을 칭송했고, 사람들에게 주목받는 매 순간을 사랑했다.

알리의 전성기 시절 언론에서는 늘 프로 권투 세계를 상세히 보도했고 알리라는 선수 개인에 대한 취재 경쟁도 치열했다. 이는 1971년 그의 복귀 이후에도 마찬가지였다. 권투라는 스포츠의 위상과 인기가 예전 같지 않아진 시기에도 말이다.

알리는 항상 신문과 잡지, 텔레비전, 라디오의 수많은 스포츠 기자와 칼럼니스트, 전문 사진기자의 단골 취재 대상이었다. 스포츠에 남다른 관심을 갖고 이를 주제로 글을 쓴 조지 플림튼이나 노먼 메일러 같은 유명한 문인들도 빼놓을 수 없다(1974년 자이르에서 열린 알리와 조지 포먼George Foreman의 헤비급 챔피언 결정전인 '정글의 결투Rumble in the Jungle'를 생생히 기록한 메일러의 《파이트》는 스포츠 관전기 이

상의 의미를 갖는 고전이다). 그리고 프랭크 시나트라와 재키 글리슨 같은 유명인들도 있었다. 시나트라가 1971년 알리와 조 프레이저 Joe Frazier의 경기 장면을 찍은 사진은《라이프》표지를 장식했고, 글리슨은 알리와 소니 리스턴Sonny Liston의 1964년 챔피언전을 앞두고《뉴욕포스트》칼럼에서 알리의 패배를 예측했다. 이 예측은 완전히 빗나가 알리가 세계 챔피언으로 등극했다. 알리는 유명인이 되는 것을 기꺼이 받아들인 사람이었고, 그런 만큼 언론 외에도 수많은 글과 사진의 소재가 되었다.

알리는 1981년 선수 생활을 은퇴하고 인생 제2막을 시작했다. 가족들과 더 많은 시간을 보냈고, 주먹을 날리는 권투 선수가 아닌 다른 모습으로 대중 앞에 섰다. 개명과 개종, 징집 거부는 이제 먼 과거의 이야기였다. 그는 세계 여러 곳을 다니며 자선과 인도주의 활동에 앞장서면서 병들고 굶주린 아동을 돕기 위한 노력을 기울였다. 종교 간 대화에 참석해 달라이 라마도 만났다. 그는 지적 장애인 국제 스포츠 대회인 스페셜 올림픽에도 남다른 애정을 갖고 있었다. 그리고 노화와 파킨슨병이 동시에 진행되면서 건강이 점점 안 좋아졌다.

버락 오바마 대통령은 알리가 세상을 떠난 다음 날 낸 성명에서 그의 인생의 중요한 전환점이었던 개명 결심이 기나긴 영적 여정의 출발점이었다면서 이렇게 말했다. "알리의 영적 여정은 그를 이슬람 신앙으로 이끌었고, 선수로서의 전성기 시절 그를 망명자가 되게 했으며, 다시 위대한 선수로 복귀할 힘을 제공했습니다.

매디슨스퀘어가든의 환호하는 군중 못지않게 아프리카 마을과 동남아시아 빈민가의 억압받는 이들에게도 친숙하게 느껴지는 이름을 갖고서 말입니다."

오바마 대통령은 알리를 "옳은 일을 위해 싸운 사람"이라고 하면서 징집 거부 결정을 직접 언급하지는 않았지만 그 일을 염두에 둔 듯 이렇게 말했다. "그가 링 밖에서 했던 싸움은 챔피언 타이틀을 박탈하고 그의 대중적 입지를 무너트릴 수 있는 것이었습니다. 그것은 좌파와 우파 모두에게 공격을 받고, 비난에 시달리고, 감옥에 갈 수도 있는 결정이었습니다. 그러나 알리는 자신의 신념을 지켰습니다. 그리고 그의 승리는 우리가 지금 알고 있는 미국에 익숙해지는 데 기여했습니다. (…) 물론 그는 완벽한 인간은 아니었습니다. (…) 무하마드 알리는 세상을 뒤흔들었습니다. 그리고 그로 인해 세상은 더 나은 곳이 되었습니다."

마지막으로, 어쩌면 당신이 생각조차 안 해봤을 질문의 답을 알려주겠다. 캐시어스 클레이는 어떤 계기로 권투 선수가 되기로 결심했을까? 어린 캐시어스가 크리스마스 선물로 받은 빨간색 자전거를 도둑맞은 1954년 일화에 대해서는 사람마다 조금씩 설명이 다르다. 여기서는 무하마드 알리가 자서전에 쓴 내용을 소개하겠다.

나는 너무 화가 나서 경찰에 신고하기로 마음먹었다. 누군가 내게 조 마틴Joe Martin이라는 경찰관이 운영하는 체육관을 일러주었다. 그는 남는 시간에 아이들에게 권투를 가르친다고 했다. 나는 자전거를 훔쳐간 도둑놈을 혼내줄 거라고 마틴 씨에게 말했다. 거의 울먹이고 있었기 때문에 내 호언장담은 별로 무섭게 보이지 않았을 것이다. 마틴 씨는 그런 내게 말했다. "누군가를 손봐주고 싶으면 권투를 배워보는 게 어떻겠니?" 나는 마틴 씨의 체육관에 다니면서 이를 악물고 권투를 배우기 시작했다.

조 마틴은 루이빌에서 유일하게 흑인과 백인이 함께 다니는 체육관을 운영하는 백인이었고 지역 인권운동가이기도 했다. 그는 캐시어스를 프레드 스토너Fred Stoner라는 흑인 트레이너에게 소개했고 캐시어스는 스토너에게 잽을 배웠다. 마틴 코치 밑에서 캐시어스는 급속도로 성장해 1960년 올림픽 금메달을 따기에 이른다. 올림픽 직후 캐시어스가 프로로 전향하면서 마틴과의 관계는 마무리된다. 마틴이 1996년 사망할 때까지 두 사람은 끈끈한 우정을 유지했다.

1. 무하마드 알리의 선택은 그동안 수없이 조명되었다. 그를 다룬 책과 글은 다 세지도 못할 정도다. 그를 찍은 사진도, 인터뷰도 마찬가지다. 앞으로도 틀림없이 그에 대해 많은 평가와 조명이 이루어질 것이다. 그럼에도 그의 결정이 남긴 교훈은 세월이 흘러도 절대 빛바래지 않을 것이다.

2. 자유와 결정 사이에는 어떤 관계가 있을까? 알리가 이름을 바꾼 결정과 관련해 "나는 무하마드 알리다. 이것은 자유의 이름이다. (…) 이제 나는 자유로운 인간이므로…"라고 말했던 것을 떠올려보라. 만일 자유가 제한된 상태라면 결정을 내리는 것이 유의미할까? 그 상태에서 내리는 결정은 꼭 '잘못된' 결정일까? 심리적 자유든 물리적 자유든, 자유는 결정이라는 행위의 전제 조건일까?

3. 당신의 결정과 그것이 가져오는 결과에 책임을 져라. 알리는 사람들의 비난과 적대감 앞에서도 절대 뒤로 숨지 않았다.

4. 당신의 결정을 좌우하는 모든 요소를 신중하고 꼼꼼하게 살펴라. 알리가 했던 결정은 지금의 우리가 마주하는 것들보다 더 복잡하고 어려운 선택이었을 것이다. 그러나 아무리 간단한 결정이라도 고민해볼 측면이 하나 이상은 되는 법이다.

5. 당신의 양심이 옳다고 믿는 것, 당신의 핵심 가치관, 당신만의 원칙을 확립하라. 그것들은 당신 삶의 참된 길잡이가 된다. 그리고 스스로 옳다고 판단되는 일이라면 세상의 비난에 개의치 마라.

역사를 바꾼
작은 양심

D E C I S I O N S

"이와 같은 독성 물질의 연쇄 효과를,
마치 잔잔한 연못에 던져진 돌멩이가 만들어내는 파문처럼
자꾸만 퍼져나가는 죽음의 물결을 일으키는 결정을
대체 누가 내렸는가?"

―――――

레이첼 카슨

CHAPTER

진실을 위해 행동할 때는
자신감으로 무장하라

레이첼 카슨Rachel Carson(1907~1964)

1958년 초 《보스턴헤럴드》에 한 여성이 쓴 간절한 편지가 실렸다. 여성은 자신의 농장에서 노래하던 새들이 전부 죽었다고, 그해 봄이 침묵으로 뒤덮였다고 호소했다. 어찌 된 일이었을까?

이것은 이미 많은 이들이 주목하기 시작했던 문제였다. 그중 한 명인 레이첼 카슨은 이 문제를 파고들어 그 결과를 책으로 출간했다.

그 이후의 이야기는 우리가 아는 대로다. 새들을 죽인 범인은 바로 DDT라는 살충제였다. 카슨의 책 《침묵의 봄》은 1962년 출간되자마자 전 세계 환경운동의 토대가 되는 획기적 저작이라는 찬사를 받았다.

자연과 책을 사랑한 소녀

원래 자연을 좋아하는 성향에다 공부와 취업 모두 그와 관련된 분야를 택했던 레이첼 카슨은 뛰어난 해양생물학자였다. 동시에 널리 인정받는 작가이기도 했다. 1950년대 후반 이미 세 권의 저서를 낸 상태였고 여러 매체에 실어온 글도 셀 수 없을 정도였다. 이제 "생명의 기억Remembrance of Life"이라는 가제의 네 번째 책을 쓸 생각이었다. 그런데 책의 방향이 처음 계획과 달라지게 된다. 이와 관련해 전기 작가 린다 리어Linda Lear는《레이첼 카슨 평전》에 이렇게 썼다.

> 사실 카슨은 다음 책의 주제를 정확히 구상해놓은 상태였다. 그런데 1957년부터 1958년 겨울까지 그녀의 관심을 사로잡은 일련의 사건 때문에 책의 내용과 맥락을 수정하게 된다(자연에 대한 그녀의 기본적인 세계관은 변함이 없었지만). 이 사건들은 그녀를 자신의 예상을 훨씬 뛰어넘는 지적, 과학적 모험에 몰두하게 만들었다.

DDT 연구는 레이첼을 완전히 새로운 여정으로 이끌었다. 그리고 그 결과물은 세계를 변화시켰다. DDT에 주목하기 이전에 그녀는 어떤 삶을 살았을까?

1950년대에 레이첼은 삶의 두 영역에서, 즉 일과 개인적 삶 모두에서 중요한 변화를 겪었다. 그녀는 개인적으로 더 중요한 일들에 집중하기 위해 비교적 이른 나이에 은퇴했다. 그리고 얼마 안가 사랑하는 이들을 잃고 자신도 암 투병을 하게 된다. 우선 그녀의 직업과 관련된 이야기부터 살펴보자.

레이첼은 미국 어류·야생동물국Fish and Wildlife Service에서 15년간 나름대로 보람을 느끼며 안정된 생활을 하다가 1951년에 그만두기로 결심했다. 그동안은 가족을 돌보는 일과 해양생물학자로서의 책무를 병행하느라 몹시 힘겨운 생활을 이어가야 했다.

하지만 그런 와중에도 틈틈이 시간을 내 꾸준히 글을 썼다. 자연에 관한 수많은 에세이와 칼럼, 소논문, 책자를 완성했으며 바다를 주제로 쓴 두 권의 책은 큰 호평을 받았다(그녀의 글은 '서정적'이고 '시적'이라는 찬사를 자주 들었다). 그녀의 두 번째 저서는《뉴요커》에 연재된 원고로, 출간 이후 유수의 상을 받고 오랫동안 베스트셀러 자리를 지켰다. 세간의 기대 속에 역시 바다를 주제로 삼은 세 번째 책도 준비 중이었다.

레이첼은 생애 처음으로 경제적인 여유를 누리게 됐다. 이제 마음껏 글을 쓰고 사랑하는 가족들을 돌보는 일에 모든 시간을 쏟을 수 있었다.

솔직히 어류·야생동물국 공무원을 신나는 직업이라고 말하기는 힘들다. 하지만 레이첼에게 어류와 야생동물과 출판물은 최상의 조합이었다. 1907년 세 남매 중 막내로 태어난 레이첼은 미국 펜실베이니아에 있는 64에이커 넓이의 농장에서 1910년대와 1920

년대에 어린 시절을 보냈다. 그녀의 집은 전기도, 실내 화장실도 없었고 세일즈맨이었던 아버지는 집을 비울 때가 많았다.

레이첼은 어릴 때부터 어머니와 함께 농장과 숲속을 놀이터 삼아 놀면서 자연의 아름다움과 변화무쌍함에 매료되고 생명체에 대한 지식을 쌓았다. 또 결혼 전에 가수이자 교사였던 어머니 마리아 카슨Maria Carson은 어린 레이첼에게 책 읽기와 글쓰기의 즐거움을 일깨워주었다. 레이첼은 이미 열 살에 어린이 잡지《세인트 니컬러스》에 자신이 쓴 글을 발표했다. 어렸을 때는 영국의 아동문학가이자 환경운동가인 비어트릭스 포터와 케네스 그레이엄의 이야기를 즐겨 읽었고 10대가 돼서는 조지프 콘래드에서 낭만주의 시인들에 이르기까지 폭넓은 독서를 했다. 또한 유명한 작가이자 환경운동가인 진 스트래턴-포터의 작품도 읽기 시작했다.

레이첼은 집안 형편이 넉넉하지 않았음에도 꽤 훌륭한 교육을 받았다. 여기에는 총명한 딸이 꿈을 펼칠 수 있기를 바란 어머니의 열성적인 지원이 큰 역할을 했다. 레이첼은 1929년 명망 높은 펜실베이니아여자대학교(현재 채텀대학교)를 졸업했다.

대학 시절에 그녀는 통찰력 있는 스승 메리 스콧 스킨커Mary Scott Skinker의 권유로 전공을 문학에서 생물학으로 바꿨다. 당시는 과학이 여성에게 외롭고 힘든 분야였음에도 말이다. 스킨커 교수는 과학과 글쓰기를 결합할 때 레이첼의 재능이 가장 빛날 수 있다는 사실을 알아챈 모양이다. 전공을 생물학으로 바꾼 것은 레이첼 인생의 중요한 첫 번째 결정이었다.

이후 장학금을 받아 우즈홀해양연구소Woods Hole Oceanographic Ins-titution에서 공부하고 존스홉킨스대학교에도 진학했다(존스홉킨스에서 1932년 동물학 석사학위를 땄다).

레이첼은 해양생물학을 더 깊이 공부하고 싶었다. 독창적인 연구를 마음껏 하고 모두에게 인정받는 해양생물학자가 되려면 박사학위를 따야 했지만 그럴 만한 경제적 형편이 안 됐다. 대공황 시기에 가족들을 부양하는 일이 더 시급했다.

결혼을 하지 않은 그녀는 아버지가 돌아가신 후 혼자 남은 병든 노모의 유일한 보호자로 살았다. 어머니 마리아는 딸 레이첼과 유달리 가까웠으며 살아 있는 동안 거의 항상 딸과 함께 살았다(심지어 주말에 딸의 대학 기숙사에서 같이 자기도 했다). 그녀는 레이첼에게 자연에 대한 사랑을 깊이 심어준 장본인이기도 했다. 또 레이첼은 병약한 언니 매리언Marian도 보살펴야 했다. 매리언이 죽은 후에는 그 딸들까지 맡아 키웠고, 나중에는 그 조카 중 한 명이 젊은 나이에 세상을 떠나면서 남긴 어린 아들도 맡아 키웠다.

가족을 먹여 살려야 하는 29세의 가장 레이첼에게는 선택지가 거의 없었다. 일단 직장을 구해야 했다. 그녀는 1936년 볼티모어에 있는 연방어업국(1940년에 어류·야생동물국이 됨)에 들어갔다. 라디오 대본을 쓰는 파트타임 일자리였다. 그녀가 첫 대본을 쓴 라디오 시리즈의 제목은 "바닷속의 로맨스Romance Under the Waters"였다. 그녀가 그저 그런 평범한 공무원이 아님을 보여주는 제목이었다.

레이첼은 연방어업국에서 15년간 일하면서 점점 높은 자리로

승진해 나중에는 이 기관에서 발간하는 모든 출판물을 관리하는 책임자가 됐다. 당시 발간한 대표적인 자료는 다양한 야생동물 보호구역을 소개한 "자연보호 실천Conservation in Action" 시리즈다. 이 시리즈 중《우리의 야생동물 보호하기Guarding Our Wildlife Resources》라는 제목을 단 1948년 출간물의 표지에는 흰머리독수리가 그려져 있었다. 마치 미국의 상징인 이 새를 멸종으로 몰아넣을지도 모를 DDT 남용에 대해 경고하는 레이첼의 훗날 연구를 미리 암시하는 것 같았다.

현대인의 삶에 경종을 울리다

레이첼은 바다를 주제로 한 두 번째 저서를 출간한 1951년에 어류·야생동물국을 그만두었다(이 책이 큰 찬사와 인기를 얻으면서 전작도 재조명되기 시작했고 경제적 안정도 찾아왔다). 가족을 돌보는 일과 후속작의 집필에 집중하기 위해서였다. 이 세 번째 책은 1955년에 출간돼 역시 베스트셀러에 오른다.

레이첼은 언제나 과학과 글쓰기를 동시에 사랑했다. 그녀에게는 전문적인 내용을 지나치게 단순화하지 않으면서도 일반 대중이 쉽고 재밌게 이해할 수 있도록 써내는 특별한 재능이 있었다. 그녀는 세 권의 책을 잇달아 성공시켜 과학 저술가로 확고한 경력을 쌓으면서, 가족을 마음 편히 부양할 수 있었을 뿐만 아니라 세계 많은 이들에게 영향을 미치는 인물이 되었다.

그녀는 직업적으로나 개인적으로 수많은 편지와 각종 글을 썼지만 사람들의 기억 속에 무엇보다도 오래 남을 저작은 이 네 권의 책일 것이다.《바닷바람을 맞으며》(1941),《우리를 둘러싼 바다》(1951),《바다의 가장자리》(1955),《침묵의 봄》(1962). 린다 리어는 이렇게 말했다.

> 이 네 권의 책은 우리 인간이 이 땅에 사는 생명체들의 미래와 자연 세계를 바라보는 관점을 완전히 바꿔놓았다. (…) 생태학과 환경 변화에 대한 사람들의 시각에 카슨이 미친 영향이 얼마나 컸는지 생각해보면 지금도 놀라울 따름이다.

《침묵의 봄》은 말 그대로 세상을 변화시켰다. 이 책의 중요성은 어떤 말로도 다 표현하기 힘들다.

이 책은 DDT를 비롯한 여러 살충제 남용이 지닌 위험성을 사람들에게 각인시켜 이 문제를 더는 간과할 수 없게 만들었다. 책이 출간된 후 인간과 산업사회와 자연계의 관계, 즉 복잡하고 불가피하며 많은 경우 착취적 성격이 동반되는 그 관계에 대한 재검토와 자성의 움직임이 일어났다. 또한 이 책은 전 세계 정부와 기업계, 일반 시민들의 행동에 변화의 바람을 일으켰다. 60여 년이 흐른 지금까지도 이 책의 영향력은 수그러들지 않고 있다.

《침묵의 봄》은 인류 역사상 가장 위대한 과학도서 25권에 들어간다. 과학에서 차지하는 중요도 면에서 찰스 다윈Charles Darwin의 《종의 기원》에 이어 두 번째로 꼽히며, 20세기 가장 영향력 있는 도서 목록에서 언제나 상위에 위치한다. 또한 레이첼 카슨의 언어 감각과 창의적 재능을 동원해 화학 살충제와 관련된 복잡한 과학적 지식을 이해하기 쉽고 설득력 있게 풀어냈기 때문에 하나의 아름다운 예술 작품으로도 손색이 없다.

1958년 당시 DDT는 이미 널리 사용되고 있었다. DDT를 비롯한 화학 살충제들은 제2차 세계대전 때 모기 등의 해충 퇴치에 쓰이면서 가치를 인정받았고 이를 생산하는 거대 화학 기업들이 엄청난 힘을 갖고 있었다. 그러나 미국 어류·야생동물국 공식 웹사이트에도 나와 있듯 레이첼은 그 문제점을 간파했다. "카슨은 화학 살충제의 위험성과 그와 관련된 논란이 농업계 내에 존재한다는 것을 오래전부터 알고 있었다. 그녀는 다른 누군가가 DDT의 진실을 폭로해주기를 바랐지만 결국 그 행동에 필요한 배경 지식과 경제적 여유를 갖고 있는 사람은 자신뿐이라고 판단했다."

당신은 다른 누군가가 아무도 나서려 하지 않거나 혹은 나설 수 없다는 것을 알고 무언가를 행동에 옮기기로 결심해본 적이 있는가? 그런 행동은 확고한 자신감에서 나오는 것일까, 아니면 진실을 밝히겠다는 사명감에서 나오는 것일까? 아마 레이첼은 그 두 가지 모두였을 것이다.

레이첼은 《침묵의 봄》을 쓰는 과정에서, 원치 않는 곤충과 잡초를 박멸하기 위해 살충제 및 기타 화학 약품을 무분별하게 사용하면 얼마나 위험한지를 밝히기 위해 엄청난 공부와 자료 조사를 했다. 그러면서 이 같은 물질이 가져오는 부작용과 의도치 않은 결과에 대한 전문가가 됐다. 결국 그녀는 당시 암암리에 용인되고 있던 사실, 즉 '살충제가 새들의 죽음을 초래하고 인간에게도 치명적인 해를 가져올 수 있다'는 것을 용인해서는 안 된다는 판단을 내렸다.

레이첼은 1964년에 세상을 떠나는 바람에 《침묵의 봄》이 가져온 많은 결과를 직접 보지 못했다. 가장 중요한 성과는 1972년 미국에서 DDT 사용이 금지되고 2001년에 DDT 사용을 규제하는 국제 협약이 채택된 일이다(질병 매개체인 모기 퇴치를 위한 사용은 예외로 한다). 그 밖의 다른 살충제 사용도 많이 감소하거나 과거보다 효과적으로 통제되기 시작했다.

미국에서 나타난 가장 뚜렷한 제도적 결과물 중 하나는 환경보호청Environmental Protection Agency이 설립된 일이다. 이 기관의 활동은 1970년 설립 직후부터 여러 이익집단에게 도전을 받았다. 그러나 그런 정치적 갈등과 별개로, 레이첼의 연구가 환경과 생태계, 기후 문제의 중요성, 그리고 인간과 식물과 동물의 삶이 밀접히 연결돼 있다는 사실을 전 세계에 알린 결정적 역할을 한 것은 분명하다.

시련 속에 빛난 문장들

앞에서도 잠깐 언급했듯이 1950년대는 레이첼에게 개인적인 시련의 시간이었다. 그녀가 그 과정에서 어떤 결정을 내렸는지 살펴보자.

레이첼은 명석한 과학자였지만 사랑하는 이들을 잃는 슬픔을 견뎌야 했던 한 명의 인간이기도 했다. 1920년대 후반 레이첼이 진로를 생물학으로 바꾸는 데 결정적 역할을 한 대학 시절 스승이자 이후로도 끈끈한 관계를 유지한 메리 스콧 스킨커는 1948년에 세상을 떠났다. 레이첼의 다른 친구와 동료 중에도 죽음을 앞둔 이들이 있었다. 1950년대가 끝날 즈음에는 그녀가 오랫동안 헌신하며 보살폈던 사람들(사랑하는 어머니, 언니, 조카딸)도 모두 이 세상 사람이 아니었다. 그녀의 상실감과 슬픔은 이루 말할 수 없었다.

그나마 레이첼에게 행복감을 안겨준 것은 '엄마 역할'을 하기 시작한 일이었다(물론 힘든 순간도 있었지만 말이다). 죽은 조카딸의 어린 아들 로저 크리스티Roger Christie를 키울 사람은 레이첼밖에 없었고, 그녀는 기꺼이 로저의 엄마가 되어 아이가 슬픔을 극복하고 잘 자랄 수 있게 도왔다(레이첼의 손에 맡겨졌을 때 로저는 다섯 살이었고, 레이첼은 그로부터 불과 7년 뒤 세상을 떠난다).

레이첼은 메인의 사우스포트 섬에서 어린 로저와 함께 여름을 보내곤 했는데 이 경험은 《자연, 그 경이로움에 대하여》라는 책의 집필로 이어졌다. 다른 저작들보다 상대적으로 덜 알려졌지만 이 책 역시 높이 평가받아 마땅하다. 이 책의 원고는 1956년 "자녀가 자연의 경이로움을 느끼게 도와라Help Your Child to Wonder"라는 제목의 에세이로《우먼스 홈 컴패니언》이라는 잡지에 처음 실렸다. 이 에세이는 레이첼 사후인 1965년에 책으로 출간됐고 1998년에 재출간됐다. 다른 저작들과 마찬가지로 이 책 역시 시적이고 아름다운 문장으로 가득하다. 그녀가 로저와 함께한 시간에 대해 쓴 한 구절을 읽어보자.

네 번째 생일을 막 지난 로저와 나는 지금도 자연의 세계로 함께 모험을 떠난다. 우리 둘의 모험은 로저가 아기였을 때부터 시작됐다. 이 시간은 로저에게 좋은 영향을 주는 것 같다. 우리는 폭풍에 휩싸인 자연과 평화로운 자연을, 한낮의 자연과 한밤중의 자연을 함께 느낀다. 이것은 뭔가를 가르치는 시간이 아니라 함께 놀며 즐기는 시간이다.

이 글을 읽으며 레이첼의 어머니 마리아 카슨을 떠올리지 않을 수 없다. 그녀 역시 펜실베이니아의 농장에서 어린 딸에게 자연의 경이로움을 느끼도록 해주었으니까.

한편 1950년대에는 레이첼 자신의 건강 문제도 중요하게 떠올랐다. 하지만 이는 전적으로 그녀 혼자만의 영역에 속하는 문제였다. 아주 가까운 이들 몇몇만 빼고는 그녀의 병에 대해 아는 사람이 거의 없었기 때문이다. 심지어는 그녀 자신도 한동안은 자신의 병세에 대해 정확히 몰랐다. 당시에 흔히 그랬듯, 1950년 제거한 유방 종양이 악성이라는 사실을 의사가 그녀에게 제대로 알려주지 않았다(1948년에도 같은 쪽 유방에서 낭종을 제거한 적이 있었다). 그리고 레이첼은 이후 병명을 알고 여러 차례의 수술을 받으며 생활하는 동안 자신의 몸 상태를 철저히 비밀로 했다. 그녀에게는 글쓰기와 생활을 흔들림 없이 유지해나가는 것이 중요했다.

꼭 《침묵의 봄》 집필 때문만은 아니었다. 그녀는 세간의 주목을 받으며 곳곳을 돌아다니는 일정도 소화하고 있었다. 한창 자라는 어린 로저도 돌봐야 했다. 수시로 들어오는 강연 요청에 응해야 했고, 학술적인 것부터 대중적인 것에 이르기까지 온갖 소책자와 회보에 실리는 글, 이런저런 매체의 칼럼과 기사도 써야 했다.

레이첼 본인은 무척 힘들었겠지만 어쨌든 병을 숨기기로 했던 그녀의 결정은 바라던 결과를 만든 것으로 보인다. 1964년 세상을 떠나기 직전(57번째 생일을 한 달여 남기고 눈을 감았다) 암이 몸 곳곳에 전이돼 강연장에서 똑바로 서 있기 힘들었을 때도, 사람들은 그녀가 그저 관절염 때문에 지팡이를 짚고 있다고 생각했으니까 말이다. 그녀가 세상을 떠났다는 소식은 모든 이들을 충격에 빠트렸다.

레이첼은 평소 늘 스트레스와 관련된 건강 문제에 시달리며 살았다. 그러나 유방암과 그 치료 과정(수술과 방사선 치료)이야말로 오랜 세월 끊임없이 그녀를 괴롭힌 주범이었다.

참으로 아이러니하게도, 그녀는 암과 힘겹게 싸우는 동안 《침묵의 봄》 중 암과 관련된 챕터를 썼다. 그녀는 암과 자연발생적 환경

사이에 연결고리가 존재할 가능성에 대해 이렇게 적었다.

생명체가 암과 벌인 싸움은 아주 오래전에 시작되어 그 기원을 찾기 힘들다. 그러나 암과의 싸움이 자연환경에서 시작된 것은 틀림없다. 지구상의 모든 생명체는 태양, 폭풍, 토양 등 자연에서 기인하는 요인들에서 좋든 나쁘든 영향을 받을 수밖에 없었다. 때로 생명체는 이런 자연환경의 일부 요소들이 만들어내는 위험 인자에 적응하지 못하면 죽어야 했다. 태양의 자외선이 악성 종양을 일으킬 수도 있다. 특정한 암석에서 나오는 방사선, 또는 토양이나 바위에서 흘러나와 식재료와 상수도를 오염시키는 비소도 마찬가지다.

인간이 만든 화학물질과 방사선이 가져올 수 있는 영향에 대한 그녀의 경고는 등골을 오싹하게 한다.

화학물질과 방사선 사이에는 분명하고도 불가피한 유사성이 존재한다. (…) 민감성이 높은 세포는 즉시 죽을 수도 있으며 또는 오랜 시간이 흐른 후 악성으로 변할 수 있다.

자연에 대한 인간의 결정에 책임을 묻다

1950년대 초부터 레이첼의 삶에서 매우 중요한 의미를 지닌 두 가지를 언급하지 않을 수 없다. 하나는 장소, 다른 하나는 사람과의 깊은 인연이다.

그녀가 아름다운 자연으로부터 마음의 안식을 얻은 수많은 장소 중 가장 의미 깊은 곳은 메인의 해안이었다. 1953년부터 그녀는 사우스포트 섬에 지은 작은 별장에서 어머니와 함께 여름을 보내기 시작했다(메릴랜드에 있는 집과 사우스포트의 별장을 오가며 지냈다). 로저도 해마다 여름이면 가족과 함께 레이첼이 있는 사우스포트에 놀러왔다.

그리고 레이첼은 그곳에서 도로시Dorothy와 스탠리 프리먼Stanley Freeman 부부를 처음 만났다. 역시 여름마다 이 섬에 오는 프리먼 부부는 그녀가 쓴 글의 열렬한 독자였다. 존경심은 곧 우정으로 바뀌었고, 레이첼과 도로시는 서로 믿고 의지하는 끈끈한 친구가 됐다. 두 사람은 기쁠 때나 힘들 때나 늘 함께하면서 우정을 쌓았다.

레이첼이 세상을 떠날 때까지 10년 남짓한 세월 동안 둘은 변함없는 우정을 나눴다. 두 사람이 메인에 함께 있지 못할 때면 대신 편지를 주고받았다. 그리고 훗날 도로시의 손녀 마사 프리먼Martha Freeman이 그 수백 통의 편지를 모아《언제나, 레이첼Always, Rachel》이라는 책으로 펴냈다. 과학자가 아닌 한 인간으로서 레이첼에 관해 많은 것을 엿볼 수 있는 멋진 책이다.

레이첼이 DDT와 여타 살충제에 대해 조사하고 관련 글을 쓴다는 사실은 전혀 비밀이 아니었다. 산업계와 과학계, 그리고 의회에서도 이미 그 사실을 알고 있었다. 출간 전《뉴요커》에 일부 원고가 연재된 것과 이런저런 홍보 행사들 때문에《침묵의 봄》에 대한 관심과 기대감은 한층 높아졌다.

《침묵의 봄》은 출간 전부터 맹렬한 공격을 받았다. 책의 주제, 과학적 정보, 결론, 모두가 공격의 대상이었다. 저자에게도 비난의 화살이 쏟아졌다. 연구 방법과 그녀의 학력으로 트집을 잡는 것은 익히 예상한 일이지만 거기에 더해 그녀의 사생활까지 공격받았다. 한 전직 미국 정부 관리는 레이첼이 결혼을 하지 않았으므로 공산주의자일 것이라고 말하기까지 했다.

그러나 이 책의 진가를 알아본 이들도 많았다. 존 F. 케네디 대통령은《뉴요커》에 연재된 글을 관심 있게 읽은 독자 중 한 명이었다. 케네디 대통령은 출간 전부터 책의 메시지에 열렬하게 공감했고, 결국 레이첼은 1963년 여름 미국 상원 청문회에 출석해 살충제의 위해성을 증언하기에 이른다. 이는 그녀의 평생에 걸친 연구가 의미 깊은 공공정책으로 이어지는 과정의 출발점이었다. DDT 사용 금지와 모든 살충제의 더 신중한 사용, 나아가 다양한 종류의 환경보호 운동으로 나아가는 길이 닦인 것이다.

이후 1960년대에 환경보호 운동이 본격적으로 일어나기 시작했다. 1970년에는 '지구의 날Earth Day(4월 22일)'이 제정됐으며 지금도 해마다 각종 행사가 진행된다. 리처드 닉슨 대통령은 "1970년대에 반드시 미국은 깨끗한 공기와 물, 자연환경을 되찾음으로써 과거에 진 빚을 갚아야 합니다"라고 말했다.* 그리고 비단 미국뿐만 아니라 세계 각국이 환경 문제에 관심을 기울이고 행동을 취하기 시작했다. 지금까지 환경 운동의 속도와 성격은 조금씩 변해왔지만 결코 멈춘 적은 없다.

《침묵의 봄》은 세상에 수많은 기여를 했지만 그중 가장 중요한 것은 우리에게 질문을 던졌다는 사실이다. 그 질문은 이번 장 첫머리에 나와 있다. 그 질문을 다른 말로 바꾸면 이렇다. "누구의 책임인가?" 레이첼이라면 이렇게 대답할 것이다. "우리 모두의 책임이다." 아래는 《침묵의 봄》의 한 구절이다(굵은 글씨는 저자의 강조).

> 그 결정은 우리가 잠시 권력을 맡긴 관료들이 내린 것이다. 그들은 자연의 아름다움과 질서에 깊고 중요한 의미가 담겨 있다고 믿는 **수많은 사람이 잠시 주의를 기울이지 않는 틈을 타** 결정을 내렸다.

---

* 1970년 닉슨 대통령은 "현재 여러 부처와 기관에 흩어져 있는 연구와 모니터링, 기준 설정, 집행 활동 등을 한 기관으로 통합함으로써 (…) 더욱 효과적이고 체계적인 관리를 지향하고자" 환경보호청을 설립했다.

1. 당신에게 현명한 조언을 해줄 수 있는 위치의 사람이 누구인지 생각해보라. 당신이 젊고 문제가 비교적 간단할 때는 당신을 가장 잘 아는 사람들에게 도움을 청하라. 나이를 먹고 더 복잡한 결정을 내려야 하는 시기가 되면 더 다양한 이들에게 조언을 구하라.

2. 늘 부족하다고 생각하면서 계속 배우고 공부하라. 훌륭한 결정은 충분한 지식과 정확한 현실 감각에서 나온다.

3. 열정을 쏟을 대상을 찾아라. 가장 좋아하는 것과 가장 잘하는 것을 조합할 방법을 찾아라. 그것과 관련된 결정들보다 더 중요한 것은 없다.

4. 다른 선택지 없이 어쩔 수 없이 내려야 하는 결정이라면(예컨대 몸이 아프다거나 가족을 부양하기 위해 내리는 결정) 정면으로 받아들여라. 피할 수 없으면 받아들일 줄도 알아야 한다.

5. 뜻밖의 행운은 언제고 찾아올 수 있다. 원래의 계획이나 정해진 길에서 벗어난다 할지라도 때로는 새로운 방법이나 길을 택하라.

6. 당신을 공격하는 사람은 언제라도 나타날 수 있다. 공격을 그냥 받고만 있어서는 안 된다. 물러서지 말고 소신을 지키되 우아하게 반격할 방법을 찾아라.

"마치 우리에게 선택권이 있는 것처럼."

───────

엘리 위젤

11
CHAPTER

나의 잘못된
결정을 용서하는 법

엘리 위젤Elie Wiesel(1928~2016)

"마치 우리에게 선택권이 있는 것처럼." 이 문장은 10대 유대인 소년 엘리 위젤이 제2차 세계대전 때 히틀러가 만든 폴란드와 독일의 죽음의 수용소에서 보낸 시간을 기록한 회고록《나이트》에 등장하는 구절이다. 회고록 속 이 시점에서 엘리는 어머니와 여동생이 이미 독가스실에서 처형됐다는 사실을 알았다. 그들이 끌려가는 것을 봤기 때문이다. 누나 두 명은 어딘가 다른 곳에 수용돼 있을 것으로 추정된다. 그는 아버지와 둘이서 아우슈비츠Auschwitz와 부나Buna 수용소에서 끔찍한 고통의 삶을 견딘다. 하지만 적어도 그들은 함께 있다. 그것이 엘리가 버틸 수 있는 유일한 이유다.

소년이던 엘리가 성인이 된 먼 훗날 냉소와 체념과 어리둥절함과 아이러니가 뒤섞인 옛 기억의 한 장면을 떠올리며 쓴 위 문장을 기억하길 바란다. 물론 그것은 비극 그 자체였다. 나치가 1944년 엘리의 고향인 루마니아 시게트 Sziget에 있는 게토의 유대인들을 강제수용소로 이송하기 전에도 이미 그들의 앞날에는 선택권이 없었다.

나치 수용소에서의 선택

《나이트》의 중반을 넘어가면(이 절망과 슬픔의 기록을 거기까지 읽어 내는 데 성공한다면 말이다) 읽기조차 고통스러운 내용을 만나게 된다. 물론 차마 읽기 힘든 내용은 그것 말고도 수없이 많지만 말이다. 엘리는 심하게 곪은 한쪽 발을 마취도 없이 수술 받은 후 부나 수용소의 치료소에 입원한다. 그는 간신히 걸을 수 있게 된다. 그래도 아버지가 곁에 있어 다행이다.

그런데 부나수용소가 곧 폐쇄되고(소련군이 동부 전선을 뚫고 진격해오는 모양이었다) 모든 수감자가 "독일 내륙 깊숙한 곳의 다른 수용소들"로 이송될 것이라는 소문이 돌기 시작한다. 수용소가 부족할 일은 없었다. 수용소 감독관들도 수감자들도 각자의 이유로 불안함과 조급함에 떨기 시작한다. 나치는 수용소를 버리고 떠나면서 폭파해버리는 일이 예사였다. 심지어 그 안에 수감자들이 남아 있어도 말이다. 또 "병약자는 전부 즉결 처형하라"는 지시를 내리곤 했다. 병든 사람은 바로 없애버리는 게 효율적이기 때문이다.

하지만 그런 지시는 별 의미가 없었을지도 모른다. 수용소 감독관들이 휘두른 수많은 도구 중 하나는 아무 기준도 이유도 없이 닥치는 대로 처형하는 것이었기 때문이다.

엘리는 이렇게 썼다. "나는 아버지와 떨어지고 싶지 않았다. 우리는 이미 너무 많은 것들을 함께 견뎌왔다. 이대로 헤어질 수는 없었다." 그는 어떻게 하면 좋겠느냐고 세 번이나 아버지에게 묻는다. 아버지는 아무 말도 하지 않는다. 수용소의 긴장감은 갈수록 높아진다.

훗날 엘리는 당시를 이렇게 회상했다. "선택권은 우리에게 있었다. 이번만은 우리의 운명을 우리 스스로 결정할 수 있었다. 이곳 치료소에 남느냐, 아니면 다른 유대인들과 함께 이송 행렬에 합류하느냐." 마침내 엘리는 아버지와 자신을 위해 "이송 행렬에 합류하기로" 결정한다. 아버지는 말한다. "우리가 이 결정을 후회할 일이 없기를 기도하자꾸나."

그 짧은 순간에 이 10대 소년과 아버지는 '옳은' 결정을 내린 것일까?

나는 다음 내용을 읽고 그만 숨이 멎는 줄 알았다.

전쟁이 끝난 후, 나는 그때 치료소에 남은 유대인들이 어떻게 됐는지 알게 됐다. 그들은 우리가 그곳을 떠나고 이틀 후에 소련군에 의해 해방됐다.

엘리와 아버지는 다른 수많은 유대인과 함께 강제 행군을 통해 독일 내륙 부헨발트로 이동했다. 그곳에 도착하고 얼마 안 있어 엘리의 아버지가 사망한다. 아들에게 물을 가져다 달라고 간절하게 애원하다가 말이다. 엘리는 아버지의 죽음에 대해 회고록에 이렇게 적고 있다.

나는 이 기간의 삶에 대해 할 말이 없다. 산다는 게 더는 중요하지 않았다. 아버지가 돌아가신 후 나는 아무런 감정도 느낄 수 없었다.

당신은 지금 세상을 변화시킨 결정을 내린 사람들에 관한 책을 읽고 있다. 강제수용소에서 한 소년이 내린 결정이 세상을 변화시켰을까? 분명 엘리 위젤과 그의 아버지에게는 그랬다. 그 결정이 두 사람의 작은 세상을 바꿔놓았으니까. 그전에 내린 다른 결정들(그들이 내린 결정과 강요된 선택들)도 시게트의 게토에 살던 엘리의 가족과 이웃들의 세상을 바꿔놓았다. 그런데 그것들이 선택의 자유를 가진 상태에서 내린 진짜 결정이었을까?

한편 엘리 위젤은 아버지의 죽음 앞에서 자유라는 개념을 떠올리며 혼란스러워한다.

나는 울지 않았다. 울 수 없다는 사실 때문에 괴로웠다. 하지만 더는 눈물이 남아 있지 않았다. 만일 내 마음 깊은 곳을, 나의

희미해진 양심의 한구석을 찾아봤다면, 어쩌면 '마침내 자유로
워졌다'라는 외침을 발견했을지도 모른다.

위젤의 양심은 극도로 황폐해진 상태다. 그 자신도 나치의 잔혹
함을 견디며 고통스러운 삶 속에서 허우적대느라 아버지의 존재
를 잊어버린 일을 봐도 알 수 있다. 아버지가 죽기 얼마 전, 이런
장면이 나온다.

눈을 떠보니 한낮이었다. 퍼뜩 아버지가 생각났다. (…) 아버지
가 죽음을 코앞에 두고 있음을 알면서도 나는 아버지를 버렸
다. (…) 곧장 나 자신이 부끄러웠다. 영원히 죄책감을 느낄 것
같았다.

자유가 없는 상태에서 내린 결정은 유효한 결정일까? 가장 극
단적인 상황(죽음이 임박한 상황)의 한가운데서 한 선택은 진짜 결정
이라고 할 수 있을까? 혹시 그것은 가장 순수한 종류의 결정일까?

생존과 존엄 사이의 결정

이쯤에서 나는 존 매케인John McCain을 떠올리지 않을 수 없다. 매
케인은 31세 때 해군 전투기 조종사로 베트남전쟁에 참전했다가

1967년 작전 수행 중 비행기가 격추돼 몸 여러 곳이 골절되는 심각한 부상을 입었다. 적군에게 붙잡혀 전쟁 포로가 된 그는 치료도 거의 받지 못한 채 끔찍한 고문을 당했다. 얼마 후 베트남 측은 그의 아버지이자 해군 제독인 잭 매케인Jack McCain이 1968년 태평양 지역 총사령관으로 임명되자 그에게 조기 석방을 제안했다. 그를 선전 도구로 이용하려는 것이었다. 그러나 군인으로서 명예를 지키고 싶은 동시에 선전 도구로 이용될 생각이 없던 매케인은 석방 제안을 거절하기로 결정했다. 이후 수년간 끊임없는 구타와 장기간의 독방 감금 등 더 심한 고문을 받았다. 전쟁 포로 생활은 5년 넘게 이어졌다.

포로 생활 중 고문을 견디다 못해 무너진 적도 있었다. 그는 강압과 고문에 못 이겨 적군이 만든 거짓 진술문을 낭독해 녹음했다. 미국을 비난하고 베트남을 찬양하는 내용이었다. 인간이 겪을 수 있는 가장 가혹하고 극단적인 상황이 아닐 수 없다. 존 매케인이 한 선택은 진정한 결정이었을까? 아니면 진짜 결정을 내리는 데 필요한 자유가 없는 사람의 어쩔 수 없는 선택이었을까?

매케인은 베트남전쟁 경험 후 두 가지를 결심했으며 이를 평생 잊지 않고 살았다. 첫째, 그는 자신이 '거짓 자백'을 했다는 사실을 공개적으로 인정했다. 엘리 위젤처럼 그도 자신의 행동을 부끄럽게 여겼지만 애써 숨기려고 하지 않았다. 그가 말했듯 "인간은 누구나 한계점이 있기" 때문이다. 둘째, 그는 고문에 대한 혐오를 적극적으로 표현했다. 그는 어떤 나라도(특히 미국은) 고문 행위를 해서는 안 된다고 주장했다. 현실적으로 볼 때 고문으로 얻을 수 있는 것은 잘못된 정보뿐이며 무엇보다 고문은 '비도덕적'이기 때문이었다.

다행히 우리 대부분은 위와 같은 극단적 상황을 겪지 않는다.

나는 지금껏 일하는 동안 어렵고 복잡한 결정을 많이 내렸다. 건강 문제와 관련된 결정을 내린 적도 있고 가족들이 그런 종류의 결정을 하는 과정을 돕기도 했다. 신중하면서 즐거운 결정도 많았다. 그중 가장 중요한 것은 아내를 설득해 결혼한 일이다. 우리 부부가 함께 내린 가장 중요한 결정은 아이를 갖기로 한 것이다. 아들들의 이름을 뭐라고 지을지 결정하는 일 또한 즐거웠다. 그리고 우리는 살면서 이런저런 현실적인 결정들을 내렸다. 어디에 살지, 어디로 휴가를 갈지, 저녁으로 뭘 먹을지 등 다 헤아릴 수 없을 정도다.

하지만 이것들은 극단적인 상황과 전혀 거리가 멀다. 이런 종류의 결정은 엘리 위젤이나 존 매케인이 내려야 했던 결정에 비하면 아무것도 아닌 것처럼 느껴진다. 또는 1846~1847년 도너개척단Donner Party이 캘리포니아를 향해 가던 중 시에라네바다 산맥의 눈 속에 완전히 고립돼 식량이 떨어지자 인육을 먹기로 결정한 일을 생각해보라. 2001년 9월 11일 청명한 아침, 죽음을 피할 수 없으리라는 직감 속에서 뉴욕 세계무역센터 빌딩의 창밖으로 뛰어내리거나 뛰어내리지 않은 사람들을 생각해보라. 모든 치료를 중단하기로 결정하는 암 환자(당신의 가족이나 친구일 수도 있다)를 생각해보

라. 완치 불가능한 중증 치매에 걸린 부모님을 대신해 치료 계획에 대한 결정권을 위임받은 자녀를 생각해보라. 또는 교통사고로 자녀의 두뇌가 손상돼 혼수상태에 빠졌다는 소식을 듣고 응급실로 달려간 부모를 생각해보라.

최근 나는 나오미 레비Naomi Levy가 쓴 《아인슈타인과 랍비》라는 책을 추천받았다. 이 책은 어린 아들의 죽음을 겪으며 지독한 슬픔에서 헤어나지 못하던 로버트 마커스Robert Marcus라는 랍비에 관한 이야기다. 마커스는 아들을 잃고 삶의 의미에 대한 답과 위로를 알베르트 아인슈타인Albert Einstein에게서 구했다. 알지도 못하던 아인슈타인에게 편지를 보낸 것이다. 두 사람이 편지를 주고받은 것은 1950년대 초였다. 마커스는 제2차 세계대전 종반부 및 종전 후에 강제수용소에서 유대인 아이들을 구출해 그들이 정상적인 삶으로 돌아갈 수 있도록 헌신한 인물이었다. 《아인슈타인과 랍비》의 저자인 나오미 레비 역시 랍비다. 그녀는 수년 전 사랑하는 아버지를 하늘로 보낸 후 자신의 슬픔과 영혼을 치유하고자 오랫동안 애쓰던 와중인 2017년에 이 책을 썼다. 그녀는 마커스와 아인슈타인의 이야기를 우연히 알게 된 후 강렬한 호기심을 느껴 본격적인 자료조사를 했고 마침내 책으로 출간한 것이었다.

나오미 레비는 자료조사를 하던 중 마커스가 수용소에서 구출한 소년들 중 구석에 앉아 종이에 계속 뭔가를 쓰던 아이가 있었다는 사실을 알게 된다. 그 소년이 바로 엘리 위젤이다. 그리고 그가 끄적거린 메모들은 훗날 《나이트》가 된다.

(아인슈타인은 마커스에게 보낸 편지에서 이 우주도, 그리고 우리의 삶도 결국 모두 하나로 연결돼 있다고 말했다. 이것은 나오미 레비의 영혼에도 위로가 되는 말이었다.)

홀로코스트 생존자, 세계의 양심으로 거듭나다

엘리 위젤과 그의 가족은 약 600만 명의 유대인이 희생된 홀로코스트 역사의 한가운데 있었다. 구석에 앉아 계속 무언가를 쓰던 10대 소년은 훗날 성인이 되어 그와 같은 역사의 참극이 '절대로 다시 일어나서는 안 된다'는 강력한 메시지를 외치는 일에 평생을 바쳤다. 하지만 지금도 여전히 세계 일부 지역에서는 집단학살과 인종청소가 자행되고 있다. 그리고 심지어 홀로코스트가 실제 있었던 역사적 사실임을 공개적으로 부인하는 사람들도 있다는 것을 생각하면 나도 모르게 몸서리가 쳐진다.

엘리 위젤은 1928년 9월에 태어났다. 아버지 슐로모Shlomo는 그에게 유대인의 학문을 가르쳤고 어머니 세라Sarah는 유대인의 신앙심을 심어주었다. 부모님을 통해 머리와 가슴을 조화롭게 채우며 성장한 것이다. 엘리는 열다섯 살이던 1944년 5월 수용소로 끌려갔고, 1945년 봄 미군에 의해 부헨발트의 수용소가 해방되면서 마침내 자유의 몸이 됐다. 나치의 항복 이후 위젤은 마침내 누나 두 명과 극적으로 재회했다. 몇 달 후인 1945년 9월 일본이 항복 문서에 서명하면서 제2차 세계대전은 종식된다. 세계의 수많은 사람이 전쟁의 트라우마를 극복하고 다시 '삶'으로 돌아가기 위해 애써야 했다.

위젤은 프랑스의 소르본대학교에서 공부한 뒤 저널리스트 겸 작가가 됐다. 그는 소설가이자 노벨문학상 수상자인 프랑수아 모리아크François Mauriac의 설득으로 홀로코스트 경험을 글로 쓰기로 마음먹는다.《나이트》는 1958년에 프랑스어판이, 1960년에 영어판이 출간됐다. 처음에는 많은 이들이 이 책을 어떤 종류로 봐야 할지 혼란스러워했다. 자서전인가? 소설? 아니면 판타지? 그만큼 독특했다. 하지만 홀로코스트가 실제 일어난 일임이 점차 알려지면서 이 회고록은 엄청난 반응을 얻기 시작했다. 이 책은 30개국이 넘는 나라에서 번역 출간돼 1,000만 부 넘게 판매됐다.

《나이트》는 이후 출간된《새벽》,《낮》과 함께 위젤의 홀로코스트 3부작을 이룬다.《새벽》과《낮》도 그의 강제수용소 경험을 바탕으로 하지만 이 두 권은 소설이다. 위젤은 평생 여러 장르에 걸쳐 약 60권의 책을 썼다. 1955년 미국 뉴욕으로 이주해 미국 시민권을 취득했고 1969년에 결혼했으며 1972년에는 아버지가 됐다. 또한 교수가 되어 대학 강단에 섰으며 세계 평화와 인권 증진의 옹호자로 활발히 활동했다.

위젤은 '권력자를 향해 진실을 말하는' 일에도 결코 주저함이 없었다. 1985년 4월 그는 로널드 레이건Ronald Reagan 전 미국 대통령에게 민간인이 받을 수 있는 최고의 명예인 의회 황금 훈장을 받았다. 훈장 수여식(참석 거부 의사를 밝히기도 했지만 결국 참석했다)에서 위젤은, 곧 다가오는 독일 방문 때 나치 전범들이 묻혀 있는 비트부르크 묘지를 찾아가 헌화하려는 대통령의 계획을 공개적으로 비판했다. 그는 많은 이들이 느끼는 분노를 대변해 대통령을 향해 이렇게 말했다.

> 대통령님, 다른 일정을 잡으시길, 부디 다른 길로 가시기를, 다른 곳을 방문하시기를 간청합니다. 그곳은 대통령께서 가야 할 곳이 아닙니다. 당신이 가야 할 곳은 나치의 희생자들이 있는 곳입니다.

당시 레이건 대통령의 일정에는 안네 프랑크Anne Frank가 숨을 거둔 베르겐-벨젠Bergen-Belsen 강제수용소 방문도 포함될 예정이었다. 《뉴욕타임스》 보도에 따르면 레이건 대통령은 "전혀 위축되지 않은 표정으로" 위젤을 응시했고 마음의 동요가 있는 듯했지만 "서둘러 자리를 떴다"고 한다. 대통령의 비트부르크 묘지 방문은 일정대로 강행됐다.

이듬해인 1986년 엘리 위젤은 노벨 평화상을 받았다. 노벨위원회는 "평화와 속죄, 인간 존엄성이라는 대의를 위해 노력한 그의 공로를 인정"한다고 밝혔다. 2009년 위젤은 버락 오바마 대통령의 노르망디 상륙작전 기념식 참석이 포함된 유럽 순방 기간에 그와 함께 부헨발트 수용소를 방문했다. 위젤의 타계 소식을 들은 오바마 대통령은 "이 시대의 가장 위대한 도덕적 목소리이자 세계의 양심이었던 인물"이라며 안타까워했다.

나는 엘리 위젤을 만나 친분을 맺는 행운을 누렸다. 우리가 처음 만난 것은 1993년이었다. 내가 시카고에 있다가 그가 있는 뉴욕으로 간 지 얼마 안 된 때였다. 그는 세계 곳곳을 돌아다니며 홀로코스트를 절대 잊어서는 안 된다는, 그리고 지금도 여러 지역에서 벌어지는 집단학살을 방관해서는 안 된다는 메시지를 전파하고 있었다. 그의 아내 매리언Marion(그녀는 어린 시절 프랑스 중부의 비시에서 전쟁을 겪은 생존자였다) 역시 때로는 남편과 함께, 때로는 자신만의 인류애적 활동을 통해 인권 문제 해결에 적극 앞장서고 있었다.

위젤은 진지하고 매력적인 신사였다. 재능과 인품을 겸비했으며 자신이 생각하는 목표에 온 에너지를 쏟는 사람이었다.

2008년 말, 버니 메이도프Bernie Madoff(역사상 최대 규모의 폰지 사기를 벌인 인물이다 - 옮긴이)가 저지른 엄청난 규모의 금융사기가 세상에 드러났다. 엘리 위젤도 그에게 사기를 당한 수많은 피해자 중 한 명이었다. 메이도프를 믿고 투자한 이들 모두가 허망하게 돈을 잃었으며, 위젤의 경우 그의 재단을 통해 투자한 약 1,500만 달러와 개인 투자금 상당 금액을 잃었다. 메이도프의 금융사기 규모는 무려 650억 달러에 달했다.

당시 나는 서둘러 위젤을 찾아갔다. 우리는 그가 메이도프를 믿고 돈을 몽땅 쏟아 넣은 잘못된 결정의 결과에서 회복할 방법을 궁리했다. 그를 도우려는 많은 이들과 힘을 합쳐 손실액을 복구할 계획을 세웠고, 이름을 밝히거나 밝히지 않은 수많은 기부자 덕분에 위기를 헤쳐 나갈 수 있었다. 그들의 도움과 기부 덕에 위젤은 세상을 떠날 때까지 8년 더 인류를 위한 활동을 계속할 수 있었다.

메이도프 사건 이후 위젤은 한 인터뷰에서 메이도프를 용서하지 않겠다는 뜻을 단호히 밝혔다. CNN에서 인용한 바에 따르면 그는 이렇게 말했다.

제가 그를 용서할 수 있을까요? 못합니다. 용서란 상대방이 찾아와 무릎을 꿇고 간청할 때 할 수 있는 것입니다. 그 사람은 그렇게 안 할 겁니다. (…) 그는 파렴치한 인간입니다.

위젤은 메이도프에 대한 적절한 처벌에 대해서도 언급했다.

그를 독방에 가뒀으면 좋겠습니다. 그 독방에 날마다 밤이고 낮이고 그에게 사기당한 피해자들을 한 명씩 보여주는 스크린을 설치해야 합니다. "자, 봐라. 네가 이 딱한 여인에게 무슨 짓을 했는지, 이 아이에게 무슨 짓을 했는지. 네가 한 짓을 똑똑히 봐라." 이런 내용과 함께 말입니다. (…) 그가 몇 년간 피해자들의 얼굴을 보지 않을 수 없게 만들어야 합니다. 이것은 그저 최소한의 처벌일 뿐입니다.

우리는 현재 미국의 남부 국경에서 발생하는 위기를 잘 알고 있다. 국경을 넘은 이민자들과 그 자녀들을 격리 수용하는 미국 정부의 방침이 만든 상황이다. 이 아이들은 부모와 떨어져 구금 시설이나 임시 천막촌에서 지낸다.

합법적 망명을 목표로 했든 불법적 입국이든, 그 부모들은 미국을 안전한 나라라고 믿고 있다. 그럼에도 히틀러의 강제수용소를 해방시킨 바로 그 미국 정부가 자국 국경에서 비인도적 행위를 계속하고 있다. 만일 위젤이 이를 목격했다면 뭐라고 했을까? 앞장서서 이 문제에 대해 목소리를 높이지 않았을까?

현재 많은 이들이 그런 목소리를 내고 있다. 많은 심리학자와 사회복지사들이 이 아이들(심지어 미취학 연령의 아동도 있다)이 입는 심각한 정신적 상처를 우려한다. 앞으로 이 아이들의 미래는 어떻게 될까? 위젤도 그들과 비슷한 종류의 심리적 상처를 겪었다. 그가 죽음의 수용소에서 겪은 일에도 무너지지 않고 버틸 수 있던 힘은 무엇일까? 물론 그에게는 지울 수 없는 내면의 흉터가 남았다. 그러나 결국, 2016년 7월 2일 《뉴욕타임스》에 실린 위젤의 부고 기사에 조지프 버거Joseph Berger가 썼듯, "홀로코스트의 기억을 전 세계인의 양심에 영원히 새겨 넣은 웅변적인 증인"이 되었다.

역사의 증언자가 된 두 사람

1940년대 중반 유럽에서 사춘기를 보낸 또 다른 유대인 아이 안네 프랑크를 떠올리지 않을 수 없다. 안네는 1929년 6월에 출생했다. 잘 알려졌다시피 안네는 가족 및 지인들과 1942년 여름부터 꼬박 2년 동안 암스테르담의 좁은 다락방에 숨어 살았다. 그들은 이 은신처를 '비밀 별채'라고 불렀다. 나치의 암스테르담 점령이 임박해올 때 이 도시를 탈출하는 대신 은신처에 숨기로 결정한 것이었다. 1944년 8월 누군가에게 밀고를 받은 게슈타포가 이 비밀 별채를 급습해 안네 가족을 체포했다. 그곳에 숨어 있던 사람들은 여러 강제수용소로 보내졌다. 안네는 네덜란드의 베스터보르크Westerbork 수용소로 갔다가 이후 아우슈비츠로, 다시 베르겐-벨젠 수용소로 이송됐으며, 수용소에 돌고 있던 발진티푸스에 걸려 1945년 3월 그곳에서 숨졌다. 열여섯 살도 채 안 된 나이였다.

안네는 다락방에 숨어 사는 동안 자신의 일기장에 '키티'라는 이름을 붙이고, 평범한 10대 소녀가 으레 그렇듯 일기장을 친구 삼아 속마음을 털어놓았다. 일기는 게슈타포에 체포되면서 끝이 난다. 전쟁이 끝난 후 가족 중 유일한 생존자인 아버지 오토 프랑크Otto Frank가 이를 발견해 《안네의 일기》를 출판했다. 《나이트》와 마찬가지로 이 책 역시 나치에게 짓밟힌 무고한 이들의 삶을 자신만의 관점으로 서술했다. 그런 짓밟힘은 세상의 모든 대량학살과 폭력, 구금 상황에서 볼 수 있는 공통점이다.

수용소에 있던 어린 엘리와 아버지를 떠올려보라. 극한의 고통을 견뎌야 하는 삶 속에서 엘리는 결국 아버지를 저버리는 행동을 한다(엘리가 그랬듯 우리도 그 사실을 담담히 인정하자). 내가 《나이트》를 처음 읽었을 때는 너무 어려서 엘리의 복잡하고 깊은 내면 심리를 완전히 이해하지 못했다. 그럼에도 이야기에 완전히 빨려들었고 지금도 그의 글에서 많은 것을 느낀다. 나 역시 누군가의 아들이자 아버지이기 때문이다. 엘리는 수용소에서 자신처럼 인간의 존엄성과 양심을 잃어버린 채 늙은 가족을 외면하는 다른 많은 수감자를 목격했다. 과연 이들의 행동을 스스로 내린 결정이라고 할 수 있을까? 나뿐만 아니라 누구나 이런 의문이 들 것이다.

안네의 이야기에도 극한 상황에서 부모와의 관계를 생각해보게 만드는 내용이 나온다. 좁고 답답한 은신처 안에서 안네(열서너 살쯤 되었을 때다)는 엄마나 다른 사람들과 계속 갈등을 겪는다(사춘기 소녀 아닌가!). 안네는 때때로 잔뜩 성난 말투로 키티에게 자신의 고충을 털어놓는다.

날마다 가시 돋친 말과 비웃는 표정, 비난과 책망이 나한테 쏟아지고 있어. 힘껏 잡아당긴 활에서 나오는 화살이 표적을 겨냥하는 것처럼 말이야. 나는 절대 그런 말들을 하지 않을 거야.

이걸 쓰면서 못마땅해 입술을 비죽거리는 안네의 얼굴이 보이는 것만 같다(다시 말하지만, 사춘기 소녀다!). 하지만 우리는 엄마와 딸의 싸움이라는 것이 결국 어떻게 끝나는지 잘 안다. 아마 안네의 아버지도 알았을 것이다. 가족이 모두 죽은 후 딸이 쓴 일기를 읽었을 때 그가 얼마나 괴롭고 슬펐을지 상상해보라. 그는 슬픔을 삼키고 딸의 일기를 출판하기로 결심했다. 내 주변의 많은 여성은 《안네의 일기》를 읽는 내내 엄마와 딸이라는 영원한 숙적 관계를 떠올리지 않을 수 없었다고 말했다.

엘리 위젤은 다행히 살아남았고 전쟁의 증언자가 되기로 결심했다. 그리고 그로써 세상을 변화시켰다. 《나이트》를 출발점으로 87세에 세상을 떠날 때까지 평생 나치와 전쟁의 폭력을 고발하는 증언자로 살았다. 그는 수용소에서 해방된 시점인 열일곱 살에 자신이 어떻게 변해버렸는지 깨닫고 그 모습을 극복하려고 노력했던 것 같다. 《나이트》의 마지막 부분에서 그는 이렇게 말한다.

어느 날 온몸의 힘을 쥐어짜 일어서는 데 성공했다. 맞은편 벽에 걸린 거울을 보고 싶었다. 게토에서 나온 이후로 내 얼굴을 본 적이 없었다. 거울 속에서 송장 하나가 나를 쳐다보고 있었다. 나를 응시하던 그 눈빛을 지금껏 한 번도 잊어본 적이 없다.

안네 프랑크는 안타깝게도 살아남지 못했다. 슬프게도 그녀는 자신이 원하는 것을 성취할 기회도, 되고 싶은 사람이 될 기회도 얻지 못했다. 그녀는 키티에게 이렇게 말했다.

난 그런 생각을 하면 마음이 너무 복잡해져서 큰소리로 울거나 웃어버려. 그건 어떤 기분이냐에 따라 달라지지. 그러고는 지금의 내 모습과 다른 사람이면 좋겠다는 이상한 생각을 하다가 잠들어버려. 내가 하고 싶어하는 행동, 또는 내가 실제로 하는 행동이랑 다르게 행동하는 사람이면 좋겠다고 말이야. 앗, 이런! 나 때문에 괜히 너까지 혼란스러워졌겠다.

일기를 출판하기로 한 아버지의 결정 덕분에 안네는 죽은 후에 전쟁의 증언자가 되어 세상을 변화시켰다. 그녀는 키티에게 "나는 죽은 다음에도 계속 살고 싶어"라고 말했는데, 정말 그 말대로 된 셈이다.

미국 남부 국경의 '천막촌'에 있는 아이들 중에도 훗날 증언자가 되기로 결심해 세상을 변화시킬 아이들이 있을까?

1. 만일 당신의 통제력을 벗어난 어떤 상황에 휩싸여 잘못됐거나 무익한 결정을 내렸다면 스스로를 용서하라. 결정을 되돌릴 수 없다 할지라도 말이다. 그런 상황이 아님에도 잘못된 결정을 했다면, 그래도 자신을 용서하라. 갓난아기가 몸을 뒤집다가 기어다니고 이내 자라서 두 발로 걷고 뛰어다닐 게 확실한 것처럼, 당신도 반드시 더 나은 사람으로 발전하게 되어 있다. 인간은 원래 그런 존재다.

2. 주변에서 일어나는 일을 늘 주의 깊게 관찰하라. 당신의 삶이라는 작은 세상에서든, 더 넓은 세상에서든 말이다. 현실을 모르면 절대 올바른 결정을 내릴 수 없다.

3. 누군가 당신에게 영향을 주는 잘못된 결정을 내렸다면 그 사람을 용서하려고 노력하라. 또는 적어도 이해하려고 애써라. 만일 용서하거나 이해할 수 없다 해도, 인간은 누구나 실수하며 완벽한 사람은 없다는 사실을 기억하라. 그리고 계속 앞으로 나아가라.

4. 잘못된 선택의 결과 때문에 힘겨워하는 사람을 도와줘라. 그것은 좋은 덕을 쌓는 행동이기도 하고, 당신이 똑같은 실수를 피하는 데도 도움이 된다.

5. 긴 안목과 넓은 시야로 바라보라. 어떤 선택은 매우 중요하고 어떤 선택은 사소하다. 그래도 모든 결정 앞에서 신중해져라.

6. 모든 것을 포기하고 싶은 극한의 상황에서도 절대 포기하지 마라.

"그것은 나의 소명이었다. 내 안에서 어떤 강력한 힘이 느껴졌다.
나보다 훨씬 더 크고 강한 힘이."

———

말랄라 유사프자이

12
CHAPTER

목숨 걸고 지켜야 할
소명이 있다면

말랄라 유사프자이 Malala Yousafzai (1997~)

2012년 10월 9일, 말랄라 유사프자이는 파키스탄 스와트밸리에서 스쿨버스를 타고 집에 돌아가던 중 탈레반 병사가 쏜 총에 맞았다. 총알은 그녀의 머리를 관통했다. 겨우 열다섯 살이었다. 총격에도 불구하고 천만다행으로 살아났고 이후 영국으로 이송돼 치료받고 건강을 회복했으며 다시 학업을 이어갔다. 말랄라는 "어린이와 젊은이에 대한 폭압에 맞서고 어린이의 교육받을 권리를 위해 싸운 공로"를 인정받아 2014년 노벨 평화상을 받았다.

가녀린 10대 소녀가 내린 결정이 세상을 바꿀 수 있을까? 그렇게 어린 나이에 전 세계에 영향을 미친 사람이 또 있을까?

말랄라의 이야기를 자세히 들여다보자. 그녀의 행동은 어느 날 느닷없이 나온 것이 아니다. 노벨위원회가 언급한 그녀의 '싸움'은, 어릴 때부터 내면 깊이 새겨져 열다섯 살에 이미 삶의 당연한 방식이 돼 있던 가치관에서 나온 결정이었다. 그리고 그 싸움은 현재 진행형이다.

탈레반에 맞선 소녀의 원칙과 신념

말랄라는 어릴 적부터 공부에 대한 애정이 남달랐다. 말랄라를 다룬 출판물을 보면 그녀가 존경하는 아버지 지아우딘 유사프자이Ziauddin Yousafzai를 본받으려고 노력했다는 점을 중요하게 강조한다. 지아우딘은 학교를 직접 세우고 운영한 헌신적인 교육자였고 말랄라도 그 학교에 다니며 공부했다. 파키스탄에는 이런 식으로 개인이 만든 사립학교가 흔했다.

그러나 지아우딘의 학교와 그동안 소신 있는 목소리를 내오던 말랄라는 이슬람 극단주의 무장 단체 탈레반의 표적이 됐다. 탈레반이 여자아이들의 교육을 금지하는 포고령을 내린 상태였기 때문이다. 이 무장 세력은 말랄라의 가족을 모두(즉 어머니 토르 페카이 유사프자이Toor Pekai Yousafzai와 두 남동생까지) 죽이겠다고 위협했다. 지아우딘의 학교도 한동안 강제로 폐교됐다가 다시 문을 열었고 그 직후 말랄라의 피격 사건이 일어났다.

혹자는 어린 말랄라가 그저 아버지의 가치관(또는 지시)에 따라 행동한 것이라고 생각할지 모른다(그녀의 어머니 역시 아버지를 무조건 지지했다). 10대 소녀가 혼자서 무슨 결정을 내리겠느냐고 말이다. 자식이 부모 말을 따르는 일은 흔하다. 나 역시 어렸을 때 부모님이 나 대신 결정을 내려줄 때가 많았고, 나와 아내도 우리 아이들이 어렸을 때 그렇게 했다. 물론 탈레반에 저항하면서 가족들의 목숨이 위험해지는 상황은 겪지 않았지만 말이다. 그러나 지아우딘의 아버지 역할을 그런 식으로 바라보는 것은 옳지 않을 듯싶다. 세상 모든 부모가 자식에게 모범을 보이려고 애쓰듯 지아우딘에게도 그런 마음이 있지 않았을까?

우리에게는 날 때부터 주어지는 운명이 있다. 즉 우리는 자신이 태어나는 환경을 선택할 수 없다. 부모님과 가족, 태어나는 국가나 지역, 유전적 구성, 경제적 지위 등을 선택해 태어날 수 없다.

말랄라는 자신의 의지와 상관없이, 남존여비 사고방식이 뿌리 깊은 사회에서 맏딸로 태어났다. 게다가 그녀의 조국은 극단주의 무장 세력이 장악한 혼란스러운 나라였다. 하지만 딸과 두 아들을 차별 없이 똑같이 키우고 교육해야 한다는 신념을 가진 부모를 만난 것 역시 그녀가 타고난 운명이었다. 말랄라는 자신이 태어난 환경을 인지하는 나이가 되자 무언가를 해야겠다고 결심한 것으로 보인다.

2012년 피격당하기 전부터 말랄라는 자신이 타고난 운명을 인식하고 있었다. 여자아이들의 교육받을 권리를 위해 목소리를 높인 것은 부모님의 모습을 보며 스스로 내린 결정이었다. 2013년 출간한 자서전에 그녀는 이렇게 적었다.

내 생각과 표현의 자유를 존중해주고 나를 평화를 향한 대장정에 합류시켜준 아버지, 평화와 교육을 위한 운동에 뛰어든 나와 아버지를 늘 응원해준 어머니, 이 두 분 밑에서 태어난 것은 내게 더없는 행운이다.

나이는 어리지만, 말랄라는 2012년 이전부터 이미 열정적인 운동가였다. 그녀는 영국 BBC 방송 블로그에 탈레반 치하에서 억압받는 삶을 폭로하는 글을 썼고,《뉴욕타임스》에서 제작한 다큐멘터리에 출연했다. "탈레반이 어떻게 감히 나의 교육받을 권리를 빼앗을 수 있습니까?"라는 제목의 연설을 비롯해 사람들 앞에 자주 나섰다. 2011년 국제어린이평화상 후보에 올랐고(2013년에 수상했다) 제1회 파키스탄 청소년평화상을 수상했다. 탈레반의 탄압이 점점 더 심해지고, 말랄라와 가족의 안전이 위협받을수록 그녀의 목소리와 존재감은 더 커졌다. 그녀는 자서전에 이렇게 썼다. "나는 분노하는 탈레반이 무서워서 움츠러들지 않겠다고 결심했다."

탈레반의 살해 시도를 겪은 후 말랄라는 여성과 아이들의 교육권과 인간다운 삶에 대한 권리를 위해 싸우는 세계적 유명 인사가 됐다. 그녀는 피격당하고 1년도 채 안 돼 국제연합 본부의 청소년활동단Youth Takeover 회의에서 연설을 했다. 2014년 노벨위원회는 말랄라와 아동 인권 운동가 카일라시 사티아르티Kailash Satyarthi가 2014년 노벨 평화상을 공동 수상한다고 발표했다. 말랄라는 세계 곳곳을 돌아다니며 분주하게 인권 활동을 하는 와중에도 대학 입

2014년, 노벨 평화상을 수상하고 소감을 밝히는 말랄라 유사프자이.

학에 필요한 과정을 마친 뒤 2017년 옥스퍼드대학교에 진학했고 (자신의 트위터를 통해 이 사실을 알렸다), "여성 교육의 중요성에 대한 인식을 높이기 위해 노력하는" 국제연합 평화대사로 임명됐다.

평화로운 세상을 그리다

말랄라와 가족은 고향 파키스탄을 떠나 영국에 정착했으며 가족들은 여전히 그녀에게 든든한 지원군이 되어주고 있다.《이코노미스트》는 "파키스탄 아이들의 열악한 교육 여건은 어제오늘 일이 아니다"라면서 이 나라의 현 상황에 대한 상세하고 암울한 분석 글을 실었다.

2007년에서 2015년 사이에 파키스탄의 교육 기관 867곳이 이슬람 테러리스트들에게 공격받았다. (…) 탈레반은 파키스탄 북부의 스와트밸리 지역을 장악한 후 수백 개 여학교를 폐교했다. 정부군은 이 지역을 탈환한 후 학교 수십 곳을 점령했다.

말랄라는 피격 사건이 있고 1년 후인 2013년 자서전《나는 말랄라》를 출간했다. 크리스티나 램Christina Lamb과 함께 쓴 이 책에서 그녀는 파키스탄에서 보낸 어린 시절과 자신의 삶을 완전히 바꿔놓은 그날의 사건을 담담하게 들려준다. 2017년에는 어린이들을 위한 그림책《말랄라의 마법 연필》을 냈다. 이 이야기 속에서 어린 말랄라는 무엇이든 바라는 것을 그림으로 그리면 현실로 만들어주는 마법 연필을 갖는 상상을 한다. 말랄라는 마음속 목표이자 꼭 이루고 싶은 꿈을 이렇게 표현한다. "나는 생각했어요. 마법 연필이 있으면 더 나은 세상, 평화로운 세상을 그릴 텐데."

말랄라가 10대 소녀로서, 젊은이로서, 그리고 성숙한 성인으로서 내린 결정들이 앞으로 어떤 결과를 만들어낼지, 세상을 어떻게 변화시킬지는 시간이 지나면 알게 될 것이다. 그녀가 만든 엄청난 변화에 우리 모두 놀라는 날이 오기를 소망해본다.

1. 만일 당신이 부모라거나 아이들과 청소년들에게 영향을 미칠 수 있는 위치에 있는 성인이라면, 그들에게 귀감이 되는 일이 얼마나 중요한지 기억하라. 그들을 대신해 당신이 내리는 결정이 하나의 본보기가 되어 그들의 인생을 바꿔놓을 수도 있다.

2. 크든 작든 옳은 일을 할 수 있는 용기를 가져라. 말랄라의 경우를 보더라도 나이는 아무런 상관이 없다.

3. 신체적인 것이든 언어적인 것이든, 공격받을 가능성을 염두에 두고 미리 대비책을 세워라.

4. 당신도 어떤 분야의 상징적인 존재가 될 수 있다. 사람들이 인정과 존경을 기꺼이 보낼 만한 인품과 행동을 갖추도록 노력하라.

5. 결심한 것을 끝까지 실천하라. 인생이 완전히 달라질 수도 있다.

6. 서로 의지할 수 있는 인간관계는 중요하다. 당신이 신뢰할 수 있는 사람이 누구인지 생각해보라. 또 당신 자신도 남들에게 믿을 만한 사람이 되려고 노력하라.

7. 항상 공부하라. 세상과 사람들에 대해 폭넓게 알 수 있는 기회를 늘 찾아라.

비즈니스 판도를
바꾼 결정

D E C I S I O N S

"결정한 것을 끝까지 밀고 나갈 줄 모른다면
당신이 내리는 결정은 아무짝에도 쓸모없다."

───────

헨리 포드

13
CHAPTER

결단력은 리더가 지녀야 할 최고의 덕목이다

헨리 포드 Henry Ford (1863~1947)

이런 상황을 상상해보라. 당신이 세운 회사가 승승장구하고 있다. 당신이 고안한 제조 시스템 덕분에 제품을 빠르고 쉽게 생산할 수 있고 그렇게 만든 제품들이 날개 돋친 듯이 팔려나간다.

그런데 문제가 있다. 1년에도 몇 번씩이나 직원들을 새로 뽑아야 한다. 회사의 뛰어난 제조 시스템이 오히려 퇴사를 부추기는 원인이 되고 있다. 직원들이 견디지를 못하는 것이다!

이런 상황에서 당신이라면 어떻게 하겠는가?

사업체를 운영하는 사람에게는 직원의 높은 이직률이 반갑지 않은 법이다. 좋은 인재를 끌어들이고 보유하는 것은 기업의 장기적인 성공을 위한 핵심 요소다. 1년에 몇 번씩 직원들이 바뀐다면 어떻게 장기적으로 안정적인 운영이 가능하겠는가?

나 역시 20년 넘게 사업체를 운영해온 사람이기에 이 문제에 대해 많은 생각을 하곤 한다. 만일 우리 회사 직원들의 이직률이 그렇게 높다면 나는 봉급을 두 배로 올리겠다는 결정을 내릴 수 있을까?

한 특별한 사업가는 그런 결단을 내렸다. 바로 포드자동차Ford Motor Company의 설립자 헨리 포드다. 어쩌면 당신도 지난해 포드가 미국에서 판매한 차량 250만 대 중 하나를 갖고 있을지 모른다.

회사를 살려낸 헨리 포드의 결단을 살펴보기 전에 그 배경부터 알아보자. 《포춘》은 이를 두고 비즈니스 역사상 '최고의' 결정이라고 표현했다.

자동차 생산의 개념을 바꾸다

헨리 포드는 '일반 대중'을 위한 자동차를 만들겠다는 목표로 1903년 포드자동차를 설립했다. 자동차 자체는 포드가 발명한 것이 아니라 이미 존재하고 있었다. "성공은 아버지가 많지만 실패는 고아다"라는 격언이 떠오른다. 최초의 자동차를 탄생시킨 '아버지들'이 여러 명 있기 때문이다(1885년 세계 최초의 가솔린 자동차를 제작한 독일의 카를 벤츠Karl Benz를 자동차의 아버지로 보는 게 맞을 것이다).

1903년 당시 자동차는 사치품으로, 부자들의 전유물이었다. 부품을 일일이 수작업으로 만들었고 개인이 원하는 사양에 맞춰 제조하는 경우도 많았다. 또 주로 말이 끄는 마차가 다니던 거친 비포장 길을 견뎌야 했기 때문에 자동차를 굉장히 무겁고 육중하게 만들었다.

물론 당시에는 다른 자동차 회사들도 있었다. 그러나 헨리 포드는 특유의 통찰력으로 그들이 시도하지 않은 것을 했다. 그는 자동차의 설계 및 제조를 단순화하고, 선택지를 대폭 좁혔으며("검은색이기만 하다면 어떤 색이든 선택할 수 있습니다"), '대중 시장'을 타깃으로 마케팅을 펼쳤다. 자동차가 급격히 보급되면서 미국의 도로 시스템이 한층 발달했고 이에 따라 자동차를 더 가볍게 제작할 수 있었다. 이는 포드의 지속적인 성공에 더없이 유리한 조건이 됐다.

1913년 포드는 사업을 획기적으로 도약시킨다. 그는 각 근로자가 여러 종류의 작업을 수행해 자동차 한 대를 완성하는 전통적인 프로세스를 폐기했다. 이는 매우 비효율적인 방식이었다. 제품 주문은 계속 들어오는데 늘어나는 수요를 근로자들의 노동 속도가 따라갈 수 없었다.

포드는 제조 중인 자동차를 한 곳에 둔 상태에서 근로자들이 필요한 부품이나 장비를 가지러 작업장을 이리저리 돌아다니는 방식을 폐기하고 '조립 라인assembly line'을 도입했다. 제조 중인 자동차가 커다란 컨베이어벨트를 따라 이동하는 혁신적 공정이었다. 이 공정에서 근로자는 한 자리에 서서 자신이 맡은 작업만 수행했고, 그 작업이 완료되면 차대가 다음 근로자에게 이동해 또 다른 종류의 작업이 완료됐다.

이는 가히 혁신적인 시스템이었다! 효율성이 높아진 것은 말할 것도 없다. 처음에는 근로자들에게도 더 편한 방식처럼 느껴졌다. 그러나 시간이 흐르자 그들은 자신의 손으로 자동차 한 대를 완성한다는 뿌듯한 기분을 경험할 수 없었다. 똑같은 단순 작업을 계속 반복해야 하므로 지루하고 재미도 없었다. 게다가 조립 라인 기술이 발전하면서 전체 공정의 속도도 빨라졌는데, 이는 곧 근로자에게 엄청난 스트레스 요인이 됐다. 공장 시스템의 속도를 따라가기가 힘들어진 것이다. 그러자 그만두는 근로자들이 늘어났다. 공장에 들어와 일에 익숙해질 때쯤 되면 일하기 싫어지는 것이었다.

조립 라인 도입 후 1년이 지나자 이 혁신적 공정이 예상치 못한 부정적 결과를 야기한다는 사실이 분명해졌다. 포드의 회사는 위태로운 상태에 처했다. 근로자들을 계속 새로 뽑고 교육도 다시 해야 하므로 거기에 드는 비용이 만만치 않았다. 조립 라인의 핵심 장점인 생산 효율성도 유지하기 힘들었다. 매출과 이윤이 떨어지기 시작했다.

흥미로운 사실은 포드가 택한 해결책이 조립 라인 시스템을 수정하는 것이 아니었다는 점이다. 이번 장 서두의 인용문처럼, 포드는 자신이 내린 결정을 끝까지 밀고 나갔다. 이는 이 책에 소개한 다른 인물들에게서도 보이는 특징이다. 포드는 자신이 만든 제조 공정에 대한 굳은 믿음이 있었다.

하지만 그것은 로봇이 아니라 사람에게 의존하는 공정이었다(1914년이라는 사실을 기억하라). 직원들이 불만을 느낀다면 더 일하고 싶은 곳이 되도록 근로 조건을 바꾸는 것이 옳았다. 가장 먼저 추진해야 할 것은 임금 인상이었다.

비즈니스 역사상 가장 최고의 결정

대부분의 조립 라인 근로자들의 하루 임금이 약 2.5달러였던 당시 포드는 '1일 임금 5달러'를 주겠다고 발표했다. 무려 두 배로 올린 것이다. 이는 그냥 내키는 대로 내린 결정이 아니었다. 포드와 측근들은 5달러 이하이면 효과적인 동기부여가 안 될 것이고, 5달러 이상이면 회사 수익 구조에 부담이 될 것이라고 판단했다. 두 배인 5달러가 최적 액수였다.* 아울러 (2교대가 아닌) 3교대 근무 시스템을 도입했고, 이는 더 많은 일자리 창출로 이어졌다.

'1일 임금 5달러' 정책은 포드가 고민하던 이직률 문제만 해결한 것이 아니었다. 이 파격적인 결정은 현대 사회의 핵심 특징인 소비주의 문화의 씨앗을 뿌렸다. 그것이 좋은 결과든 아니든 말이다. 《포춘》 편집자들이 2012년 펴낸 책 《비즈니스 역사상 가장 위

---

* '1일 임금 5달러'는 포드가 만든 혁신적인 '종업원 사회화' 정책들(대부분 바람직했지만 논란의 소지도 있었다) 중 하나였다. 이 정책들은 포드의 개인적 신념과 회사를 성공적으로 운영하겠다는 의지가 결합돼 나온 것이다. 예컨대 그는 사내 '사회화 부서'의 조사관으로 하여금 근로자들의 가정을 방문해 생활을 점검 및 평가하고 필요한 도움을 주게 했다. '영어교육 부서'에서는 이민 노동자들에게 낯선 땅의 언어인 영어를 가르쳤다. 이는 미국 시민으로 정착하는 데 도움을 주었을 뿐만 아니라 공장 작업장에서 더 효율적인 의사소통을 가능하게 했다. 바벨탑을 쌓던 이들이 겪은 언어 혼란은 포드의 조립 라인에서 목격할 수 없었다.

대한 결정들The Greatest Business Decisions of All Time》에서 포드의 임금 인상을 최고로 꼽은 것도 그 때문이다. 임금이 5달러로 오르자 포드 공장의 근로자들은 마침내 자신들이 만든 모델 T를 구매하는 소비자가 될 수 있었다.

헨리 포드는 뛰어난 선견지명의 소유자, 고정관념을 깨트린 혁신가, 결단력 있는 사업가였다. 사회생활 초반부터 이미 그런 자질이 있었으며, 사업가로서 그의 평판과 명성은 나날이 높아졌다. 설립자가 세상을 떠난 지 70여 년이 흐른 지금도 포드자동차는 이 시대의 가장 위대한 회사 중 하나로 남아 있다.

헨리 포드는 수완이 뛰어난 영리한 사업가였다. 하지만 1914년 근로자 임금을 두 배로 올린(요즘 표현으로 치면 생활임금을 지급한) 자신의 결정이 어떤 의미를 갖게 될지 과연 짐작했을까?

1. 회사를 운영하고 있다면 직원이 충분히 만족할 만한 합당한 보상을 제공하라. 그들에게는 유형의 금전적 보상과 무형의 만족감이 필요하다. 사람은 누구나 가치 있는 존재로 존중받아야 한다.

2. 인생도 비즈니스도 끊임없이 움직이고 변화한다. 항상 주의 깊게 지켜보면서 변화에 맞춰 적응하라.

3. 사업이 아무리 중요하다고 해도 숫자에만 목매지 마라. 구성원들에게 공감을 표현하고, 귀를 기울이고, 조언자가 되어라.

4. 어떤 결정의 영향은 시간이 지나야 제대로 알 수 있다. 때로는 바랐던 결과로 이어지기도 하지만, 때로는 '의도하지 않은 결과'를 낳기도 한다.

5. 꼭 기업 CEO만 포드에게 유용한 교훈을 얻을 수 있는 것은 아니다. 그는 자동차 제조 공정의 본질적인 문제를 면밀히 연구했고 그것을 해결할 다양한 방식이 가져올 영향도 진지하게 고려했다. 그리고 결정을 내린 후에는 신속하게 실행에 옮겼다. 누구나 이러한 치밀함과 결단력을 배울 수 있다.

6. 당신에게 가장 큰 문제는 무엇인가? 그것에 온 에너지를 집중하라. 지엽적인 부분이 아니라 진짜 장애물에 집중하라.

7. 전통을 존중하되 융통성 없이 그것만 고집하지는 마라.

8. 사람의 중요성을 간과하지 마라. 당신의 결정이 자신과 다른 이들에게 어떤 식의 동기부여를 할 수 있는지 항상 생각해보라.

"오늘의 표준화는 내일의 진보를 위해 반드시 필요한 토대다."

———

헨리 포드

14
CHAPTER

자신을 둘러싼 조건을
명확히 보는 일부터

하워드 존슨 Howard Johnson(1897~1972)

헨리 포드와 하워드 존슨이 서로 만난 적이 있는지는 잘 모르겠다. 그러나 만일 만났다면 두 사람은 꽤 잘 통했을 것이다. 앞에서 살펴봤듯 헨리 포드는 1913년 조립라인을 개발해 모델 T와 모델 A의 효율적인 대량 생산을 가능하게 만들었다. 이미 대박 난 그의 회사는 표준화된 공정을 도입해 한층 더 성장했고, 결국엔 자동차 제조 업계 전체가 혁신적으로 변화했다.

그로부터 약 20여 년 후 하워드 존슨은 보스턴 인근에서 운영하던 작은 식당 사업을 확장하기로 마음먹고 상호와 레시피, 조리 공정을 팔기 시작했다. 새로운 개인 사업자들이 '하워드존슨스Howard Johnson's'라는 동일한 상호를 쓰면서 그가 만든 표준화된 운영 방식을 따랐고, 이로써 그는 수익 성장에 필요한 기반을 구축했다. 이 같은 '프랜차이즈' 개념은 외식업 및 호텔업 분야를 혁신적으로 변화시켰고 이제는 다른 업계에서도 흔히 볼 수 있다.

프랜차이즈의 탄생

"검은색이기만 하다면 어떤 색이든 선택할 수 있습니다"라는 슬로건이 보여주듯 포드는 자동차의 생산 공정과 디자인을 표준화했다. (포드는 이런 말도 했다. "만일 내가 사람들에게 무엇을 원하느냐고 물어봤다면 더 빠른 말[馬]을 원한다고 대답했을 것이다." 소비자 선호도 조사를 통해서는 혁신이 나오지는 않는다는 뜻이다.) 한편 하워드 존슨은 전혀 다른 분야에서 표준화를 실현했다. 고객들은 그의 식당의 오렌지색 지붕과 푸른색 장식, '심플 사이먼Simple Simon (영국 전래동요의 주인공 캐릭터로 하워드존슨스 식당의 로고로 사용되었다 – 옮긴이)' 구조물을 도로에서 발견하는 순간 거의 반사적으로 조갯살 튀김과 클램 차우더수프, '프랭크포트frankfort(그는 핫도그를 이렇게 불렀다)'를 떠올리며 입맛을 다시기 시작했다.

하워드 존슨은 사업적으로 당면하는 문제를 해결하기 위해서가 아니라 어떤 다른 이유로 프랜차이즈 방식 도입을 결정한 것일까? 그는 우리에게 '호조스HoJo's'라는 애칭으로 불리는 식당 프랜차이즈와 커미서리commissary (식자재와 완조리 및 반조리 식품을 각 매장에 제공하는 중앙공급 시설 – 옮긴이) 시스템을 구축하고 모텔 사업까지 추가함으로써 자신이 환대 산업에 얼마나 커다란 발자국을 남길지 알았을까? 그렇게 멀리 내다본 선견지명의 소유자였을까? 어쩌면 그가 첫 프랜차이즈 매장을 만든 것은 그저 특별할 것 없는 일회성 생존 전략이었는데, 지금의 우리 눈에 야심 차고 멋진 시도로 보이는 것인지도 모른다. 살면서 우리가 내리는 결정 중에도 그런 경우가 있다.

어찌 됐든 존슨이 프랜차이즈를 도입한 때는 미국인들이 포드와 쉐보레, 뷰익을 몰고 여행을 다니기 시작하던 때였다. 1930년대와 1940년대의 공원 도로와 유료 고속도로, 1950년대에 건설된 주간州間 고속도로를 타고 많은 미국인이 툭하면 집에서 멀리 떨어진 곳으로 떠나기 시작했고, 그들에게는 여행 도중 식사와 숙박을 해결할 곳이 필요해졌다. 물론 어느 지역에나 음식점과 숙박업소는 있었지만 음식 및 서비스의 품질을 확신할 수가 없었다. 하지만 하워드 존슨의 '표준화된' 체인은 그런 불안감을 싹 없애주었다. 사업 확장세가 최정점에 이르러 미국 북동부와 동부 해안, 중서부 지역에 문을 연 호조스 식당이 1,000곳에 달했을 때도 소비자들은 어느 지점에서나 같은 품질의 음식을 즐길 수 있었다.

여기서 우리가 배울 교훈은 다음과 같다. 중요한 결정을 내릴 때 자신이 속한 업종의 시장 상황과 외부 조건들을 민첩하게 파악해야 한다는 점이다. 그것을 당신의 목표에 유리하게 활용하라. 최대한 많은 정보를 수집해야 한다. 충분한 정보나 제대로 된 시장조사 없이 그저 희망만 가지고서는 훌륭한 결정을 내리기 힘들다.

또 당신도 살면서 경험했겠지만 어떤 하나의 결정은 그것에서만 끝나지 않는다. 그 결정이 또 다른 결정으로 이어지기 때문이다. 따라서 더더욱 처음에 올바른 결정을 내려야 한다.

우리 부모님은 어린 나와 형제들을 뷰익에 태우고 코네티컷과 오하이오로 여행을 자주 다녔는데, 그럴 때면 호조스에 들러 조갯살 튀김을 꼭 먹었다. 내 또래 사람들은 어릴 적에 생일파티나 이런저런 가족 행사를 위해 동네 호조스에 다니면서 식당에서 얌전히 행동하는 방법을 배우곤 했다. 다양한 음식으로 가득한 메뉴판, 친절한 종업원과 테이블 서비스도 생각난다. 온갖 종류의 아이스크림 앞에서 뭘 골라야 할지 행복한 고민에 빠졌다. 어린 시절 그보다 더 어려운 결정은 없었다!

어릴 적 추억 소환은 이쯤 해두자. 존슨의 프랜차이즈 사업이 왜 그토록 중요한 것일까? 그가 선구적으로 도입한 프랜차이즈 개념이 미국인(나아가 전 세계 사람들)의 외식 문화를 혁신적으로 바꿔놓았기 때문이다. 현재 외식 프랜차이즈 업계는 존슨의 시대보다 훨씬 더 복잡해졌고, 이 업계의 연간 매출은 3,500억 달러가 넘는다. 이는 미국 GNP의 약 2퍼센트에 달하는 액수다. 외식 산업 전체의 연 매출은 미국의 경우 8,000억 달러, 세계적으로는 3조 달러에 이른다.*

청년이 되어 본격적으로 사업에 뛰어들기 전까지 하워드 존슨의 삶은 그리 순탄치 않았다. 1897년 미국 보스턴에서 태어난 그는 중학교를 중퇴하고 아버지가 운영하는 담배 가게에서 일하기 시작했다. 당시 많은 청년이 그랬듯 그 역시 유럽으로 가서 제1차 세계대전에 참전했다. 다시 미국으로 돌아온 후에는 돌아가신 아버지가 남긴 빚을 청산하기 위해 고군분투해야 했다. 하지만 결국 1924년 파산해 1만 달러의 빚을 떠안게 된다.

그러나 심기일전해 이듬해부터 본격적인 재기에 들어갔다. 그는 1925년에 2,000달러를 빌려(이 돈은 곧 갚을 수 있게 된다) 보스턴에서 약 20킬로미터 떨어진 퀸시에 있는 약국 겸 잡화점을 사들였다. 이 가게에 있는 탄산음료 코너는 그의 사업이 성장하는 데 중요한 토대가 됐다. 존슨 역시 당시의 다른 이들과 마찬가지로 1929년 주식시장 붕괴와 대공황, 제2차 세계대전으로 타격을 입지만, 다행히 위기를 잘 넘기고 사업을 이어갔다.

다시 퀸시의 잡화점으로 돌아가보자. 이 가게의 물품은 전반적으로 고르게 잘 팔렸지만 그중 단연 인기가 높은 것은 탄산음료와 아이스크림이었다. 존슨은 더 맛 좋고 품질 높은 아이스크림을 만들면 판매량이 늘어날 것이라고 생각했다. 그래서 세 가지 혁신적 결정을 내렸다. 첫째, 더 좋은 재료를 쓰고 유지방 함량을 높였다. 둘째, 가게 밖으로 나가 손수레에서도 아이스크림을 판매했다. 가

---

* '외식 프랜차이즈' 하면 머릿속에 가장 먼저 떠오르는 맥도날드McDonald's는 1940년에 설립돼 1953년에 프랜차이즈 시스템을 도입했다. 맥도날드가 업계 강자로 우뚝 선 요인 하나는, 과거에 뉴잉글랜드와 뉴저지, 펜실베이니아의 주요 도로를 장악했던 하워드존슨스를 제치고 고속도로 곳곳의 휴게소 식당 운영권 계약을 따내는 데 성공했기 때문이다. 미국인들의 외식 습관이 점차 변화해 맥도날드의 서비스가 그들에게 더 편리하게 느껴지기 시작한 것이다. 자동차를 운전하면서 먹는 '패스트푸드'를 떠올려보라.

게에 앉아 고객이 찾아오길 기다리는 것이 아니라 고객을 직접 찾아간 것이다. 셋째, 흔한 바닐라, 초콜릿, 딸기 맛을 뛰어넘어 다양한 맛을 개발했다. 그의 가게에서는 무려 28가지 맛을 판매했다. 존슨은 자신에게 첫 번째 성공을 가져다준 제품을 늘 가슴속에 간직했던 것 같다. 1959년 은퇴 후 타고 다닌 캐딜락에 'HJ-28'이라고 적힌 자동차 번호판을 달았으니까 말이다.

막연한 바람과 진정한 욕망의 차이

어떤 결정을 내릴 때는 외부 상황 못지않게 내부 상황도 중요하다. 그 내부 상황을 누구보다 잘 아는 사람은 바로 자기 자신이다. 당신의 강점과 약점은 무엇인가? 당신 내면의 생각 중에서 어떤 것이 진짜 꿈이고, 어떤 것이 막연한 희망 사항인가? 당신이 내리는 결정의 실행을 받쳐줄 내면의 단단한 토대가 있는가? 하워드 존슨은 그 자신이 아이스크림을 무척 좋아했기에 아이스크림에 더욱 많은 애정과 노력을 쏟았다. 결국 그가 내린 세 가지 결정(품질 향상, 판매 방식 변화, 선택의 폭 다양화) 덕에 많은 사람들이 그의 아이스크림을 좋아했다.

아이스크림 손수레는 곧 도로와 해변의 판매대로 진화했다. 또 존슨은 음료뿐만 아니라 햄버거와 핫도그(나중에 '프랭크포트'라고 불렀다)도 팔기 시작했으며, 1929년 초에는 정식 테이블과 한층 다양해진 메뉴를 갖추고 손님들에게 서빙하는 식당을 열었다. 그러나 높은 품질을 유지하고 비용 단가를 맞추면서 혼자 힘으로 사업을 확장하는 데에는 한계가 있었다. 그래서 1935년 동업자를 구해 그와 함께 프랜차이즈를 시작했고, 이후 미국 최대의 식당 체인으로 성장시켜 1950년대에 전성기를 구가했다. 그밖에 호조스의 각 매장뿐만 아니라 일반 슈퍼마켓에도 냉동식품을 공급하는 식품 커미서리, 모텔 등 인접 사업들도 시작해 성공적으로 운영했다.

존슨의 사업기에는 인상적인 일화가 한둘이 아니지만 그중 하나는 자크 페팽Jacques Pépin을 고용한 일이다. 그는 셰프이자 요리책 저자, 텔레비전 방송인으로도 활약한 사람이다. 이미 프랑스에서 셰프로 상당한 명성을 얻고 있던 젊은 페팽은 1959년 미국으로 건너와 뉴욕의 고급 프랑스 식당 르파비용Le Pavillon에서 일하고 있었다. 르파비용은 하워드 존슨의 단골 식당이었다.

늘 그랬듯 음식의 품질을 중시했던 존슨은(사업 초창기 아이스크림의 맛과 재료에 집중했던 것을 떠올려보라) 페팽을 뉴욕 퀸즈에 있는 중앙 커미서리에서 일하게 했다. 그곳은 하워드존슨스 매장들에 공급할 클램차우더수프를 만드는 곳이었다.

중앙 관리 방식은 표준화와 프랜차이즈, 사업 성장에 몰두한 존슨이 중시한 핵심 원칙 중 하나였지만, 그런 방식에서는 높은 품질을 유지하기가 쉽지 않다. 그래서 페팽을 고용한 것이었다. 페팽은 그곳에서 10년간 일했으며(주로 음식 레시피를 개발했다) 훗날 당시를 회고한 글을 보면 그곳에 대한 그의 애정이 듬뿍 느껴진다.

회사를 성공적으로 운영하려면 수시로 이런저런 결정을 내려야 한다. 그리고 그 결정들은 당신의 사업 철학을 효과적으로 뒷받침할 수 있어야 한다. 존슨의 경우, 그 효과적인 뒷받침에 기여한 요인 하나는 올바른 인재를 택한 것이었다. 1991년 딜렌슈나이더그룹Dilenschneider Group을 창립할 당시 내가 고심한 문제도 "나의 비전을 실현하는 데 도움이 되는 역량을 가진 사람 중에서 누구를 합류시켜야 할까?"였다.

존슨은 프랜차이즈 시스템을 발전시키고 사업을 확장해가는 동안 계속해서 많은 인재를 설득해 사업에 합류시켜야 했다. 짐작건대 그 과정이 결코 쉽지 않았을 것이다. 사업 초반에도 그리고 이후에도 그가 직접 통제해야 하는 변수들이 너무 많았기 때문이다 (각 프랜차이즈 가맹점이 따라야 할 규칙을 정리한 일종의 운영 매뉴얼인《하워드 존슨 바이블》도 있었다). 하지만 존슨은 자아 존중감이나 자기 결정 욕구 같은 인간의 기본적인 동기를 분명히 인식하고 있었던 것 같다. 언젠가 한 인터뷰에서 이렇게 말했기 때문이다. "내가 가장 좋아하는 것은 훌륭한 인재가 스스로 성공할 수 있도록 돕는 일입니다."

호조스가 미국 내에서 거대 제국을 형성한 전성기 이후로 프랜차이즈 또는 체인 외식 산업계는 크게 변했지만, 만일 존슨이 살아서 그 모습을 봤다면 그럴 만하다고 고개를 끄덕였을 것이다. 그는 당시 막 성장세를 타기 시작한 신생 주자였던 맥도날드와 버거킹Burger King도 당연히 알고 있었다. 미국의 대표적인 패스트푸드 체인이라면 웬디스Wendy's도 빼놓을 수 없다. 이들 체인은 표준화된 공정과 메뉴에 따라 운영되며 미국 국내뿐만 아니라 전 세계 곳곳에 수많은 매장을 두고 있다. 종종 특정 지역의 소비자들에게 맞춘 특별 메뉴를 제공하지만 음식 레시피를 '자유롭게' 개발하는 경우는 없다. 또 고객을 끌어당기는 매장 건물 디자인과 로고, 여러 상징물 또한 가맹점주가 마음대로 바꿀 수 없다. 이와 같은 패스트푸드 체인들은 존슨의 핵심 사업원칙 중 하나, 즉 '고객이 있는 곳으로 찾아간다'를 적극 활용해 사업을 급속히 성장시켰다. 호조스의 경우 1930년대와 1940년대에 미국 도로 시스템이 발달하면서 증가한 차량 여행자들이 지나는 곳에 매장을 세웠고, 맥도날드는 1950년대에 구축된 주간 고속도로 곳곳에 생긴 휴게소를 공략했다. 이후엔 병원과 공항, 쇼핑센터, 대학 구내식당에도 매장을 열었다. 또 미국을 넘어 세계 곳곳으로 진출했다.

비교적 최근에 등장한 패스트 캐주얼 레스토랑fast casual restaurant (패스트푸드점과 고급 레스토랑의 중간 정도 되는 식당 – 옮긴이)의 대표 주자는 치폴레Chipotle와 치즈케이크팩토리The Cheesecake Factory다. 질 좋고 건강한 재료를 내세워 패스트푸드를 '재창조'한 치폴레는 세계 여러 나라에 총 2,408개의 체인점을 운영하며 그중 대부분이 미국에 있다(참고로 호조스 매장은 전성기 때 1,000여 개였다). 치즈케이크팩토리는 미국 내 7위 규모의 식당 체인으로, 프랜차이즈가 아니라 본사 직영 방식으로 운영된다. 상장기업인 이 두 체인의 창립자들은 지금도 경영 일선에서 활동하고 있다.

세계의 식습관을 바꾸다

이런 상상을 한번 해본다. 하워드 존슨이라면 프랜차이즈 사업의 해외 진출, 변화한 소비자 입맛에 맞게 프랑크포트의 레시피를 수정하는 일, 또는 회사를 상장하는 문제에 대해 어떤 결정을 내렸을까(호조스는 존슨이 은퇴하고 2년 후 기업공개를 했다)? 좀 끔찍한 상상이긴 하지만, 만일 호조스의 음식에서 식중독균이 발견돼 회사가 고소당하는 일이 발생했다면 그는 어떤 결정을 내렸을까?

28가지 맛의 아이스크림 못지않게 고급 식당도 좋아했던 하워드 존슨이 만일 살아 있다면 틀림없이 대니 마이어Danny Meyer, 데이비드 바버David Barber, 로이 야마구치Roy Yamaguchi 등 오늘날 요식업계의 거물들과 깊은 친분을 쌓았을 것이다. 그리고 모험을 마다하지 않는 성격이었으므로, 요식업계에서 한창 상승세를 타고 있는 지역 셰프들이나 외국 요리 셰프들에게도 응원의 박수를 보냈을 것이다. 이 혁신가들은 음식에 관한 자신만의 독특한 관점과 철학을 각자의 레스토랑을 통해 사람들에게 전달해왔다.

매스미디어 대중화 이전의 시대를 살았던 하워드 존슨이 〈탑 셰프Top Chef〉, 〈찹드Chopped〉, 〈베어풋 콘테사Barefoot Contessa〉, 〈컵케이크 워스Cupcake Wars〉 같은 요즘의 텔레비전 요리 프로그램을 본다면 뭐라고 할까? 심지어 그가 고용한 자크 페팽도 훗날 요리 프로그램 진행자로 유명해졌다. 또는 온라인 음식 배달 서비스는 어떻게 생각할까? 밥을 먹어야 하는데 직접 식당에 갈 수 없는 상황이라면?

피자나 중국 음식을 전화로 주문하는 방법밖에 없었던 것은 옛날 이야기다. 이제는 웹사이트에 들어가 몇 가지 단계만 거치고(신용 카드 정보 입력 등) 수많은 지역 식당 중 원하는 곳과 메뉴를 고르면 음식이 현관 앞에 도착한다. 아마 존슨이 살아 있었다면 그의 식당도 온라인 배달 서비스 업체와 적극적으로 제휴를 맺었을 것이다. 물론 존슨이라면 그럽허브 홈페이지의 이런 추천 문구를 보고 고개를 갸우뚱하겠지만. "오늘 그럽허브를 처음 이용해봤어요. 말 한마디 안 하고도 음식을 주문할 수 있어서 너무 좋아요!" 인간미 없이 삭막하게 들리는가? 하지만 기억하라. 고객은 언제나 옳다.

존슨의 성공에서 운이 차지한 비율은 몇 할이나 될까? "똑똑한 것보다 운 좋은 게 더 낫다"와 "행운은 노력한 사람에게만 찾아온다"라는 말을 떠올려보라. 존슨이 퀸시에 연 첫 식당이 보스턴에서 공연이 금지된 다섯 시간짜리 연극을 상연하는 극장 근처에 있고 연극 도중 저녁 식사 시간이 있던 것은 그의 행운이었을까, 아니면 똑똑한 머리나 노력 덕분이었을까? 1929년 후반 유진 오닐Eugene O'Neill의 연극 〈이상한 막간극Strange Interlude〉을 보기 위해 20킬로미터 떨어진 퀸시까지 기꺼이 달려온 보스턴 시민들은 그날 저녁을 먹은 식당을 입이 마르게 칭찬하면서 집으로 돌아갔다. 요즘으로 치면 맛집 방문자 리뷰에 높은 별점이 잔뜩 달린 셈이었다. 입소문은 예나 지금이나 힘이 세다.

우리는 여기서 분명한 메시지를 얻을 수 있다. 주변 상황에 맞춰 기민하게 움직여라. 바람에 아무렇게나 흔들리는 풍향계처럼 움직이라는 얘기가 아니다. 동물의 발자국과 배설물을 비롯한 여러 신호를 쫓아가는 숲속의 사냥꾼처럼 움직여라. 존슨은 연극 관람객들에게 저녁 식사 장소로 '다른 선택의 여지가 없다는' 사실을 알아채자 식당의 모든 요리사와 종업원을 동원하고 연극이 상연되는 동안에는 휴식도 금지했다.

마지막으로 남아 있던 호조스 식당은 2017년 초에 문을 닫았다. 이 프랜차이즈 제국의 모습은 이제 사람들의 기억과 팬들의 가슴 속에만 남아 있다. 한때는 하루에 호조스보다 더 많은 사람에게 밥을 먹이는 곳은 군대뿐이던 시절도 있었는데 말이다. 현재 '하워드존슨스' 호텔 브랜드는 세계적인 호텔 그룹 윈덤월드와이드Wyndham Worldwide가 소유하고 있다. 만일 당신이 빈티지숍에 들렀다가 심플사이먼 로고 장식이나 조각품을 우연히 발견한다면 무조건 사라. 그리고 존슨이 하나씩 차근차근 내렸던 일련의 결정으로 변화시킨 외식 산업이 미국인, 나아가 전 세계 사람들의 식습관을 바꿔놓았다는 사실을 떠올려보라.

나는 지금도 호조스의 조갯살 튀김이 그립다.

1. 미래에 대한 그림을 그려라. 당신이 도달하고 싶은 목표는 무엇인가? 모든 역량과 자원을 거기에 집중하라.

2. 현재 당신이 가진 지식과 경험을 결정의 토대로 삼아라. 한 번에 한 단계씩 나아가라. 그리고 때로는 과감하게 시도해보라.

3. 안팎의 상황과 조건을 살피는 일을 게을리하지 마라. 하워드 존슨 역시 시장상황을 민첩하게 살폈기 때문에 표준화된 체인으로 성공할 수 있었다.

4. 특정한 결정이 가져올 결과를 전부 예측하기는 불가능하다. 때로는 결과의 대부분을 알 수 없다. 결과가 어느 정도 감지되기 시작하면 다음 단계에 대비해 새로운 결정을 내릴 준비를 하라. 그 사이에 변화하는 외부 또는 내부의 상황도 충분히 고려하라.

5. 최종 결과에 이르기까지는 어차피 수많은 단계와 과정이 필요하다. 섣불리 낙담하지 마라.

6. 당신의 결정으로 영향을 받을 사람들, 또는 그것의 실행에 참여할 사람들의 니즈와 욕구를 충분히 파악하라.

7. 당신의 결정이 낳아야 할 결과는 언제나 최고의 품질이라고 생각하라.

8. 곧 닥칠 문제가 있는지, 당신의 전진을 방해할 장애물이 있는지 늘 밝은 눈으로 살펴라. 그리고 가능하다면 문제가 터지기 전에 미리 처리하거나 대비하라.

"확고한 소신이 없다면
앞을 내다보는 선견지명도 아무 소용없다."

————

아마데오 피에트로 지아니니

15
CHAPTER

인생의 가치관을 매 순간 기억하라, 그리고 적용하라

아마데오 피에트로 지아니니 Amadeo Pietro Giannini(1870~1949)

당신은 당좌예금 계좌를 갖고 있는가? 저축예금 계좌는? 자동차나 주택담 보대출을 받은 적이 있는가? 그리고 '보통' 사람인가? 그렇다면 당신은 100여 년 전 아마데오 피에트로 지아니니라는 은행가가 내린 두 가지 혁신적 결정의 덕을 보고 살아온 것이다. 그의 결정은 오늘날 우리가 '소비자 금융'이라고 부 르는 시스템의 기초를 마련했다.

지아니니가 살던 당시 웰스파고Wells Fargo, 아메리칸내셔널뱅크American National Bank, 샌프란시스코퍼스트내셔널뱅크First National Bank of San Francisco 등 대부분의 은행은 부자나 기업하고만 거래를 했다. 돈이 많지 않거나 대출 시 담보로 잡을 재산이 없는 대부분의 '보통' 사람들은 상대하지 않았다. 이 후

자 부류에는 지아니니의 부모처럼 1800년대 중반 미국 캘리포니아로 이주해 온 많은 이탈리아 이민자도 포함됐다. 낯선 땅에서 출발의 발판으로 삼을 자본이 없는데 어떻게 새로운 출발을 한단 말인가?

지아니니는 부모님의 경험을 바로 곁에서 목격했다. 이민자와 가난한 서민이 겪는 편견을 목격했다. 그는 반드시 갚겠다는 약속만을 담보로 돈을 빌릴 수 있을 만큼 신뢰를 얻는 것이 얼마나 중요한지도 느꼈다. 그것을 우리는 대출이라고 부른다. 그리고 그것은 개인이 성공과 부유함으로 가는 사다리에서 첫 번째 칸의 역할을 할 수 있다. 지아니니는 그런 대출 서비스를 제공하기로, 그런 대출이 필요한 사람을 고객으로 삼기로 결심했다.

그것이 그의 첫 번째 핵심 결정이었다. 자신만의 '독특한 사업 계획안'과 타깃 시장을 결정한 것이다. 두 번째 핵심 결정은 고객이 있는 곳으로 직접 찾아간다는 것이었다. 지금부터 그의 사업 이야기를 자세히 살펴보자.

서민을 위한 은행가

지아니니는 1870년 미국 캘리포니아 새너제이에서 이탈리아 이민자 부부인 루이지Luigi와 비르지니아Virginia의 세 자녀 중 하나로 태어났다. 아버지 루이지는 19세기 골드러시 때 캘리포니아로 이민을 왔지만 나중에 5만 평짜리 농장을 매입해 과일과 채소를 재배하기 시작했다. 루이지는 1877년 농장 인부의 임금과 관련된 분쟁 중에 살해당했다. 과부가 된 비르지니아는 농산물 사업을 계속 운영했다. 얼마 후 그녀는 재혼했고 그녀의 새 남편은 엘스카테나앤드컴퍼니L. Scatena & Co.라는 회사를 차렸다. 당시 10대 소년이던 지아니니는 학교를 중퇴하고 새아버지의 일을 본격적으로 돕기 시작했다. 그리고 나중에 그 회사의 경영권을 이어받아 샌타클래라밸리에서 크게 성공한 농산물 중개업자가 된다.

결혼해 가정을 꾸린 지아니니는 31세 때 엘스카테나의 지분을 직원들에게 팔고 농산물 업계에서 은퇴했다. 이후 돌아가신 장인의 부동산을 관리하는 일을 하다가, 장인이 지분을 소유했던 콜럼버스저축대출조합Columbus Savings and Loan Society이라는 은행의 이사 자리에 앉게 된다. 이곳에서 그는 평범한 시민에게도 대출을 제공한다는 아이디어를 추진하려고 애썼다. 하지만 은행 측에서는 그 아이디어에 반대했고, 결국 지아니니는 1904년 샌프란시스코의 노스비치(지금도 이곳은 이탈리아계 이민자들의 밀집 거주 지역이다)에 자신이 직접 뱅크오브이탈리아Bank of Italy를 설립했다. 그는 부지런히 고객들("집을 사거나 사업을 시작하고 싶은 노동자들")을 끌어모았고 금세 '서민을 위한 은행가'로 불리기 시작했다. 뱅크오브이탈리아는 불과 1년 만에 예치금 70만 달러(현재 가치로 약 1,700만 달러)의 은행으로 성장했다. 꽤 괜찮은 출발이었다.

그런데 얼마 후 뜻밖의 위기가 닥친다. 1906년 4월의 어느 새벽 샌프란시스코에 지진이 발생한 것이다. 이 지진으로 시내 곳곳에서 며칠 동안이나 화재가 지속됐다. 지진 규모를 나타내는 리히터 척도가 개발되기 30년 전이었지만, 당시 샌프란시스코 지진은 규모 7.9의 강진으로 추정됐다. 이 최악의 지진은 오리건에서 로스앤젤레스까지, 그리고 네바다까지 뒤흔들었다. 본진과 여진 때 다행히 무너지지 않은 건물도 있었지만 이것들 역시 곧 화염에 휩싸였다. 샌프란시스코의 80퍼센트가 파괴된 엄청난 재앙이었다.

"똑똑한 것보다 운 좋은 게 더 낫다"는 말을 들어봤는가? 지진이 발생한 1906년 4월 18일 새벽 5시 12분 이후의 지아니니는 그 둘 모두에 해당했다. 무엇보다도 지아니니와 가족들은 목숨을 건졌다. 샌프란시스코 남쪽의 샌머테이오에 있는 그의 집도 다행히 불길에 휩싸이지 않았다. 이런 행운을, 또는 신의 가호를 누리지 못한 주민은 너무도 많았다. 그리고 지아니니는 똑똑한 남자였다. 그는 두 번째 핵심 결정을 내렸다.

소비자 중심 금융의 토대를 만들다

지아니니는 곧장 집을 뛰쳐나가 30킬로미터 떨어진 노스비치에 있는 자신의 은행으로 향했다. 아직 이른 아침이었다. 은행까지 가는 동안 한순간에 처참한 폐허로 변해버린 시내를 목격해야 했다. 그는 은행 금고에 있는 돈과 귀중품을 전부 꺼낸 뒤 쓰레기(어떤 자료에서는 농산물이었다고 한다)를 가득 실은 트럭에 숨겼다. 그리고 서둘러 안전한 장소로 피신했다. 그는 여진이 멈추고 화재가 잦아들어 시내가 어느 정도 안전하다고 판단되자, 주저앉은 뱅크오브이탈리아 건물 근처의 야외에 임시 영업소를 차렸다. 커다란 나무통 두 개를 널찍한 간격으로 세우고 그 위에 묵직한 판자를 얹어 책상으로 사용했다. 그리고 '면접과 서명만으로' 사람들에게 돈을 대출해주기 시작했다. 그가 내건 조건은 대출자가 반드시 그 돈을 지진 피해 복구비로 사용해야 한다는 것이었다. 전해지는 이야기에 따르면 당시 대출된 돈은 전부 상환됐다고 한다.

지아니니처럼 행동한 은행가는 아무도 없었다. 어떤 은행 건물은 완전히 파괴돼 금고에 접근할 수조차 없었다. 또 어떤 경우에는 화재 때문에 금고가 너무 뜨거워서 망가지거나 파손되지 않았음에도 열 수가 없었다. 사실 내용물이 온전한지도 알 수 없었다. 지폐와 유가증권들은 타거나 망가졌을 확률이 높았다. 하지만 다른 은행가들은 이 '서민을 위한 은행가'만큼 결단력이 있지도, 대담하지도 않았다. 그들은 그저 기다렸다. 적절한 때가 되기를, 도시의 질서가 회복되기를, 합의된 복구 계획이 세워지기를, 시 당국이 후속 조치를 결정하기를 기다렸다. 지아니니는 '주류파'가 아니었으므로 피해 대책 논의를 위해 시장이 소집한 회의에 참석하지 않아도 됐다. 과거에도 그랬고 앞으로도 그럴 테지만, 그는 자신의 직관과 판단에 따라 혼자서 움직였다.

그는 기존 고정관념을 깬 두 가지 결정('소형' 고객들에 집중한 것과 야외의 비공식 지점을 통해 사람들을 직접 찾아간 것)으로, 오늘날 우리가 아는 소비자 금융의 토대를 마련했다. 그는 금융업의 모습을, 그럼으로써 세상을 바꿔놓은 선구자였다.

1906년 당시 지아니니가 은행 업계에서 목격한 풍경은 샌프란시스코의 것만이 아니었다. 은행은 미국 건국 초기부터 존재했다. 초기 은행들은 뉴잉글랜드 지역에 집중됐으며 주로 개인과 작은 기업에 돈을 빌려주는 상업은행이었다. 남쪽의 뉴욕과 필라델피아에서는 투자은행들이 생겨났는데, 이중 다수는 유럽의 금융 업계와 밀접히 연결돼 있었다. 일부 은행은 독일-유대계 이민자들이 운영했고, 일명 '양키 하우스'라고 불린 또 다른 은행들은 런던으로 건너가 금융업에 종사하는 미국인들과 연결돼 있었다. 이런 은행들은 전쟁 비용을 조달하려는 정부에 돈을 빌려주거나 기업가들에게 사업 자금을 대출해주었지만 노동자와 서민 계층은 거의 상대하지 않았다. 또 내부자 대출 때문에 비난받는 경우가 많았다.

자본주의의 급속한 발전 속도에 맞춰 적절한 규제와 질서를 도입하려는 법규가 만들어지는 한편, 대부분의 은행가는 두 가지 방향에 눈독을 들였다. 첫째, 그들은 급속한 성장과 산업화로 한층 탄력을 받은 개척시대 서부에서 사업 기회를 포착했다. 둘째, 19세기 후반 이른바 도금시대Gilded Age(남북전쟁 직후 미국 자본주의가 급속히 발달한 경제 성장기를 말한다-옮긴이)에 엄청난 부를 축적한 특권층이 등장했다. 그리고 한 가지 기억할 것은, 동부의 뉴잉글랜드나 뉴욕 사람들이 '사업 중의 사업'인 은행업에서 캘리포니아 사람들보다 더 일찍 유리한 출발을 했다는 점이다. 미국 최초의 중앙은행인 미합중국 제1은행First Bank of the United States은 1791년 필라델피아에 문을 열었다. 캘리포니아에는 1849년 골드러시가 일어나고 나서야 첫 은행이 생겼다. 이와 같은 여러 측면에서 볼 때 지아니니는 남들과 다른 선구적인 은행가였다.

　다행히 샌프란시스코는 대지진 이후 다시 일어섰다. 지아니니와 그의 은행 뱅크오브이탈리아가 샌프란시스코 재건 과정에서 얼마나 중요한 역할을 했는지는 말로 다 할 수 없을 정도다. 이후 그는 1949년 세상을 떠날 때까지 금융 관련 사업을 지속하면서 '보통의' 고객들에게 봉사한다는 비전을 캘리포니아는 물론이고 미국 전역, 그리고 세계 곳곳에 널리 퍼트렸다. 그는 늘 자신의 뿌리를 잊지 않았던 것으로 보인다. 그는 노스비치의 은행에 찾아온 이민 노동자들의 소박한 욕구를 채워주었을 때와 마찬가지로 능숙한 수완을 발휘해 와인, 영화 등 캘리포니아의 상징적 산업들이 성장할 수 있게 지원했다. 그의 은행은 샌프란시스코의 아름다운 구조물인 금문교를 건설할 때도 주요 투자자로서 엄청난 자금을 지원했다. 그리고 현재 그의 이름을 딴 재단에서는 질병 치료를 위한 연구에 힘쓰고 있다.*

　마지막으로 지아니니가 결정에 대해 남긴 주옥같은 명언들을 전한다.

---

* 1928년 지아니니는 사업 확장의 일환으로 뱅크오브이탈리아를 로스앤젤레스의 뱅크오브아메리카 Bank of America와 합병했고 얼마 후 전략적 장점을 고려해 은행 이름을 '뱅크오브아메리카 내셔널트러스트앤드세이빙스어소시에이션Bank of America National Trust and Savings Association'으로 바꿨다. 그의 은행은 대공황을 무사히 견뎌내고 계속 성장을 거듭해 미국 최대의 상업은행이 됐다(미국 최대의 지점망도 구축했다). 1998년 네이션스뱅크NationsBank에 인수될 때 뱅크오브아메리카라는 사명을 택했다. 현재 뱅크오브아메리카는 미국 내 2위 규모의 은행이며 세계적으로는 10위 안에 든다.

확고한 소신이 없다면 앞을 내다보는 선견지명도 아무 소용없다. 수많은 탁월한 아이디어가 실현되지 못하고 흐지부지된 것은 그것을 떠올린 사람이 주변 이들을 납득시킬 용기와 투지가 부족했기 때문이다.

꾸물거리지 마라. 결심한 목표가 있다면 최대한 신속하고 효율적으로 달성해라. 사냥감을 잡겠다고 덤불을 두드리는 것은 바보짓이다.

당신 생각이 남들과 다르다 해도 그것이 훌륭한 아이디어라면 절대 망하지 않는다. 나는 머릿속에 떠오른 아이디어를 가능한 한 모든 관점에서 생각해본다. 장점과 단점, 밝은 면과 어두운 면을 전부 따져본다. 그리고 내가 존경하는 판단력을 갖춘 사람을 찾아가 내 아이디어의 결점을 말해달라고 한다. 그가 내린 최악의 평가에 내 아이디어에 대한 칭찬이 조금이라도 섞여 있으면 나는 그 아이디어를 실행한다.

항상 과녁의 중앙을 맞혀야 하는 것은 아니다. 바깥쪽 원을 맞혀도 점수는 올라간다.

1. 당신의 뿌리와 출발점을 잊지 마라. 살면서 배운 중요한 가치를 평생 실천하라.

2. 당신이 믿는 바를 용기 있게 밀고 나가라. 지아니니는 굳은 소신과 용기, 기개를 갖고 당대 은행 업계의 관습에 정면으로 맞섰다. 필요한 순간에 지체하지 말고 행동하라. 무엇을 해야 할지 판단이 섰다면 곧장 실행에 옮겨라.

3. 당신의 아이디어와 결정에 자부심을 가져라. 그것은 다른 사람에게는 없는, 당신만의 것이다. 자신감을 갖고 당신의 아이디어에 대해 주변의 평가를 얻어라. 이 책의 다른 인물들과 마찬가지로 지아니니도 필요한 경우 주변에 조언을 구했다. 그 상대는 반드시 "내가 존경하는 판단력을 갖춘 사람"이어야 한다.

4. 중요한 기회를 만나면 남김없이 에너지를 쏟되 완벽하게 해내려고 너무 안달하지 마라. 자칫 기회가 날아가버릴 수도 있다. 목표에 조금 천천히 도달해도 괜찮다고 생각하라. "완벽하게 하려다가 오히려 일을 그르친다"는 말을 기억하라.

PART

V

위대한 발견과
발명의 순간

D E C I S I O N S

"좋은 면이든 나쁜 면이든
오늘날 세상의 모습은 구텐베르크에게 빚을 지고 있다.
모든 것이 그의 발명품 때문에 가능해졌다."

———

마크 트웨인

16

CHAPTER

결과를 전혀 예측할 수 없는
결정도 있다

요하네스 구텐베르크 Johannes Gutenberg(1400~1468)

요하네스 구텐베르크가 15세기 중반 발명한 가동 활자와 인쇄기가 세상을
바꿔놓았다는 사실에 토를 달 사람은 아무도 없을 것이다.

흥미로운 점은 구텐베르크는 자신이 세상을 바꿔놓을 줄 전혀 몰랐다는 사
실이다. 그가 평생 추구한 목표는 돈을 버는 것이었고, 살면서 내린 모든 결
정도 그와 관련돼 있었다. 그에게는 어떤 고상한 비전이나 깨달음도 없었다.
500년 후 마셜 맥루한Marshall McLuhan이 그를 두고 표현했던 말마따나 "모든
사람을 독자로 만든다"는 목표도 없었다. 그리고 그의 상징적 업적인 《구텐베
르크 성경》도 그 공로가 다른 사람에게 돌아갈 뻔했다.

내가 구텐베르크에게 특히 강한 흥미를 느낀 이유는 흔한 위인 스토리에

대한 예상을 깨부순다는 점 때문이다. 이 중세의 발명가는 현대를 사는 우리에게도 결정과 관련된 인상 깊은 교훈을 전해줄 것이다.

활자로 세상을 바꾼 남자

《구텐베르크: 활자로 세상을 바꾼 남자Gutenberg: How One Man Remade the World with Words》를 비롯해 구텐베르크와 인쇄 혁명에 관한 책을 여러 권 저술한 존 맨John Man은 이 발명가에 대해 자신이 가진 선입견을 이렇게 말한다.

> 인쇄술이 근대 세계를 형성한 중요한 초석 중 하나라면 나는 구텐베르크가 당연히 이타적인 천재였을 것이라고 생각했다. 근대화의 선두에 서서 세상을 진일보시키겠다는 이상에 헌신한 사람이라고, 새로운 지식의 이로움을 세상에 퍼트리겠다는 열정을 가진 사람이라고 말이다. 그런데 그렇지 않다. 사실은 내 선입견과 정반대였던 것으로 보인다. 구텐베르크의 목표는 사업적인 것이었다. 즉 가톨릭교회 덕분에 형성된 유럽 대륙이라는 거대한 시장을 제일 먼저 이용해 돈을 벌고 싶어 하던 사업가였다.

구텐베르크의 생애에 관해서는 알려진 것이 많지 않다. 1394년에서 1404년 사이에 독일 마인츠에서 태어나 세례를 받았지만 후대인들이 그의 공식 출생 연도를 1400년으로 정했다. 그는 생애 대부분을 독일 마인츠와 슈트라스부르크에서 보냈지만 잠시 프랑스에 머문 적도 있다. 1468년 마인츠에서 사망했으며 날짜는 2월 3일로 추정된다.

그의 아버지 프릴레Friele는 귀족 집안 출신으로 마인츠의 조폐국 감독관이었다. 이는 상당한 지위와 영향력을 가진 자리였으며, 프릴레가 아버지로부터 물려받은 직업이었다. 하지만 프릴레는 시쳇말로 '한쪽이 기우는 결혼'을 했다. 그의 아내 엘제Else의 집안은 과거에 꽤 재력 있는 상류층이었지만 조상들이 내전과 관련해 잘못된 결정을 내리는 바람에 몰락하고 말았다. 이제는 부유하지도 않고 사회적 지위도 볼품없었다. 엘제의 아버지는 상인이 되었다. 아버지와 어머니 집안의 이런 격차는 구텐베르크와 그의 형, 여동생의 출세에 부정적 요인으로 작용했고, 세 남매 중 누구도 조폐국 감독관 직을 물려받을 수 없었다(하지만 구텐베르크는 한동안 조폐국에서 일한 적이 있다).*

구텐베르크는 어릴 적부터 총명했으며 특정한 직업을 목표로 공부를 하지는 않았지만 꽤 괜찮은 교육을 받은 것으로 보인다. 마인츠에는 학교가 많았는데 대부분 가톨릭 사제와 수도사들이 운

---

* 구텐베르크의 원래 이름은 요하네스 겐스플라이슈Gensfleisch였다. 당시의 흔한 관습대로 그는 아버지 집안의 저택 이름인 '구텐베르크'를 성姓으로 삼았다(당시에는 저택에 이름을 붙이는 일 역시 흔했다). 겐스플라이슈가 '거위 고기' 또는 '거위의 살'이라는 뜻인 것이 싫어서 성을 바꿨다는 얘기도 있다.

영했다. 구텐베르크는 일찍부터 읽기와 쓰기를 배웠고 교회의 교리와 라틴어를 깊게 공부했을 것이다. 그 결과 독실한 기독교인이 됐는지 여부는 모르겠지만, 어쨌거나 후대 사람들에게 그는 교회와 떼어놓고 생각할 수 없는 인물이다.

청년이 된 구텐베르크는 돈을 많이 벌어 편안한 삶을 살고 싶다는 꿈을 품었다. 아버지의 뒤를 따라 언제까지고 조폐국 일을 할 수는 없었다. 게다가 당시의 법 때문에 아버지가 사망한 후 그에게 돌아와야 할 유산도 전부 물려받을 수는 없었다. 앞으로 살펴보겠지만, 다행히 그에게는 상황을 헤쳐 나갈 여러 복안이 있었다.

앞에서 나는 구텐베르크에 관해 알려진 것이 별로 없다고 했다. 그러나 우리는 확실히 아는 사실들을 (약간의 상상력을 가미해) 조합해볼 수 있다. 그 정보들의 근거는 다음 두 가지다.

첫 번째는 15세기 전반 독일 및 유럽의 상황에 관한 지식이다. 당시 유럽은 전염병과 전쟁, 온갖 종류의 혼란으로 물들어 있었다. 구텐베르크의 가족도 몇 번이나 원래 살던 도시를 떠나 안전한 곳으로 몸을 피해야 했다. 그의 고향 마인츠는 끊임없는 재정 위기에 시달렸다. 당시에는 장인과 상인들의 조합인 길드가 상업 세계를 지배했는데, 이들은 구텐베르크의 아버지 같은 귀족들과 갈등을 겪었다. 신성로마제국과 가톨릭교회가 막강한 권력을 행사하는 가운데 각 지역의 군주들이 정치적 이해관계에 따라 협력과 대립을 반복했다. 당시 독일은 오늘날처럼 명확한 국경과 국민으로 정의되는 국가가 아니라 여러 영주국의 집합체에 가까웠으며, 왕이 지방 귀족들을 제압하고 중앙집권화를 이루려고 애쓰고 있었다. 100여 년 전부터 시작된 르네상스로 온갖 종류의 지식이 꽃피기 시작했지만 아직은 대부분의 지식을 소수의 특권층만 점유했다(1412년 프랑스에서 잔 다르크가 태어난 것도 이 시기였다).

두 번째는 구텐베르크가 시도했던 사업과 관련된 기록들인데, 그 대부분은 금전 관계 문서와 소송 자료다. 그는 살면서 여러 차례 소송에 휘말렸고 파산 위기를 겪는가 하면 동업 계약을 맺었다가 갈라서기도 했으며 사업 때문에 여러 도시를 옮겨 다녔다. 우리는 남아 있는 기록을 토대로 그가 어디 있었으며(사업이 망한 후에는 '종적을 감추곤' 했다) 무엇을 했는지(비밀리에 작업하는 것을 좋아했다) 웬만큼 추적해볼 수 있다.*

어떤 아이디어는 뉴턴의 사과처럼, 또는 제우스의 이마에서 태어난 아테나처럼 찾아온다. 즉 이미 무르익어 완성에 가까운 형태로 말이다. 하지만 구텐베르크의 경우도 그랬듯 대부분의 아이디어는 비틀즈의 노래 제목처럼 '길고 굽이진 길long and winding road'을 걷는다. 이런저런 경험, 영향을 주는 요인들, 꿈과 포부, 거듭되는 시행착오, 끈질긴 노력, 뜻밖의 발견, 이 모든 요인이 함께 작용해

---

* 구텐베르크가 결혼해서 가정을 꾸렸는지는 알 수 없다. 다만 에넬린Ennelin이라는 여인의 어머니인 엘레비벨Ellewibel이 구텐베르크가 자기 딸과 결혼하기로 하고선 약속을 지키지 않았다며 그를 고소했다는 기록이 남아 있을 뿐이다. 구텐베르크가 정말로 결혼 약속을 했는지, 당사자인 에넬린보다 어머니 엘레비벨이 둘의 결혼 성사에 더 적극적이었는지, 엘레비벨이 결혼을 추진하고 있었음을 구텐베르크가 알았는지, 엘레비벨이 구텐베르크 못지않게 돈에 대한 야심이 컸는지, 이 모든 것은 지금으로선 알 수 없다. 전해지는 기록에 따르면 엘레비벨이 재판에 데려온 증인에게 구텐베르크가 모욕적인 말을 해서, 그 증인이 구텐베르크를 명예훼손죄로 고소해 승소했다고 한다.

아이디어가 실현될 수 있는 비옥한 토양을 형성한다. 구텐베르크의 경우 그의 삶과 주변 환경이 만들어낸 독특한 요인들이 조합돼 있었다. 그리고 그 과정에서 내린 결정들이 세상을 바꿔놓는 발명품을 탄생시키기에 이르렀다.

구텐베르크는 가동 활자와 인쇄기 둘 중 '하나만' 발명했더라도 칭송받았을 것이다. 하지만 그 둘을 함께 개발해 하나의 시스템으로 만든 것이 그의 천재적인 업적이다. 그가 만든 인쇄 공정 덕분에 대량의 표준화된 인쇄물을 비교적 단시간에 찍어내 쉽게 배포하는 일이 가능해졌다. 이로써 소수만 독점하던 지식과 정보를 많은 이들이 공유할 수 있게 됐다. 구텐베르크는 1450년 인쇄 기술을 완성하고 2년 후 책을 찍어내기 시작했다. 이후 인쇄술은 빠르게 퍼져나가며 발전해 1500년경까지 유럽에서는 1,000만 권이 넘는 책이 인쇄됐다.

이제 구텐베르크가 자신의 아이디어를 실현하는 과정에서 어떤 영리한 결정을 내렸는지 살펴보자.

사업을 성공시키고야 말겠다는 열망

한 가지 짚고 넘어갈 것은 구텐베르크가 인쇄술 자체를 최초로 발명한 것은 아니라는 점이다. 인간은 이미 오래전부터 목판에 글자나 형태를 새기고 잉크를 묻혀 종이에 찍어내는 방식을 사용하고 있었다. 이는 상당히 번거롭고 시간이 오래 걸리는 작업이었다. 예술 작품에는 적절할지 몰라도 지식과 정보를 쉽고 빠르게 전달하는 방법은 아니었다. 중국과 한국에서도 일찍이 이런 종류의 인쇄물을 만들어냈다.

한편 구텐베르크의 시대는 정보를 빠르게 전달하거나 표준화된 형태로 만들 필요성을 별로 느끼지 못하던 때였다. 대부분의 지식과 정보를 교회가 보유하고 관리했으며 교회는 그런 특권을 중요하게 여기며 지켰다. 모든 교구가 교리와 관련된 나름의 자료를 보유했지만 그것을 교구들끼리 공유하는 일은 드물었고 일반 신도들과 공유하는 경우는 더더욱 없었다. 책이 필요한 경우 한 번에 한 권씩 수작업으로 만들었다. 즉 필경사가 글을 베껴 쓰고 채식사가 그림과 장식을 그려 넣어 아름다운 예술품 같은 '채식 필사본'을 완성했다. 이렇게 손으로 만들다 보니 심지어 성경도 교구마다 조금씩 내용이 다르곤 했다.

늘 '대박을 칠 기회'를 찾던 구텐베르크는 1448년 독일 추기경 니콜라우스 쿠자누스Nicolaus Cusanus가 일반 신도들이 성경을 더 쉽게 접하도록 만들기 위해 애쓰고 있다는 사실을 알게 됐다. 이는 독일을 비롯한 유럽 전역에서 각 교구가 보유한 서로 다른 성경을 표준화하고 지식의 사일로들을 통합하려는 보다 커다란 프로젝트의 일부였다. 구텐베르크는 쿠자누스 추기경을 돕기로 결심했다. 구텐베르크는 "기독교의 진리가 소수의 필사본에 갇혀 있으며 이 필사본들이 공공의 보물을 널리 퍼트리지 못하고 가둬놓고 있다"

는 점에 동의했다. 그로서는 중요한 사업 아이템이 눈앞에 보이는 순간이었다. 그것은 인쇄라는 기술을 이용해, 손으로 필사한 성경과 소책자, 찬송가, 여타 교회 자료들(그리고 훗날의 악명 높은 '면죄부'까지)이 갖는 한계를 뛰어넘는 것이었다.

구텐베르크는 자신에게 그 해결책이 있다고 생각했다.

쿠자누스 추기경을 만났을 즈음 구텐베르크는 이미 30년 가까이 활자와 인쇄 기술을 실험해오고 있었다. 말하자면 오랜 제품 개발 기간 끝에 확실하고 커다란 시장을 만난 셈이었다.

구텐베르크는 이전에도 교회 덕분에 큰돈을 벌 기회를 목격한 적이 있었다. 구체적으로 말하면, 성스러운 유물을 직접 보기 위해 성지순례를 하는 수많은 신도가 잠재 고객이었다. 당시 사람들은 반짝이는 금속을 몸에 부착하고 있으면 유물의 성스러운 힘이 그 금속을 단 사람에게 반사되어 전해진다고 믿었다. 1437년 구텐베르크는 자신이 살고 있던 슈트라스부르크에서 해마다 열리는 종교 축제를 앞두고 이 조그만 '순례자 거울'을 다량 제작했다(그는 마인츠의 조폐국에서 일한 적이 있어 금속 주조 및 세공에 능숙했다).

금속 세공에 관한 지식과 기술도 갖췄고 확실한 고객들도 있으니, 초반에는 이 순례자 거울 사업이 그런대로 잘 돌아갔다. 하지만 1439년 전염병이 퍼져 슈트라스부르크 종교 축제가 취소됐고, 갑자기 고객이 없어지면서 그는 파산 상태에 빠졌다(그가 살면서 겪은 여러 번의 파산 중 하나였다). 그러나 늘 그랬듯 그는 성공하겠다는 꿈을 포기하지 않았다. 그리고 10여 년 후, 그동안 실험해온 활자 및 인쇄 기술을 발휘할 기회를 만나게 된 것이다.

가동 활자를 개발하고 그것을 인쇄기와 결합해 활용할 방법을 찾는 과정은 '길고 굽이진 길'이었다. 글자를 새긴 판이나 그림 문자 대신 개별 활자를 사용하면 큰 장점이 있다. 각 활자를 원하는 대로 배열하고 또다시 배열하는 일이 가능하다는 점이다. 그리고 나무는 아무리 단단해도 시간이 흐르면 닳거나 쉽게 변형될 수 있지만, 금속으로 활자를 주조하면 계속 반복해서 재사용할 수 있었다. 중국이나 한국에서 사용하던 먹물과 종이는 금속 활자를 찍어내는 데 적합하지 않았기 때문에 새로운 종류의 잉크와 종이도 만들어야 했다. 또 사람의 손으로 찍어내는 전통적인 방식 역시 적합하지 않았다. 구텐베르크는 사람이 아닌 기계가 그 작업을 대신할 수 있을 거라고 생각했다. 올리브 기름이나 포도즙을 짤 때 사용하는 것과 같은, 커다란 스크루와 판으로 만든 압착기를 사용하면 어떨까?

마침내 구텐베르크는 납으로 주조한 활자들과 구두점 기호들을 조판용 틀에 가지런히 배열하고 잉크를 묻혀 종이를 덮은 후 압착식 인쇄기로 찍어내는 시스템을 고안했다. 그렇게 성경의 한 페이지가, 성가의 가사가, 면죄부가 찍혀 나왔다. 같은 활판에 새 종이만 얹으면 똑같은 페이지를 무한히 찍어낼 수 있었다. 그리고 다른 인쇄기에서는 같은 방식을 적용하되 새로운 활자 조판을 배열해 다른 페이지를 찍어냈다.

이렇게 한 페이지를 인쇄하려면 상당히 많은 수고와 시간이 들

인쇄기를 시험해보는 구텐베르크의 모습.
상업적인 목적이 강했던 그의 결정은 오히려 인류의 지식혁명에 지대한 영향을 미쳤다.

어갔다. 금속 활자들로 채워진 틀을 매번 들어내고 온몸의 체중을
실어 인쇄기의 거대한 스크루를 돌리는 작업은 육체적으로 매우
힘든 노동이었다(아직 모터가 발명되기 전이었다). 그러나 일일이 손으
로 필사하던 것에 비하면 구텐베르크의 인쇄 방식은 훨씬 쉽고 혁
신적으로 빨랐다. 게다가 똑같은 인쇄물을 원하는 수량만큼 얼마
든지 찍어낼 수 있었다. 한마디로 인류에게 새로운 세상이 열린 것
이다.

　인쇄기 개발을 위해 수없이 시행착오를 거치는 동안 장비를 구

입하거나 작업장을 확보할 자본이 늘 충분하지는 않았다. 또 인쇄소 일은 혼자서 할 수 있는 것이 아니었다. 대단히 힘든 노동이 수반되는 작업이었기 때문이다. 그에게는 돈을 빌릴 사람도, 같이 일할 사람도 필요했다.

그가 내린 중요한 결정 중 하나는 비밀리에 인쇄 시스템을 개발하기로 한 것이었다. 이는 순조로운 개발에는 도움이 됐지만 한편으론 이런저런 소송과 의혹에 휘말리는 계기도 됐다. 그에게 돈을 빌려준 사람들은 그가 무슨 일을 추진하는지 전혀 알 수 없었다. 또 그와 함께 일하는 사람들도 작업의 전체적인 상황을 알지 못했다. "왜 잉크를 이런 식으로 만들어야 합니까?"라고 물으면 "신경 쓰지 마시오. 그냥 내가 시키는 대로 조합만 하시오"라는 대답이 돌아왔고, "어째서 이 종이는 되고 저 종이는 안 됩니까?"라고 물으면 "알 거 없소. 내가 시키는 대로 만들기나 하시오"라는 대답이 돌아왔다. 돈을 빌려준 사람들이나 동업자들, 직원들은 이런 대우를 오래 참기 힘든 법이다. 구텐베르크는 툭하면 법적 분쟁과 고소의 대상이 됐다.

그중에서도 가장 안타까운 사건은 1455년에 일어났다. 그가 소송에 휘말려 《구텐베르크 성경》을 인쇄한 마인츠의 인쇄소를 빼앗긴 것이다. 그로부터 몇 년 전 구텐베르크는 인쇄 사업을 위해 요한 푸스트Johann Fust에게 돈을 빌렸다. 푸스트는 구텐베르크가 신뢰한, 또는 적어도 인내심을 가져줄 것이라고 믿은 동업자였다. 그런데 푸스트는 구텐베르크가 당장 상환할 능력이 안 된다는 것을 알면서도 그동안 진 빚을 갚으라는 소송을 냈다. 소송에서 진 구텐베르크는 인쇄 설비를 전부 빼앗겼다. 푸스트는 이를 이용해 성경을 계속 인쇄했지만 그 품질과 완성도는 구텐베르크가 만든 것에 훨씬 못 미쳤다. 정작 인쇄술 발명과《구텐베르크 성경》인쇄의 장본인은 세상을 떠나고 한참 후까지도 그 공로를 제대로 인정받지 못했다. 1504년에야 마인츠대학교의 한 교수 덕분에 구텐베르크의 공로가 인정되기 시작했다.

종교개혁의 도화선이 된 발명

책을 좋아하고 커뮤니케이션의 역사에 관심이 많은 사람들은 구텐베르크의 위대한 발명 뒤에 숨겨진 자질구레한 일화와 세세한 정보에 지나치게 집중할 수도 있다. 따라서 그런 종류의 이야기는 여기까지만 하겠다. 어쨌거나 이 책의 주제는 발명이 아니라 결정이니까 말이다.

하지만 그렇더라도 구텐베르크가 세운 최고의 업적은 마지막으로 짚고 넘어가지 않을 수가 없다. 바로 예술 작품이라고 해도 손색이 없는《구텐베르크 성경》이다('푸스트 성경'도, '마인츠 성경'도 아니다).

구텐베르크는 1450년에서 1455년 사이에 성경을 인쇄했다. 그는 이것이 기독교인들의 통합과 권력의 중앙집중화를 꾀하던 로마가톨릭교회에 도움이 될 것이라고 생각했다. 하지만 그런 효과는 잠시뿐이었다. 1517년 종교개혁이 일어나면서 교회의 위상이 하락하고 통일성이 와해됐기 때문이다.* 앞서 언급한 존 맨은 이렇게 썼다.

> 구텐베르크가 자신의 원래 의도와 정반대의 결과를 얻었다는 사실은 역사의 대표적인 아이러니 중 하나다. 그는 놀라운 수준의 총명함과 인내력으로 결국 인쇄 공정을 성공적으로 완성했지만 동업자들에게 거의 모든 것을 잃고, 빈곤과 망각을 가까스로 면했다. 또한 그는 가장 위대한 교회 출판물 중 하나를 제작함으로써 결과적으로 교회의 통일성을 와해시킨 종교개혁의 시대를 열었다.

구텐베르크는 효과적으로 작동하는 기계를 만든 기술자 그 이상이었다. 즉 창의성도 뛰어났다. 그에게는 아름다운 디자인에 대한 감각이 있었다. 그의 성장 배경을 봐서는 이런 감각이 어떻게 길러졌는지 알 길이 없다. 그는 글자를 어떤 모양으로 새겨야 아름다운지, 한 줄이 얼마나 길어야 하는지, 한 페이지에 몇 줄이 들어

---

* 종교개혁의 도화선이 된 마르틴 루터의 그 유명한 〈95개조 반박문〉이 빠르게 퍼질 수 있었던 이유 하나는 필사본이 아니라 인쇄본이었기 때문이다. 3장에서 살펴보았듯이, 루터는 1517년 대주교 앞으로 보낸 편지에 이 〈95개조 반박문〉을 첨부했다. 그런데 인쇄업자가 이 문서의 중요성을 직감하고 다량 인쇄해 퍼뜨렸다.

가야 적절한지 본능적으로 알았다. 심지어 마침표나 하이픈이 줄의 끝에 위치하게 되는 경우 줄들의 끝을 나란히 맞춘 기준선 안쪽에 찍을지 약간 바깥에 찍을지 하는 것까지 세심하게 판단했다. 미적인 측면과 관련된 이런 결정들 때문에 그가 인쇄한 페이지들은 손으로 만든 필사본만큼이나 독특하고 아름다웠다. 구텐베르크의 이름이 찍혀 있지 않아도 누구나 그가 만든 책이라는 사실을 알아볼 수 있었다.

구텐베르크의 미적 감각은 직접 디자인하고 인쇄한 수많은 성경에 고스란히 반영됐다. 그는 약 180권의 성경을 제작한 것으로 알려져 있다. 현재 완전한 상태로 보존되어 남아 있는 것은 21권이고(이중 다섯 권은 미국이 보유) 부분적으로 남아 있는 것은 28권이다. 우리는 특정한 한 권이 아니라 그것들을 통틀어 《구텐베르크 성경》이라고 부른다. 잊지 말라. 구텐베르크의 결정이 세상을 바꾼 것은 지식과 정보의 대량 전달을 가능하게 만들었기 때문이다.

구텐베르크는 그토록 원했던 경제적 성공을 거뒀을까? 어느 정도는 그렇다고 할 수 있다. 그는 성경 인쇄 사업을 푸스트에게 빼앗긴 후 다시 작은 인쇄소를 차려 약 10년간 이런저런 잡다한 문서를 인쇄하며 살았다. 푸스트 사건으로 아마 크게 낙담했을 것이다. 그러나 1465년에 마인츠의 대주교가 그의 업적을 인정해 '궁중 대신'의 직위를 부여하고 의복과 와인, 음식의 형태로 연금을 받을 수 있게 해주었다. 구텐베르크는 그런대로 편하게 생애 마지막 3년을 보냈다.

마지막으로, 구텐베르크의 중요한 목표였던 것과 관련해 약간의 조언을 남기며 이번 장을 마칠까 한다. 그의 목표는 돈을 버는 것이었다. 내가 인생을 살아보니 그것은 목표로 삼기에 충분한 것이 아니다. 돈을 버는 것만으로는 완전한 만족을 얻을 수 없다. 물론 처음부터 경제적인 실패를 염두에 두고 뭔가를 시작하는 사람은 없다. 나 역시 대부분의 사람과 마찬가지로 금전적 보상을 얻기 위한 결정들을 내리며 살아왔다. 예컨대 학교나 직업을 선택할 때도 그랬다. 나는 현명하게 내린 결정들 덕분에(그리고 이따금 내린 형편없는 결정에도 불구하고) 사업에 성공할 수 있었다. 그것은 내 가족을 위해, 동료들을 위해, 고객들을 위해 다행한 일이었다. 또 나 자신을 위해서도 다행이었다. 내 자존감과 소신, 가치관을 지킬 수 있었으니까.

하지만 나는 돈을 버는 것은 중간 목표라고 믿는다. 진짜 목표는 그보다 훨씬 크고 동시에 훨씬 단순한 것이어야 한다. 당신 삶의 목적을 발견하는 것, 그것이 진짜 목표다. 결국 자신이 무엇에서 가장 커다란 만족을 느끼는지 깨달아야 한다. 스스로 진정한 의미와 만족을 느낄 수 있는 인생의 목적을 찾아내기 위해서는 적지 않은 노력이 필요하다.

감히 말하자면 구텐베르크는 진짜 목표에 해당하는 것을 이루지 못했다. 그는 인생의 목적이 돈을 버는 것이 돼서는 안 된다는 사실을 깨닫지 못했다. 생전에 그가 벌었던 돈도, 돈을 벌 수 있었던 기회도 이제는 다 사라진 지 오래다. 심지어 존 맨이 "인간이 만든 가장 놀라운 창조물 중 하나이며 원래의 목적에 요구되는 완성도를 훌쩍 뛰어넘은 예술과 기술의 결정체"라고 표현한 그의 성경도 하나의 중간 목표일 뿐이었다. 구텐베르크 자신은 결코 깨닫지 못했지만, 그가 결국 이뤄낸 삶의 목적은 진정한 커뮤니케이션에 필요한 도구를 인류에게 선사함으로써 지식에 자유의 날개를 달아준 것이었다.

1. 명확하고 구체적인 목표를 세워라! 목표를 종이에 적어라. 신뢰할 수 있는 이들에게 그 목표를 보여주고 조언을 얻어라.

2. 누구를(또는 무엇을) 타깃으로 삼아야 성공 가능성이 높은지 파악하라. 만일 사업을 운영하고 있다면, 시장의 특성을 속속들이 파악한 후 제품이나 서비스를 거기에 맞춰 개발하라. 구텐베르크는 자신이 인쇄하는 성경이 채식 필사본의 미적 완성도에 필적하거나 그것을 뛰어넘어야 한다고 생각했다.

3. 당신에게 영향을 주는 모든 요인은 인생의 자양분이 된다. 부모님의 직업, 어릴 적 취미, 지역사회의 행사, 학창시절 좋아하거나 싫어했던 과목 등 이 모든 것이 당신이 내리는 결정에 영향을 미칠 수 있다.

4. 만일의 경우를 위한 대비책을 여러 개 마련해라. 첫 시도에서 생각대로 잘 안 풀리거나 실패했어도 당신이 원하는 목표가 변함없다면, 다른 방법을 찾아라. 혹은 아예 새로운 목표를 세워라.

5. 갈등과 오해를 예상하고 대비하라. 어떤 편집증 때문이었든 정당한 이유 때문이었든, 구텐베르크는 연구개발 과정을 비밀로 해야 한다고 믿었다. 결국 그런 비밀스러운 태도 때문에 여러 문제가 생겼음에도 그는 자기 방식을 바꾸지 않았다. 만일 당신의 결정을 실행에 옮기는 데에 사람들의 도움이 필요하다면 그들을 정당하고 만족스럽게 대우하라.

6. 기준을 높게 세우고 인내심 있게 그 기준을 유지하라. 중요한 일이라면 훌륭하게 해낼 가치가 있다. 충분한 시간을 들여 아이디어의 각 구성요소를 최고 수준으로 발전시켜라. 구텐베르크는 최적의 잉크와 종이, 가장 보기 좋은 활자 디자인을 찾는 데 아낌없이 노력을 쏟아부었다.

"그것은 매우 이례적인 결정이었다.
그전까지는 여성이 그런 자리를 맡는 경우가 전무했기 때문이다."

———

마리 퀴리

17
CHAPTER

모든 결정은
한 곳을 향한다

마리 퀴리 Marie Curie(1867~1934)

아마도 마리 퀴리가 내린 가장 중요한 결정은 다른 누군가의 결정을 수락한 일일 것이다.

1906년 4월 19일, 그녀가 사랑하고 존경하는 인생의 반려자이자 물리학과 화학 분야의 혁신적 연구를 함께 진행해온 파트너인 남편 피에르 퀴리 Pierre Curie가 번잡한 파리 도로에서 뜻하지 않은 사고로 사망했다. 그의 사망은 마리 퀴리는 물론 모든 국민을 큰 충격과 비탄에 빠트렸다.

그로부터 3년 전인 1903년 퀴리 부부는 방사능 연구의 업적을 인정받아 노벨 물리학상을 공동 수상했다. 두 사람은 비록 부자는 아니었지만 이미 유명 인사였다. 연구를 병행하는 동시에 개인적으로는 육아를 비롯해 이런저런 일상의 문제들을 함께 해결해나갔다. 직업적인 면에서 볼 때 퀴리 부부의 앞날은 끝없는 희망으로 가득해 보였다. 47세의 피에르와 39세의 마리는 과학자로서 전성기를 맞고 있었다. 하필 그때 비극이 찾아온 것이다.

과감한 결정을 기꺼이 수락하다

피에르가 세상을 떠나고 얼마 후, 프랑스 정부는 마리에게 피에르가 원래 맡기로 돼 있었던 파리대학교의 교수직을 대신 맡아줄 것을 제안했다. 비록 '교수 대행'이긴 했어도 이는 사람들이 깜짝 놀랄 만한 채용이었다. 훗날 마리도 당시를 회상하면서 정부와 대학 측으로서는 "매우 이례적인 결정이었다"고 말했다.

당시에 마리 퀴리만큼 걸출한 업적과 명성을 쌓은 여성은 없었다. 또 그녀는 그저 형식적으로 남편의 빈자리를 때우게 될 평범한 과부도 아니었다. 오히려 그 자리에 차고 넘치는 능력자였다. '대행'이라는 말은 그녀의 직함에서 곧 사라지게 된다.

동시에 마리는 남편을 잃은 충격으로 크나큰 슬픔에 빠져 있었다. 제정신이 아니거나 삶에 아무 의욕이 없는 사람처럼 보이곤 했다. 과학자로서도, 두 딸(아홉 살이 다 된 이렌Irène과 두 살도 채 안 된 에브Ève)의 엄마로서도 예전의 생활을 회복하기 힘들었다. 게다가 노벨상 수상자에 따르는 이런저런 책무와 주변의 기대치도 그녀를 가만두지 않았다. 피에르가 죽은 후 약 1년간 쓴 그녀의 일기에는 차라리 남편을 따라 죽고 싶다는 표현까지 등장한다. 그녀는 파리대학교의 교수직 제안에도 심드렁한 마음이었다.

하지만 결국 그녀는 제안을 수락했다. 그리고 그녀의 위대한 방사능 연구도 계속 진행되기 시작했다.

이후 그녀의 남은 생애 28년 동안 파리의 연구실에서 빛나는 성과들이 쏟아졌다. 방사선의 특성과 그 화학적 원천, 방사선을 치료나 파괴에 이용하는 방법 등에 대한 새로운 발견이 이어졌다. 그리고 이 업적들은 그녀 혼자서 이룬 것이 아니었다. 역시 뛰어난 과학자가 된 딸 이렌과 이렌의 남편을 비롯해 많은 과학자가 마리의 연구실에서 그녀를 도왔다. 훗날 이렌의 딸과 사위, 손자도 과학자가 된다.

마리가 사용하던 연구실은 현재 암 연구의 세계적 기관인 '퀴리연구소Institut Curie'가 되었다. 1909년 파리대학교와 파스퇴르연구소Institut Pasteur가 라듐연구소Institut du Radium를 공동 설립했고, 이후 라듐연구소가 퀴리재단Curie Foundation과 합병되면서 오늘날의 퀴리연구소가 된 것이다.

마리에게 시련이 닥쳤던 시기를 다시 떠올려보자.

앞으로 살펴보겠지만 마리는 평생 자신의 목표를 향해 치열하게 집중한 인물이었다. 하지만 남편 피에르를 잃은 직후에는 목표니 신념이니 하는 것들도, 강인하던 성격도 전부 사라진 사람 같았다. 주변에서 보기에 그녀는 피에르의 교수직을 이어받는 일에 통 관심이 없는 것 같았다. 아예 관심을 가질 의욕조차 없는 듯 보였다. 이는 사랑하는 가족을 잃거나 다른 어떤 큰 시련을 겪은 사람에게 흔히 나타나는 모습이다. 우리는 흔히 그런 시기에는 절대 중요한 결정을 내리지 말라는 얘기를 듣는다.

당시 파리대학교 측의 많은 '관계자'들이 마리에게 교수직 제안을 받아들일 것을 강하게 권유했다. 어쩌면 그녀가 잘되기를 진심으로 바라서였을 수도 있지만, 그녀가 그 자리를 맡아주는 것이 그들 입장에서는 여러모로 편했기 때문이기도 하다.

하지만 그녀가 제안을 수락하기를 바라는 이들은 또 있었다. 마리 인생의 목적과 방향을 너무나도 잘 알고 있는 가족들이었다. 아마 결국 마리가 마음을 기댄 것은, 그녀의 결심에 영향을 미친 것은 그들이었을 것이다. 그녀는 가족을 깊이 신뢰했다. 친구 같은 언니 브로냐Bronya, 피에르의 형이자 물리학자인 폴-자크Paul-Jacques, 아내를 먼저 보내고 홀로 지내던 시아버지 외젠Eugene까지. 직업이 의사였고 마리의 집에서 함께 살던 시아버지는 그녀에게 특히 큰 힘이 됐다. 이들은 마리가 보내는 신뢰에 진심 어린 조언으로 보답했다. 마리의 목표와 강인함은 사라진 것이 아니라 내면 어딘가에서 잠시 잠들어 있을 뿐이었다. 마리는 슬픔을 이겨낸 후 일상으로 돌아올 수 있었다.

우리에게도 그런 조언자들이 있어야 한다. 주변에 그런 사람이 있다는 것은, 또는 누군가에게 그런 조언자가 될 수 있다는 것은 크나큰 행운이다. 이는 인생의 시련기에만 필요한 것이 아니다. 신뢰를 바탕으로 형성된 끈끈한 관계는 우리가 살면서 올바른 결정을 내리는 데 더없이 중요한 역할을 한다.

모든 결정은 과학을 향한다

마리 퀴리는 인생의 전환점이 됐던 1906년 이전에도 수많은 결정의 순간을 마주했다. 공부하는 동안에도, 과학자로서 연구하는 동안에도 말이다. 그녀가 내린 모든 결정은 한 방향을 바라보고 있었다. 바로 과학이라는 길이었다.

마리 퀴리는 마리아 스쿼도프스카Marya Skłodowska라는 이름으로 1867년 폴란드 바르샤바에서 다섯 형제자매 중 막내로 태어났다 (어릴 때는 '마냐'라는 애칭으로 불렸다). 마리아의 어머니는 그녀를 낳기 전까지 명문 여학교의 교장이었다. 아버지는 고등학교에서 물리학과 수학을 가르쳤다. 그래서 집에 항상 과학 도구가 많았고 그것들은 어린 마리아에게 흥미로운 장난감이었다. 그런데 당시 폴란드는 독립 국가가 아니라 러시아의 지배를 받고 있었다. 러시아에 의해 온갖 자유가 억압당했기 때문에 폴란드인들의 삶은 갈수록 힘들어졌다. 예를 들면 폴란드어를 쓰거나 폴란드 역사를 공부하는 일도 금지됐다. 애국심이 깊었던 마리아의 아버지는 결국 학교 측과 갈등을 빚어 교사직을 잃었고, 이후 잘못된 투자 결정을 내려 큰돈을 잃는 바람에 집안이 급격히 어려워졌다.

1875년 마리아의 큰언니가, 뒤이어 1877년에는 어머니가 세상을 떠나면서 어린 마리아는 큰 슬픔을 겪는다. 당시에는 아무리 공부를 잘하거나(마리아는 고등학교에서 탁월한 우등생이었다) 좋아해도 여성은 대학 교육을 받을 수 없었다. 러시아 지배자들이 여성의 대학 입학을 금지했기 때문이다. 놀랍게도 21세기인 지금도 일부 나라에서는 이처럼 여성의 교육권을 억압한다. 12장의 말랄라 유사프자이는 이와 관련된 인상적인 이야기를 우리에게 들려준다.

폴란드에서는 대학에 갈 수 없으니 다른 나라로 유학을 가는 방법밖에 없었지만 집안이 가난해서 그럴 형편이 못됐다. 그래서 마리아와 언니 브로냐는 이렇게 하기로 했다. 한 명이 먼저 파리로 가서 공부하는 동안 나머지 한 명이 폴란드에 남아 돈을 벌어 뒷바라지를 하고, 먼저 공부를 시작한 사람이 학업을 마치고 직장을 얻은 후 나머지 사람의 학업을 뒷바라지하는 것이었다. 브로냐가 먼저 파리로 떠나고 마리아가 폴란드에 남았다.

배움에 대한 갈증을 채우고 싶었던 마리아는 비밀리에 운영되는 일종의 지하 학교에 다니기 시작했다(당국의 감시를 피해 계속 장소를 이동했기 때문에 일명 '이동 대학교Floating University'라고 불렸다). 언젠가는 박물관으로 '위장'한 연구실에서 과학을 공부하기도 했다. 만일 그녀가 오늘날 남녀 차별 없이 모든 젊은이의 STEM(과학science, 기술technology, 공학engineering, 수학mathematics) 교육을 강조하는 모습을 봤다면 얼마나 기뻐했을까.

한편 마리아는 학생인 동시에 교사이기도 했다. 돈을 벌기 위해 부잣집에 가정교사로 들어갔기 때문이다. 그녀는 마침내 충분한 돈이 모이자 1891년 언니 브로냐가 있는 파리로 갔다. 그곳에 가서 이름을 '마리'로 바꾸고 밤낮없이 공부와 연구에 전념할 수 있었다.

1894년 27세의 마리는 지인에게 피에르 퀴리를 소개받는다. 지인은 마리보다 여덟 살 많고 과학에 열정을 가진 인재이자 과학자 집안 출신인 피에르가 그녀와 더없이 잘 맞을 것이라고 생각했다. 이것은 그 혼자만의 착각이었다. 피에르는 여자를 공부와 연구에 방해가 되는 존재라고 생각했고, 마리 역시 오로지 연구에만 관심이 있었기 때문이다. 어떤 남자도 그녀의 관심을 끌지 못했다. 하지만 막상 실제로 만난 후에는 상황이 달라졌다. 두 사람은 과학이라는 열정을 공유하는 서로에게 끌렸고 곧 깊은 사랑이 싹텄다. 마리는 폴란드에 잠시 다녀온 후(그녀는 늘 조국에 돌아가기를 꿈꿨다) 그곳에서는 자신의 꿈을 펼치기 힘들다는 사실을 깨닫고, 피에르의 청혼을 받아들이기로 결심했다. 두 사람은 인생과 학문을 함께할 반려자가 될 수 있을 것 같았다.

두 사람은 1895년에 결혼했다. 그리고 이 무렵부터 퀴리 부부의 방사능 연구에 본격적인 속도가 붙기 시작했다. 같은 해에 독일의 빌헬름 뢴트겐Wilhelm Conrad Röntgen이 '엑스선x-ray'을 발견했기 때문이다.

1906년 피에르에게 찾아온 불의의 사고로 두 사람의 공동 연구가 불과 11년 만에 끝났다는 사실이 안타까울 따름이다.

최초의 최초가 된 여성

1895년에서 1906년까지는 과학자로서 얼마나 짜릿한 성취감으로 가득한 기간이었을까! 특히 마리와 피에르는 부부로서, 또 연구 동료로서 떼려야 뗄 수 없는 관계였기에 더욱 그랬다. 이 시기에 둘은 두 딸의 부모가 됐고, 그만큼 가계를 꾸려나가며 신경 써야 할 일도 많아졌다. 그리고 두 사람의 연구실에서도, 과학계 전반에서도 여러 다양한 발견이 쏟아지기 시작하고 있었다.

마리와 피에르는 빌헬름 뢴트겐이 1895년에 진행한 실험에서 큰 흥미를 느꼈다. 뢴트겐은 고체를 투과해 그 내부 모습을 보여주는 신비로운 현상을 일으키는 전자기파를 발견하고, 정체불명의 존재라는 뜻에서 '엑스선'이라는 이름을 붙였다. 그로부터 몇 달 후 파리에서 앙리 베크렐Henri Becquerel이 우라늄도 그와 유사한 광선(나중에 방사선으로 불리게 된다)을 방출한다는 사실을 발견했다. 마리는 토륨도 그와 같은 특성을 갖고 있음을 발견했다. 모두 알다시피 방사능은 자연적으로 일어나는 현상이고 그것을 좋은 목적으로 쓰느냐 나쁜 목적으로 쓰느냐는 인간에게 달렸다.

마리와 피에르는 여러 물질이 혼합된 광석을 분석해보기로 했다(그들이 밟았을 엄청나게 복잡한 과정을 간단히 몇 줄로 요약하는 것에 대해 양해 바란다. 앞서도 말했지만 나는 과학이랑은 안 친하다). 그리고 우라늄과 토륨이 들어 있는 '피치블렌드pitchblende'라는 광석에서 예상보다 훨씬 많은 양의 방사선이 나온다는 사실을 알아냈다. 그 두 가지 외에 다른 원소도 포함되어 있는 게 분명했다. 10톤에 가까운 피치블렌드를 물리적, 화학적으로 처리해 구성 물질을 추출해내는 과정에는 엄청난 노동력과 시간이 들어갔다. 그 결과 이전까지 알려진 적이 없는 새로운 두 가지 방사능 물질을 발견했다. 마리는 첫 번째 물질을 폴로늄polonium(조국 폴란드의 이름을 땄다), 두 번째 물질을 라듐radium이라고 명명했다.*

1906년 마리가 교수로 채용된 일은 남성 위주로 돌아가던 세계의 관례를 깬 처음 사건도, 마지막 사건도 아니었다. 그녀는 유럽에서 과학 분야 박사학위를 딴(1903년) 최초의 여성이었다. 또 1900년에는 여성 최초로 명망 높은 세브르고등사범학교에서 강의를 시작했다(담당 과목 물리학). 1903년 노벨 물리학상은 공동 수상이긴 했어도 여성으로서는 최초 수상자였다. 1911년에는 노벨 화학상을 또 받아서 최초로 노벨상 2회 수상자가 됐다(그것도 다른 두 분야에서). 지금까지도 노벨상을 두 번 수상한 이들 중에서 여성은 마리 퀴리뿐이다.**

심지어 마리 퀴리는 세상을 떠나고 나서도 관례를 깨뜨렸다.

---

* 마리는 '방사능radioactivity'이라는 용어를 만들었으며 그녀의 업적을 기려 1910년 '퀴리curie'가 방사능 측정 단위로 채택됐다. 한편 물질의 자성磁性과 관련된 용어인 '퀴리 온도(또는 퀴리 점)'는 피에르 퀴리의 이름을 딴 것이다(그의 박사학위 논문 주제였다).
** 노벨상은 1901년부터 수여되기 시작하여 1903년에는 관련 '규칙'들이 아직 명확히 정립되지 않은 상태였다. 원래 이 해의 노벨 물리학상은 앙리 베크렐과 피에르 퀴리가 방사능 물질 연구의 공로로 공동 수상할 예정이었다. 그러나 피에르가 연구 파트너인 마리를 제외해서는 안 된다고 주장해 세 명의 공동 수상이 결정됐다(흥미롭게도, 베크렐이 상금의 절반을 가져갔고 퀴리 부부가 함께 나머지 절반을 가졌다). 마리는 폴로늄과 라듐의 발견 및 라듐의 성질에 대한 심층적 연구로 1911년 노벨 화학상을 받았다.

1995년 마리와 피에르의 유해는 파리의 그 유명한 판테온Panthéon으로 옮겨져 안장됐다. 당시 신문은 이렇게 보도했다. "이 위대한 과학자는 프랑스의 영웅들이 묻히는 추모 공간에 영예롭게 잠드는 최초의 여성이 됐다. (…) 프랑스의 여성 권리 운동가들에게는 상징적인 승리와도 같은 일이다." 또한 프랑수아 미테랑François Mitterrand 대통령은 마리 퀴리가 "모두에게 귀감이 되는 투쟁"을 보여주었다면서 "역량 발휘와 지적 탐구와 공적인 책임이 남성들만의 전유물이던 시대에 자신의 능력을 사회를 위해 쓰기로 결심한 여성"이라고 평가했다.

마리의 삶에서 매우 잘못된 결정이었던 부분이 있다. 그것은 방사능 물질의 유해성을 간과하거나 무시한, 혹은 제대로 이해하지 못한 일이다(무려 손으로 직접 만지는 일이 다반사였다). 방사능 물질은 인간을 죽일 수 있을 만큼 위험하다. 실제로 마리도 방사선 피폭으로 인한 일종의 빈혈증 때문에 사망했다. 만일 피에르가 사고로 죽지 않았다면 그 역시 방사능 피폭으로 사망했을 가능성이 크다. 걸출한 과학자였던 딸 이렌도 연구 때문에 오랜 세월 방사선에 피폭된 데다 실험실에서 폴로늄(어머니 마리가 발견한 원소다) 폭발 사고까지 일어나 결국 백혈병으로 사망했다.

피에르와 마리는 연구 초기부터 방사능 물질(어두운 실험실에서도 아름다운 빛을 발산했다)을 다루다가 손가락에 입은 화상이 오랫동안 잘 낫지 않는다는 사실을 알고 있었지만 습관을 바꾸지 않았다. 그들은(그리고 다른 많은 과학자도) 만성 피로를 느끼고 자주 몸이 아픈

것을 과로 탓으로 여겼다. 피에르가 자주 느꼈던 통증은 류머티즘 관절염이었을 가능성이 있다. 마리는 이렌(1897년)을 낳은 후 에브(1904년)를 갖기 전에 한 번 유산한 경험이 있지만, 유산을 일으킬 수 있는 원인은 여러 가지다.

당시는 방사능 물질의 위험성에 대한 사람들의 인식이 전반적으로 매우 낮았다. 라듐이 신체에 활기를 가져다주는 신비로운 물질이라는 믿음 때문에 라듐을 첨가한 음료수가 인기였다면 믿어지는가? 라듐이 들어간 초콜릿과 치약은? 1920년대에는 실제로 그런 제품들이 존재했다. 마리는 우라늄 광석 조각을 몸에 지닌 채 기차를 타고 다니기도 했다(광석을 보호한다며 안전한 곳에 담아서 말이다!).

게다가 마리는 제1차 세계대전이 발발하자 10대인 딸 이렌과 함께 전장을 직접 누비기도 했다. 그녀는 1914년부터 엑스선 촬영 장비를 갖춘 '작은 퀴리petites Curie'라고 이름 붙인 차량을 전장에서 운영하면서 부상병들을 검진해 제때 치료나 수술을 받을 수 있게 도왔다. 이로써 100만 명에 달하는 병사의 목숨을 구했다. 하지만 두 모녀는 수없이 반복된 엑스선 촬영으로 방사선에 과다 피폭되었다.

오늘날은 방사선의 위험성을 누구나 알고 있다. 우리는 치과 엑스선 촬영 때 납으로 된 앞치마를 착용한다. 방사선으로 암 치료를 할 때는 치료 부위 이외의 정상 부위를 보호하기 위한 차폐 기구를 이용한다. 그렇더라도 방사선 치료를 받은 부위는 화상을 입은 것처럼 피부가 붉어지는 부작용이 따른다. 휴대전화를 비롯해 신

체 가까이에서 사용하는 많은 편리한 기기에서도 방사선이 나온
다는 사실을 기억할 필요가 있다.

1. 세상에 고립돼 혼자 존재하는 결정은 없다. 결정을 실행에 옮기는 과정에는 사람들이 필요하고, 또 그 결정은 사람들의 삶에 여러 방식으로 영향을 미치기 마련이다. 우리 각자는 한 명의 개인인 동시에 가족이나 팀, 부서, 회사, 학교, 지역사회의 일원이다. 따라서 주변 사람에게 도움을 받아라. 그리고 당신도 그들을 도와라.

2. 늘 이상적인 상황에서 결정을 내릴 수 있는 것은 아니다. 중요한 결정을 눈앞에 두었을 때 큰 슬픔, 죽음, 질병, 기타 여러 역경이 시야를 흐릿하게 가릴 수 있다. 그럴 때 필요한 것은 집중력, 타인의 도움, 시간(아주 위급한 상황이 아닌 한 성급하게 서두르지 마라)이다.

3. 누구나 잘못된 결정을 내리곤 한다. 하지만 방사능 물질을 안전하게 다루지 않았던 퀴리 부부의 경우만큼 치명적으로 잘못된 결정만은 아니어야 한다. 물론 당시에는 정확한 정보가 많이 부족했지만 말이다. 때때로 혁신을 이루는 선구자들은 매우 큰 대가를 치른다.

4. 마리는 자신이 생각하는 목표만 바라보며 달려갔다. 여기서 소개한 내용은 그녀 인생의 일부에 불과하다. 나머지 시간 동안 그녀를 방해한 장애물은 거의 없었으며, 있었다 해도 일시적인 것이었다. 그녀는 한 곳만 보며 전진하는 사람이었기에 결정한 것을 단호하게 밀고 나갈 수 있었다. 이런 스타일이 삶의 다른 영역에 미칠 영향을, 특히 자녀나 사랑하는 이들에게 미칠 영향을 생각해보라.

"생물학자는 증거를 토대로 결정을 내리는 사람이다."

———

루이 파스퇴르

18
CHAPTER

문제를 발견했다면
해결하라

알렉산더 플레밍 Alexander Fleming (1881~1955)
루이 파스퇴르 Louis Pasteur (1822~1895)
이그나즈 제멜바이스 Ignaz Semmelweis (1818~1865)

세상에는 아무리 봐도 '과학 유전자'를 타고나지 못한 것 같은 사람들이 있다. 나도 그중 한 명이다. 나는 고등학교 때 실험실의 분젠 버너 때문에 과학에 정나미가 떨어졌다. 그런가 하면 죽은 개구리의 해부 실습 시간에 손에 들었던 메스를 생물학 선생님한테 반납하고 영문학을 전공하기로 결심했다는 사람도 많다.

하지만 우리 모두에게 참으로 감사하게도, 세상에는 과학 유전자를 타고났든 아니든 과학이라는 세계에 몸담고 열심히 연구하는 이들도 많다.

루이 파스퇴르와 알렉산더 플레밍도 그중에 속했다. 이 두 사람의 발견은 지금도 인류의 건강과 생명에 영향을 미치고 있다. 이들의 생애와 업적은 너무나도 잘 알려져 있다. 두 사람 모두 오랜 세월 빛나는 경력을 쌓는 동안 끊임없이 중요한 결정을 내렸다. 바로 그래서 여기에도 소개하는 것이다. 이들보다 덜 알려졌지만 업적의 중요성에서는 결코 뒤지지 않는 또 다른 인물 이그나즈 제멜바이스도 마찬가지다.

수억 명의 사람을 살린 파스퇴르와 플레밍

우리 중에 백신(파스퇴르)과 항생제(플레밍)를 투여 받아본 적이 없는 사람은 없을 것이다. 한때 혁신적인 발명품이었던 백신과 항생제는 이제 현대 사회 삶에서 빼놓을 수 없는 존재이며, 인류의 건강에 수많은 방식으로 기여하고 있다. 백신은 많은 무서운 질병을 퇴치하거나 그 영향력을 약화시켰다. 항생제로 목숨을 구한 사람의 숫자는 2억 명에 이른다.

물론 백신과 항생제에 회의적인 이들도 있다. 그러나 그들의 비판 때문에 오히려 파스퇴르와 플레밍의 결정이 더욱 빛난다는 것이 내 생각이다. 의사 제멜바이스가 소독 절차를 개발한 것이 획기적 업적이었음은 두말할 필요도 없다. 당신도 하루에 몇 번씩 손을 씻지 않는가? 의료 처치시 적절한 위생의 중요성에 반대하는 사람이 있을까?

먼 옛날부터 지금까지 인류는 늘 질병과 싸워왔다. 200년 전만해도 그 싸움은 환자의 증상 개선에 주로 초점이 맞춰져 있었다.

질병을 미리 '예방'한다는 개념은 없었다. 감염이 원인이 되어 질병이라는 결과가 나타나는 것은 당연한데도, 당시 과학계에서는 질병이나 미생물이 자연적으로 생긴다는 '자연발생설'이 지배적이었다.

프랑스의 화학자이자 생물학자인 루이 파스퇴르는 1800년대 중후반에 '자연발생설'이 틀렸음을 입증하고 '세균설'을 주창했다. 질병을 발생시키는 것은 미생물이고, 그 미생물을 밝혀내 백신으로 병을 물리칠 수 있다는 것이었다. 이 자체는 그저 의학적인 서술일 뿐 특별히 흥미롭게 들리지는 않는다. 내가 큰 흥미를 느낀 것은 파스퇴르의 발견 자체보다는 그가 광견병 백신의 효과를 입증하는 과정에서 내린 무모할 만큼 과감한 결정이었다.

한편 알렉산더 플레밍은 전혀 다른 이유로 우리의 흥미를 자극한다. 그에게서는 과감함이 아니라 끈질긴 노력이 목격된다. '세균설'이 입증된 후의 시대를 살고 있던 플레밍은 세균의 성장을 억제하거나 죽이는 방법을 쉬지 않고 연구했다. 그런데 20세기 초 스코틀랜드에 있던 그의 연구실은 별로 깔끔하게 정돈된 편이 아니었다(보는 사람에 따라서는 '더럽다'고 할 수도 있는 정도였다). 그는 연구실을 비운 사이 부주의하게 놓아둔 배양접시에서 못 보던 새로운 곰팡이가 자라고 있는 것을 발견했다. 하지만 버리지 않고 그 곰팡이를 연구하기로 결정했고 마침내 페니실린을 발견하기에 이르렀다. 훗날 이렇게 말한 것을 보면 플레밍은 겸손한 사람이었던 것 같다. "나는 의료계에 혁신을 일으키겠다고 마음먹은 적이 없다.

하지만 결과적으로 그렇게 됐다."*

파스퇴르와 플레밍, 이 두 과학자는 마치 배턴을 주고받는 릴레이 주자들 같다. 파스퇴르가 태어날 때부터 플레밍이 사망할 때에 이르는 133년 동안 수많은 과학자의 혁신적 발견과 연구 결과가 발표됐다. 파스퇴르는 1822년 태어나 1895년 사망했으며 1885년에 중요한 발견을 이루어냈다. 플레밍은 1881년 태어나 1955년 사망했고, 1921~1928년에 중요한 발견을 이루어냈다. 그리고 다른 많은 과학자의 백신 및 항생제 연구를 통해 그 배턴은 지금도 계속 이어지고 있다.

1885년에 일어난 일을 간단히 정리하면 이렇다. 파스퇴르는 새로 개발한 광견병 백신을 두 사람에게 접종해보기로 결정했다. 광견병에 걸린 개에게 접종해 여러 차례 성공을 거둔 후였다. 그는 이 두 번의 '인체 실험'을 공식 기록으로 남기지 않고 비밀리에 진행했다. 의사가 아니라 과학자일 뿐이었으므로 사람을 치료할 권한이 없었기 때문이다. 백신을 접종받은 한 명은 이후 행방을 찾을 수가 없었고(광견병이 치료되었을 가능성이 있지만 확실하지 않다), 나머지 한 명은 얼마 후 곧 사망했다. 백신의 효과가 성공적임을 확인한 것은 세 번째 환자에게 접종한 후였다(물론 이 사례는 공식적으로 기록됐다). 그리고 이후의 역사는 우리가 아는 대로다(광견병은 증상

---

* 모든 과학자의 첫 번째 결정은 특정 가설을 연구하기로 마음먹는 것이다. 그리고 실험과 자료조사를 통해 그 가설이 옳을 가능성이 있다고 판단되면 연구를 계속하기로 결정한다. 이 과정은 때로 수년에 걸쳐 진행되며 많은 우여곡절과 시행착오가 동반된다. 한마디로 과학자의 길은 결정의 연속이다.

발현까지 잠복기가 있기 때문에 광견병에 걸린 개에게 물린 사람이 바로 백신을 접종받으면 광견병 바이러스를 물리칠 수 있다 ‒ 옮긴이).

파스퇴르가 지나치게 과감했던 것일까, 아니면 연구에 대한 확신과 자신감이 넘쳤던 것일까? 어쨌든 그는 이미 프랑스의 두 주요 산업을 구해서 널리 인정받고 있던 과학자였으니까 말이다. 1865년에 '저온살균법pasteurization'을 개발해 와인의 산패 문제를 해결했고, 몇 년 후에는 누에병 원인균을 찾아내 실크 산업을 살렸다.

광견병 백신 접종이 성공하고 한 세대 후, 알렉산더 플레밍은 파스퇴르의 경우와 전혀 성격이 다른 종류의 결정을 내렸다. 이 경우 사람 목숨이 걸려 있지는 않았기 때문이다. 감기의 원인을 찾아내기 위한 연구를 한창 진행 중이던 1921년 어느 날 플레밍은 코를 푼 뒤 자신의 콧물을 슬라이드 위에 떨어트려 놓았다. 슬라이드는 그의 지저분한 연구실 한쪽에 방치되었다.

플레밍은 몇 주 후 슬라이드를 다시 발견했다. 다른 때 같았으면 쓰레기통에 버렸을 것이다. 시간이 한참 흘렀으므로 슬라이드가 어떤 물질로 오염돼 있을지 알 수 없으니까 말이다. 그런데 그는 슬라이드 위의 콧물이 세균의 성장을 억제하고 있는 것을 발견했다. 그는 이 우연한 사건을 그냥 지나치지 않고 연구해 항생 물질 리소자임lysozyme을 발견했으며 7년 후에는 페니실린 항생제의 원료인 페니실륨Penicillium 곰팡이를 발견했다. 그는 파스퇴르가 했다고 알려진 "기회는 준비된 자에게 찾아온다"라는 말을 알고 있었을까? 어찌 됐든, 파스퇴르의 광견병 백신처럼, 이후의 역사는 우리가 아는 대로다.

소통과 카리스마, 리더의 조건

상당히 복잡한 연구 과정과 이런저런 쉽지 않은 상황이 동반됐을 과학자의 삶을 이렇게 간단히 몇 줄로 요약해놓고 보니, 파스퇴르와 플레밍이 혼자 고립돼서 연구에 골몰했다는 인상을 받는 독자들도 있을 것 같다. 하지만 사실 그 반대다. 두 사람 모두 '동료 의식에 기반한 경쟁'의 환경에 둘러싸여 있었다. 즉 과학계와 의료계에서 새로운 발견이 줄지어 등장했고, 수많은 이들이 각자의 영역에서 감지한 기회를 발판으로 피땀 흘리면서 연구의 결실을 내기 위해 애쓰고 있었다. 19세기와 20세기에 과학과 의료 분야에 뚜렷한 족적을 남긴 언스트 체인Ernst Chain, 마리 퀴리, 하워드 플로리Howard Florey, 에드워드 제너Edward Jenner, 로베르트 코흐Robert Koch, 샤를 라브랑Charles Laveran, 조지프 리스터Joseph Lister, 플로렌스 나이팅게일Florence Nightingale, 조너스 소크Jonas Salk 등을 떠올려보라.

사람들은 흔히 과학자라고 하면 실험실에 틀어박혀 혼자 외로이 연구하는 모습을 떠올린다. 물론 그런 집중의 시간도 필요하지만 사실 과학 연구는 은둔과 거리가 멀다. 오히려 공동의 작업이라고 표현하는 것이 더 정확하다. 언제나 동료의식이 형성되지는 않는다 할지라도 여러 사람의 노력이 들어간다.

앞에서 나는 분젠 버너 때문에 과학에 흥미를 잃었다고 말했다. 그런데 가만 생각해보면 성인이 돼서 과학 쪽 일을 했어도 괜찮았을 것 같다. 내가 현재 하는 일에서 가장 매력적인 부분은 개인 작업과 공동 작업이 함께 어우러져 시너지 효과를 낸다는 점인데, 과학이야말로 그 둘의 조화가 중요한 영역이다.

이런 생각을 하다 보면 파스퇴르와 플레밍의 또 다른 면모에 주목하게 된다. 그들은 그늘에 묻혀 고군분투하지 않았다. 그들은 과학자로 사는 동안 나름대로 홍보 활동에 힘썼다(물론 그들 자신이 그렇게 표현하진 않았지만). 두 사람은 논문을 발표하고, 자신의 연구 결과를 공개적으로 옹호하고, 연구비 지원을 얻기 위해 노력하고, 함께 일할 동료와 연구원을 모집하고, 주요 대학과 연구소에서 중요한 직책을 맡았다. 또 파스퇴르의 경우 지금도 세계 곳곳에서 활발히 운영되고 있는 파스퇴르연구소를 설립했다.

어떤 상황 또는 어떤 결정이냐에 따라 차이는 있겠지만 당신에게도 위와 같은 종류의 활동이 필요할 수 있다. 당신도 마음만 먹으면 그런 활동을 충분히 해낼 수 있다.

또한 파스퇴르와 플레밍은 카리스마 넘치고 아주 매력적인 인물이었다. 그들은 사람들이 기꺼이 함께 일하고 싶어 하는 리더였다. 분명 사람들에게 신뢰를 심어주었기에 그랬을 것이다. 또 인간에 대한 애정이 깊었다. 가까운 이들에 대해서도, 병으로 고통받는 모든 이들에 대해서도 말이다. 그리고 파스퇴르는 자녀들을, 플레밍은 형제를 병으로 잃는 큰 슬픔을 겪었다. 만일 그들의 위대한 발견이 더 일찍 이루어졌더라면 사랑하는 이들을 잃지 않아도 되었을지 모른다.

인류의 위생관념을 바꾼 결정

자신을 알리려는 노력과 소통, 개인적 카리스마라는 문제를 생각하다 보면 세균설의 확립에 기여한 또 다른 선구자가 자연스레 떠오른다. 바로 19세기 중엽 의료계의 기득권 세력에 정면으로 맞선 이그나즈 제멜바이스다. 아마 이 이름을 처음 듣는 독자가 많겠지만, 오늘날 우리가 손을 자주 씻게 된 것은 그의 덕분이라고 할 수 있다.

제멜바이스는 1818년 태어나 1865년 사망했다. 그는 헝가리와 오스트리아에서 교육을 받았고 빈종합병원의 의사로 근무하던 1847년에 획기적인 발견을 해낸다. 아직은 자연발생설이 세균설로 대체되기 이전이었다.

제멜바이스가 내린 중요한 결정은 '산욕열'이라는 문제를 해결하기로 결심한 일이었다. 출산 후 산모가 걸리는 산욕열은 사망률이 대단히 높은 치명적인 병이었다. 사실 산모들은 산욕열 문제의 심각성을 의사들(대개 남자)보다 훨씬 먼저 알고 있었다.

19세기 중반 이전에는 대부분의 여성이 집에서 조산사(대개 여자)의 도움을 받아 아기를 낳았다. 당연히 감염을 비롯한 이런저런 위험 요인이 항상 있었지만, 산모가 아주 위급한 경우에만 의사를 부르는 게 관례였다. 하지만 이후에 의료 기관이 늘어나면서 집 대신 병원에서 출산하는 사례가 점점 늘어났고, 의사가 조산사를 대신하기 시작했다. 그런데 제멜바이스는 병원에서 출산하는 경우와 집에서 조산사의 도움으로 출산하는 경우에 산욕열(그리고 산모의 죽음) 발생에 차이가 있다는 사실을 알아챘다(임산부들은 이미 알고 있었다).

나는 잠시 독자들을 헷갈리게 하려고 '대개 남자', '대개 여자'라는 문구를 삽입했다. 사실 중요한 것은 의사나 조산사의 성별이 아니다. 문제는 의사들이 거의 항상 부검실에서 시체를 만지다가 분만실에 들어간다는 사실이었다. 그것도 손을 씻지 않은 채로 말이다. 요즘 우리가 보기엔 기겁할 일이다. 하지만 '세균'이라는 개념이 제대로 정립돼 있지 않던 19세기 중반에는 흔한 일이었다. 분만 병동에서 일하는 조산사들은 산모만 상대할 뿐이어서 손에 수많은 세균을 묻힐 '기회'가 없었다.

1847년 제멜바이스는 두 경우(즉 의사가 분만을 돕는 것과 조산사가 돕는 것)에서 산욕열 발생률에 차이가 나는 이유를 확신하고 해결책을 제시했지만 강력한 반발에 부딪혔다. 그의 해결책은 '의사들이 시체를 만지고 난 후 산모를 만지기 전에 손을 씻어야 한다'는 것이었다. 이는 대단히 간단하고 명쾌한 해법이었지만, 엘리트라는 자부심과 권위로 똘똘 뭉친 의료계 기득권 세력을 비판하는 목소리이기도 했다. 그들이 보기에 의사(남성)는 우월하고 조산사와 산모(여성)는 열등한 존재였다.

손을 씻으라는 조언이 채택되지 못한 것에는 제멜바이스의 성격도 영향을 미쳤을 것이다. 그는 동료들과 잘 어울리거나 상대에게 쉽게 호감을 사는 타입이 아니었다. 남들이 자신을 어떻게 생각하는지에 별 관심이 없었고, 의료계 동료들과 소통하는 데에 많은 시간을 쏟지도 않았다. 그는 자신이 발견한 사실을 적극적으로 알릴 줄 몰랐다. 그는 인생에 별로 도움이 안 되는 이런 성격상의 약점을 고칠 생각이 없었던 것일까? 아니면 고치고 싶어도 그럴 수가 없었던 것일까? (한편 루이 파스퇴르도 산욕열 해결 방법을 독자적으로 연구하고 있었다. 만일 제멜바이스와 파스퇴르가 만나 공동 연구를 했다면 어땠을까?)

이후 시간이 흘러 손 씻기가 정착되자 산욕열 발생률은 현저히 줄어들었다. 병원을 비롯한 우리 삶의 많은 영역에서 손 씻기가 가져오는 이점들이 분명해졌고(식당 주방만 생각해봐도 그렇지 않은가!), 이제는 누구나 습관적으로 손을 씻는다. 최근에 나는 손을 씻는 물이 온수냐 냉수냐는 중요하지 않다는 뉴스 기사를 읽었다. 비누로 충분히 거품을 낸 뒤 최소한 열을 셀 때까지 손을 문지르는 게 중요하다고 한다.

1. 의미 있는 변화를 일으켜 세상에 기여하고 싶다면 문제를 찾아내 그것을 해결하라.

2. 결정의 과정에 사람들을 참여시키고 조언을 청하라. 꼭 조언을 받아들일 필요는 없다. 그러나 먼저 청하지 않으면 절대로 도움을 얻을 길이 없다.

3. 문제 해결 방법을 다각도에서 탐색하되, 당신이 시도하는 방법들 대부분이 효과가 없을 수도 있음을 기억하라. 낙담과 좌절의 순간도 이겨낼 각오가 있어야 한다. 첫 시도가 멋지게 성공하는 경우는 거의 없다. 계속 도전해야 성공 지점에 도달할 수 있다.

4. 처음에 내키지 않는다 할지라도 새로운 것을 시도하는 일을 두려워하지 마라.

5. 비판을 기꺼이 마주하라. 심지어 비웃음과 조롱 앞에서도 의연하라. 그것도 중요한 결정을 내리고 추진하는 과정의 일부라고 여겨라. 그런 목소리를 피해 도망치지 말고 얼굴이 두꺼운 사람이 돼라.

6. 당신의 결정이 긍정적인 성과를 내도 겸손한 태도를 잃지 마라.

7. 때로는 바라는 결과를 마음껏 상상해보라. 입증 가능한 증거 못지않게 당신 내면의 직감도 중요하다. 정확한 기록과 실험의 반복은 과학자에게나 중요한 것이다.

8. 당신이 다루는 주제의 전문가가 돼라. 파스퇴르와 플레밍, 제멜바이스는 오랜 세월 치열하게 공부하고 연구와 실험을 거듭했다.

9. 중요한 결정을 외부와 단절된 진공 상태에서 내려서는 안 된다. 자료를 찾아 읽고, 정보를 수집하고, 주변 사람들의 지혜를 활용하라. 그러나 결국 최종 결정은 당신이 내려야 한다.

10. 모든 부분을 꼼꼼하고 철저하게 고려하지 않을 때 생길 수 있는 결과를 잘 따져보라. 당신이 위험을 감수하고 실행한 어떤 행동이 공들여 쌓은 탑을 무너트릴 가능성은 없는가?

11. 늘 촉수를 세워둬라. 깨어 있어야 발견할 수 있다. 플레밍처럼 작업실을 지저분하게 유지할 필요는 없지만, '반가운 뜻밖의 우연'을 붙잡을 기회를 못 보고 넘어가서는 안 된다.

12. 세상의 통념에 얽매이지 마라. 만일 제멜바이스가 그런 사람이었다면 기존 의료계의 기득권층에 절대 맞서지 못했을 것이다.

13. 당신의 아이디어를 세상에 알리고 싶은지 아니면 그럴 마음이 없는지 솔직하게 생각해보라. 이는 당신이 맞이할 결과에 영향을 미칠 수 있다. 결정을 내렸다고 끝나는 것이 아니다. 그 중요성을 남들에게 납득시키는 일이 필요할 수도 있다.

14. 결정하지 않기로 결정하는 것도 또 하나의 결정이다. 제멜바이스는 자신의 발견을 널리 알릴 수도 있었지만 성격 탓에 그러지 않았다.

15. 작은 성공들이 모여 결국 커다란 성공을 가져온다는 사실을 기억하라.

16. 현재 상태에 만족하지 마라. 당신이 더 할 수 있는 일은 언제나 남아 있다.

17. 당신이 이룬 발전을 적극적으로 사람들에게 알려라. 당신의 성취물이 그들이 사회를 위해 더 훌륭한 성과를 이뤄내게 이끄는 자극제가 될 수도 있다.

긍정적인 에너지는
훌륭한 의사결정의 밑거름이다

— 클라우스 슈밥 (세계경제포럼 회장)

이제 책을 다 읽은 당신의 마음속에 이런 질문들이 떠오를 것이다. 세계적인 리더와 역사적 인물들에게서 얻은 교훈을 내 삶에 어떻게 적용할 수 있을까? 여기 나온 사람들처럼 내가 역사의 흐름을 바꿔놓을 수 있는 상황을 만난다면? 만일 내가 그런 엄청난 운명이 걸린 상황에 처한다면 나의 선택이 옳은지 아닌지 어떻게 알 수 있을까?

지레 당신 어깨에 그렇게 무거운 짐을 올려놓을 필요는 없다. 내가 살아본 바로는, 우리는 세계사의 흐름은 고사하고 자기 인생이나 직업의 앞날조차 정확히 예측할 수 없다. 삶에서든 일에서든 늘 긍정적인 마음가짐으로 한 번에 하나씩 결정하면서 차근차근

앞으로 나아간다고 생각하는 편이 낫다. 이런 태도로 인생을 사는 사람은 시간이 흐르면 보상을 얻게 돼 있다. 이 책에 나온 사람들만 봐도 알 수 있다.

요하네스 구텐베르크는 유럽 사회를 뒤바꾸는 출판업자가 되겠다는 꿈을 가진 적이 없다. 피카소도 큐비즘의 거장이 되겠다는 목표를 세우고 출발했을 리가 없다. 헨리 포드도 처음부터 미국 최대의 자동차 회사를 만들기로 마음먹었던 것은 아니다. 다그 함마르셸드도 국제연합 사무총장에 오르겠다는 꿈을 처음부터 가진 것이 아니다. 훗날 그들이 세운 업적은 출발점에 선 그들의 목표가 아니었다.

요즘 많은 젊은이들이 대기업의 CEO가 되기를 꿈꾼다. 아마 로버트 딜렌슈나이더를 롤모델로 삼는 이들도 있을 것이다. 훌륭한 작가이기 이전에 기업 세계에서 잔뼈가 굵은 뛰어난 사업가이기 때문이다. 하지만 그는 젊은 시절부터 CEO를 목표로 삼아서 그 자리에 오른 것이 아니다. 당시에는 'CEO'라는 개념이 존재하지도 않았다. CEO라는 말은 1960년대 들어서야 널리 쓰이기 시작했다.

사실 인생을 살면서 자신의 이름을 역사책에 올릴 방법을 고민하는 사람이 얼마나 되겠는가. 그보다 훨씬 더 중요한 것은 자신과 주변 이들의 삶에 가치를 더하면서 지금 현재를 충실하게 사는 일이다. 날마다 우리가 내리는 이런저런 결정은 삶을 긍정적으로 변화시킬 수 있다. 매일 마주치는 그 결정의 순간에 '용기 있게 소신을 지키는 것'이 무엇보다 중요하다.

말랄라의 경우를 생각해보라. 나는 그녀를 직접 만나본 적이 있다. 말랄라의 목표는 세계적으로 유명한 여성 교육 운동가가 되는 것이 아니었다. 그녀는 자신과 같은 여자아이들이 학교에 다닐 권리를 되찾고 싶었을 뿐이었다. 그저 평범하게 학교를 다니고 싶다는 목표를 위해 기꺼이 싸웠고, 그 노력이 그녀 자신과 수많은 아이의 삶을 바꿔놓았다. 처음부터 노벨 평화상을 타겠다는 꿈을 가진 것이 결코 아니다.

또 피에르와 마리 퀴리 부부를 생각해보라. 그들은 하루아침에 프랑스의 가장 위대하고 존경받는 과학자가 된 것이 아니다. 노벨상을 안겨준 발견에 이르기까지 두 사람은 기나긴 세월 실험실에서 성실하게 연구하고 노력했다. 피카소의 말을 빌려 딜렌슈나이더는 이렇게 말한다. "영감은 존재하고 혁신적 발견은 일어날 수 있지만, 그것은 당신이 노력하고 있어야 찾아온다."

결국 우리는 누구나 '자신을 움직이게 하는 원동력'을 발견하게 된다. 레이첼 카슨의 경우 그것은 지구의 생태계와 생물 다양성을 지키려는 관심이었다. 엘리 위젤의 경우 그것은 홀로코스트의 기억을 지켜 다시는 그런 비극이 일어나지 않게 하겠다는 의지였다. 루이 파스퇴르와 알렉산더 플레밍의 경우에는 백신과 항생제로 사람들의 건강 증진에 기여하고 싶다는 바람이었다.

우리는 인생이라는 긴 여정의 어느 시점에는 이런 '목적'을 만나게 되며 그 시점을 재촉해 억지로 앞당길 수는 없다. 그러나 그 목적을 깨달았을 때 그것을 실현할 준비를 갖춘 사람이 되는 것은 가능하다. 이를 위해서는 두 가지가 필요하다. 늘 배우고 공부하는 것, 그리고 사랑하는 이들과의 관계를 소중히 여기는 것이다. 이 둘은 인생의 성공을 밑받침하는 기둥이다.

이 조건들이 갖춰진 후(즉 삶의 목적을 깨닫고, 배움을 통해 스스로를 단련하고, 믿고 사랑하는 사람들을 곁에 둔 상태에서) 당신이 할 일은 인내심을 갖고 꾸준히 전진하는 것뿐이다. 내면에 있는 양심의 나침반에 따라 언제나 옳은 일을 하려고 노력하는 사람은 성공하게 돼 있다. 무하마드 알리와 마하트마 간디, 말랄라 유사프자이의 삶이 우리에게 주는 교훈도 바로 그것이다.

이 모든 것은 나 자신이 삶의 목적을 발견하는 과정에서 체득한 깨달음이다. 나는 제2차 세계대전과 그 이후의 혼란한 시기를 직접 겪으면서 어른이 됐기에, 세계 각국과 여러 조직과 사람들이 서로 협력하는 일이 얼마나 중요한지 일찍부터 깨달았다. 그러나 많은 공부를 하고 여러 곳을 다니며 경험을 쌓고 사랑하는 아내를 만난 후에야 비로소 머릿속에 구상하던 세계경제포럼World Economic Forum을 실제로 창설할 수 있었다.

지난 50여 년간 전 세계 각 분야의 다양한 이해관계자들이 머리를 맞대고 "세계의 상태를 개선"하기 위해 노력해온 과정을 되돌아보건대, 나는 결정과 관련된 딜렌슈나이더의 교훈들에 딱 한 가지를 더 추가하고 싶다. 바로 언제나 긍정적인 마음가짐을 가져야 한다는 점이다. 긍정적인 에너지만큼 훌륭한 의사결정의 밑거름이 되는 것은 없기 때문이다.

인생길을 가다 보면 장애물을 꼭 만나게 돼 있다. 실수도 하고 실패도 겪으며 전혀 예상치 못한 시련에 부딪히기도 한다. 마르틴 루터가 그랬듯 말이다. 그러나 고개를 높이 들고 긍정적인 마음을 잃지 않으면 결국은 그 반대일 때보다 훨씬 더 나은 위치에 서 있게 된다. 딜렌슈나이더도 말했듯이 역경 앞에서 "섣불리 낙담하지 마라."

설령 낙담의 순간이 찾아온다 해도 그동안 당신 것으로 만든 교훈과 가치를 떠올리고 꾸준히 실천하라. 그러면 반드시 위대한 성과가 당신을 찾아올 것이다. 역사책에 실리든 아니든 상관없이 말이다.

여러분 모두에게 행운이 있기를!

감사의 글

책을 쓰는 데 도움을 준 많은 이들에게 깊은 감사를 전한다. 나와 40년 넘게 우정을 쌓아온 수전 블랙Susan Black은 초고 집필과 자료 조사에 크나큰 도움을 주었다. 수십 년째 나와 함께 일해온 조앤 아바길라노Joan Avagliano는 언제나 옳은 방향을 일러주고 내가 하는 일에 가치와 의미를 더해주었다. 내 담당 편집자 미켈라 해밀턴Michaela Hamilton은 늘 정확한 통찰력과 의견을 제시해줬다. 이 세 사람은 중요한 순간마다 값진 조언을 해주었다.

훌륭한 기업인이자 저널리스트인 스티브 포브스, 그리고 자신이 창설한 세계경제포럼에 1983년부터 나를 초대해준 클라우스 슈밥에게도 큰 빚을 지고 있다. 나는 10년 전 제네바에서 클라우스로부터 생애 최고의 조언을 들었고 그 말은 내 인생을 바꿨다.

그 외에도 감사의 말을 전할 이들이 많다. 내가 아는 가장 훌륭한 저널리스트 중 한 명인 비토 라카넬리Vito Racanelli의 지혜와 통찰력에 존경을 보낸다. 오리건의 오로라에 있는 그리스도 루터교회의 F. 크레이그 존슨F. Craig Johnson 목사는 마르틴 루터에 관한 자료 조사에 중요한 도움을 주었다. 레이첼 카슨에 관한 가장 믿을 만한 전문가인 린다 리어는 이 생태학자가 중요한 이유와 여기에 반드시 소개해야 하는 이유에 대해 나와 이야기를 나누는 데 기꺼이 귀한 시간을 내주었다. 그리고 오리건의 캔비공공도서관의 직원들께도 감사드린다.

자료 조사에 도움을 주고 사려 깊은 제안을 건네준 딜렌슈나이더그룹의 대니얼 그로스Daniel Gross, 맥시밀리언 민웰Maximilian Meanwell, 제임스 사타스James Psathas, 피터 사타스Peter Psathas, 신시아 시아비카Cynthia Sciabica에게 감사드린다. 출간 마무리 작업에 도움을 준 린다 스미스Linda Smith와 마르가리타 브라보Margarita Bravo, 켈리 로런스Kelly Lawrence, 앤드리아 페케테Andrea Fekete에게도 깊은 감사를 드린다.

물심양면으로 도움을 준 켄싱턴출판사의 대표 스티브 자카리우스Steve Zacharius에게 특별히 감사의 마음을 전한다.

책을 내는 동안 매번 원고를 읽어주고 격려를 아끼지 않은 아내 얀에게 고마움을 전한다.

그리고 늘 나를 응원해주는 가족들을 빼놓는다면 이 감사의 글은 완성될 수가 없다. 내 형제들인 잭Jack, 메리Mary, 마사Martha, 아들 제프리Geoffrey와 피터Peter, 조카딸 리샤 하딩Ricia Harding에게 고마움을 전한다.

옮긴이 **이수경**

서울에서 태어나 한국외국어대학교 노어과를 졸업했으며 전문번역가로 활동하며 인문교양, 경제경영, 심리학, 실용, 자기계발, 문학 등 다양한 분야의 영미권 책을 우리말로 옮겨 왔다. 옮긴 책으로 《사람은 무엇으로 움직이는가》, 《존중받지 못하는 자들을 위한 정치학》, 《친밀한 타인들》, 《백악관 속기사는 핑크 슈즈를 신는다》, 《뒤통수의 심리학》, 《영국 양치기의 편지》, 《완벽에 대한 반론》, 《아무도 나를 이해해주지 않아》, 《멀티플라이어》 등이 있다.

사진 출처

113 UN Photo / 241 malala.org

＊크레딧 표시가 되지 않은 건 위키미디어커먼스 제공 사진입니다.

결정의 원칙

운명을 바꾼 역사 속 18가지 위대한 승부수

초판 1쇄 2021년 5월 10일
초판 2쇄 2021년 5월 20일

지은이 | 로버트 딜렌슈나이더
옮긴이 | 이수경

발행인 | 문태진
본부장 | 서금선
책임편집 | 김다혜   편집2팀 | 정다이 김다혜
디자인 | 최우영   교정 | 정일웅

기획편집팀 | 박은영 오민정 허문선 송현경 박지영   저작권팀 | 정선주
마케팅팀 | 김동준 이재성 문무현 김혜민 김은지 정지연   디자인팀 | 김현철
경영지원팀 | 노강희 윤현성 정헌준 조샘 최지은 김기현
강연팀 | 장진항 조은빛 강유정 신유리

펴낸곳 | ㈜인플루엔셜
출판신고 | 2012년 5월 18일 제300-2012-1043호
주소 | (06040) 서울특별시 강남구 도산대로 156 제이콘텐트리빌딩 7층
전화 | 02)720-1034(기획편집) 02)720-1024(마케팅) 02)720-1042(강연섭외)
팩스 | 02)720-1043 전자우편 | books@influential.co.kr
홈페이지 | www.influential.co.kr

한국어판 출판권 ⓒ㈜인플루엔셜, 2021
ISBN 979-11-91056-58-7 (03900)